本书获 2019 年度华南理工大学教研教改重点项目"思想政治理论课教学改革中的亲和力提升研究"资助

思想政治教育发展研究

张国启 著

中国社会科学出版社

图书在版编目（CIP）数据

思想政治教育发展研究／张国启著. —北京：中国社会科学出版社，2019.10
ISBN 978-7-5203-5052-5

Ⅰ.①思… Ⅱ.①张… Ⅲ.①思想政治教育—研究—中国 Ⅳ.①D64

中国版本图书馆 CIP 数据核字（2019）第 204106 号

出 版 人	赵剑英
责任编辑	田　文
责任校对	张爱华
责任印制	王　超

出　版	中国社会科学出版社
社　址	北京鼓楼西大街甲 158 号
邮　编	100720
网　址	http://www.csspw.cn
发 行 部	010-84083685
门 市 部	010-84029450
经　销	新华书店及其他书店

印　刷	北京君升印刷有限公司
装　订	廊坊市广阳区广增装订厂
版　次	2019 年 10 月第 1 版
印　次	2019 年 10 月第 1 次印刷

开　本	710×1000　1/16
印　张	18.5
插　页	2
字　数	294 千字
定　价	99.00 元

凡购买中国社会科学出版社图书，如有质量问题请与本社营销中心联系调换
电话：010-84083683
版权所有　侵权必究

目　录

导　言 …………………………………………………………………（1）

第一章　新时代思想政治教育发展的内涵阐释 ………………（6）
　第一节　新时代思想政治教育内涵的理性审视 ………………（7）
　　一　思想政治教育的基本矛盾 …………………………………（7）
　　二　思想政治教育与思想政治工作、德育等概念的
　　　　内涵辨析 ……………………………………………………（10）
　　三　新时代思想政治教育的现代意蕴 …………………………（15）
　第二节　新时代思想政治教育要素的系统分析 ………………（19）
　　一　系统科学与思想政治教育发展 ……………………………（20）
　　二　新时代思想政治教育系统的层次分析 ……………………（22）
　　三　新时代思想政治教育系统的要素分析 ……………………（25）
　第三节　新时代思想政治教育的发展向度 ……………………（35）
　　一　发展的内涵阐释 ……………………………………………（36）
　　二　新时代思想政治教育发展研究要突出人的生命
　　　　关怀意识 ……………………………………………………（38）
　　三　新时代思想政治教育发展研究要关注人的精神
　　　　生活质量 ……………………………………………………（40）
　　四　新时代思想政治教育发展研究要关注人的生态
　　　　文明意识 ……………………………………………………（42）

第二章　新时代思想政治教育发展的理论依据 ………………（46）
　第一节　新时代思想政治教育发展的学科依据 ………………（47）

一　科学认识思想政治教育学科定位的重要意义 ………………（47）
　　二　马克思主义理论一级学科下的思想政治教育学科
　　　　定位 …………………………………………………………（51）
　　三　新的学科定位与思想政治教育学科属性 …………………（53）
　　四　思想政治教育学科发展的深厚源泉 ………………………（59）
　第二节　新时代思想政治教育发展的理论指南 …………………（62）
　　一　习近平关于新时代思想政治教育的重要论述 ……………（62）
　　二　习近平新时代中国特色社会主义思想中蕴含的
　　　　立德树人观 …………………………………………………（66）
　　三　习近平新时代中国特色社会主义思想中蕴含的
　　　　时代新人观 …………………………………………………（70）
　第三节　新时代思想政治教育发展的人学基础 …………………（75）
　　一　人的本质理论：思想政治教育发展的基础理论 …………（75）
　　二　主体性理论：思想政治教育发展的学理依托 ……………（80）
　　三　人的需要理论：思想政治教育发展的动力理论 …………（82）
　第四节　新时代思想政治教育发展的话语体系 …………………（85）
　　一　思想政治教育话语体系发展的逻辑内涵 …………………（86）
　　二　思想政治教育话语体系发展遵循的逻辑自洽原则 ………（89）
　　三　思想政治教育话语体系发展的基本维度 …………………（92）

第三章　新时代思想政治教育发展的理念变革 …………………（96）
　第一节　新时代思想政治教育主体的价值引领意识 ……………（97）
　　一　思想政治教育主体价值引领意识的逻辑内涵 ……………（97）
　　二　思想政治教育主体确立价值引领意识的历史境遇 ………（100）
　　三　思想政治教育主体价值引领意识的强化维度 ……………（103）
　第二节　新时代思想政治教育主体的人文关怀意识 ……………（106）
　　一　思想政治教育主体人文关怀意识的逻辑内涵 ……………（106）
　　二　思想政治教育主体人文关怀意识确立的基本前提 ………（110）
　　三　思想政治教育主体人文关怀意识的外化理路 ……………（113）
　第三节　新时代思想政治教育主体的责任担当意识 ……………（118）

一　思想政治教育改革创新过程中主体责任担当意识的
　　　　逻辑内涵 ……………………………………………（118）
　　二　思想政治教育改革创新过程中主体责任担当意识
　　　　确立的基本要求 ……………………………………（121）
　　三　思想政治教育改革创新过程中主体责任担当意识的
　　　　强化路径 ……………………………………………（123）
　第四节　新时代思想政治教育主体的互联网思维 …………（127）
　　一　思想政治教育价值传播中主体互联网思维的逻辑
　　　　内涵 …………………………………………………（128）
　　二　互联网思维给思想政治教育价值传播带来的主要
　　　　挑战 …………………………………………………（131）
　　三　思想政治教育价值传播中主体互联网思维的强化
　　　　理路 …………………………………………………（134）

第四章　新时代思想政治教育发展的学科形态 ……………（138）
　第一节　主体性思想政治教育 ………………………………（139）
　　一　主体性思想政治教育内涵的时代阐释 ………………（139）
　　二　主体性思想政治教育是一种体现人本精神的创新型
　　　　教育形态 ……………………………………………（141）
　　三　主体性思想政治教育是一种引导人们学会选择的
　　　　教育形态 ……………………………………………（143）
　　四　主体性思想政治教育是一种寻求人与社会和谐发展的
　　　　教育形态 ……………………………………………（145）
　第二节　主导性思想政治教育 ………………………………（147）
　　一　主导性思想政治教育内涵的时代阐释 ………………（147）
　　二　主导性思想政治教育的基本特点 ……………………（154）
　　三　主导性思想政治教育的研究现状及存在问题 ………（159）
　　四　主导性思想政治教育发展的理路探究 ………………（161）
　第三节　生活化思想政治教育 ………………………………（163）
　　一　生活化思想政治教育内涵的时代阐释 ………………（164）

二　生活化思想政治教育是一种关注生活世界的教育
　　　　形态 ……………………………………………………（167）
　　三　生活化思想政治教育是一种提升生活质量的教育
　　　　形态 ……………………………………………………（169）
　　四　生活化思想政治教育是引导人确立良好生活方式的
　　　　教育形态 ………………………………………………（171）
　第四节　网络思想政治教育 ……………………………………（173）
　　一　网络思想政治教育内涵的时代阐释 ………………（174）
　　二　网络信息的海量性与思想政治教育发展的阵地意识 …（176）
　　三　网络领域的诱惑性与思想政治教育发展的反思意识 …（179）
　　四　网络空间的虚拟性与思想政治教育发展的主体意识 …（182）

第五章　新时代思想政治教育发展的功能审视 …………………（185）
　第一节　思想政治教育功能内涵的时代阐释 …………………（185）
　　一　思想政治教育功能的内涵界定 ……………………（186）
　　二　马克思恩格斯的思想政治教育功能思想解析 ……（188）
　　三　思想政治教育"功能"与其"价值""作用"的
　　　　区别 ……………………………………………………（190）
　　四　思想政治教育功能发展的新特点 …………………（194）
　第二节　思想政治教育导向功能的发展 ………………………（197）
　　一　思想政治教育的价值导向 …………………………（197）
　　二　思想政治教育的目标导向 …………………………（202）
　　三　思想政治教育的实践导向 …………………………（205）
　第三节　思想政治教育保证功能的发展 ………………………（209）
　　一　思想政治教育保证功能的内涵阐释 ………………（210）
　　二　思想政治教育的稳定功能 …………………………（213）
　　三　思想政治教育的协调功能 …………………………（216）
　　四　思想政治教育的沟通功能 …………………………（219）
　第四节　思想政治教育育人功能的发展 ………………………（222）
　　一　思想政治教育育人功能的内涵阐释 ………………（223）
　　二　思想政治教育的审美功能 …………………………（227）

三　思想政治教育的开发功能 …………………………………（229）

第六章　新时代思想政治教育发展的方法维度 ……………………（234）
　第一节　思想政治教育方法发展的时代阐释 ………………………（234）
　　一　思想政治教育方法发展的内涵界定 ……………………………（235）
　　二　思想政治教育方法发展的必要性 ………………………………（237）
　　三　马克思主义经典作家关于思想政治教育方法的
　　　　新贡献 …………………………………………………………（241）
　第二节　思想政治教育原则方法的发展 ………………………………（251）
　　一　发展面向世界与立足民族相统一的原则，突出
　　　　主旋律教育 ……………………………………………………（251）
　　二　发展主导性与多样性相统一的原则，突出理想
　　　　信念教育 ………………………………………………………（254）
　　三　发展自主性与社会化相统一的原则，突出道德
　　　　法制教育 ………………………………………………………（255）
　第三节　思想政治教育具体方法的发展 ………………………………（257）
　　一　咨询方法的发展 ………………………………………………（258）
　　二　动员方法的发展 ………………………………………………（264）
　　三　隐性教育法的发展 ……………………………………………（271）

结　语 ……………………………………………………………………（279）

参考文献 …………………………………………………………………（282）

后　记 ……………………………………………………………………（288）

导　　言

　　思想政治教育是具有鲜明意识形态性的学科，必然会随着时代的发展与实践的推进而发展变化。新时代是理解我们当前所处历史方位的关键词，也是开展思想政治教育发展研究的基本时空场域。党的十九大报告指出："中国特色社会主义进入新时代，意味着近代以来久经磨难的中华民族迎来了从站起来、富起来到强起来的伟大飞跃，迎来了实现中华民族伟大复兴的光明前景；意味着科学社会主义在二十一世纪的中国焕发出强大生机活力，在世界上高高举起了中国特色社会主义伟大旗帜；意味着中国特色社会主义道路、理论、制度、文化不断发展，拓展了发展中国家走向现代化的途径，给世界上那些既希望加快发展又希望保持自身独立性的国家和民族提供了全新选择，为解决人类问题贡献了中国智慧和中国方案。"[①] 新时代既是我国社会发展的新的历史方位，也是开展思想政治教育研究的现实出发点，在新时代，我国社会主要矛盾的转变对思想政治教育学科建设与发展提出了新的要求，思想政治教育学科建设与发展，既要着眼于坚定人们对马克思主义的信仰、对中国特色社会主义的信念、对实现中华民族伟大复兴的中国梦的信心，又要立足民族面向世界，在铸牢中华民族共同体意识的过程中，引导人们牢固树立人类命运共同体意识，在培养德智体美劳全面发展的社会主义建设者和接班人的过程中，引导人们自觉成长为世界和平的建设者、全球发展的贡献者、国际秩序的维护者。

　　恩格斯曾经指出："每一个时代的理论思维，包括我们这个时代的

[①]《党的十九大报告辅导读本》编写组：《党的十九大报告辅导读本》，人民出版社2017年版，第10—11页。

理论思维，都是一种历史的产物，它在不同的时代具有完全不同的形式，同时具有完全不同的内容。"① 思想政治教育作为具有鲜明意识形态性的学科，必须"因事而化、因时而进、因势而新"，及时回应时代课题，与时俱进地增添富有时代特色和发展气息的新内容，满足"学生成长发展需求和期待"。中国特色社会主义进入新时代，思想政治教育学科建设与发展必须以马克思主义为指导，全面深入地贯彻落实习近平新时代中国特色社会主义思想，切实将服务于中华民族伟大复兴作为思想政治教育学科建设与发展的重要使命，"坚持教育为人民服务、为中国共产党治国理政服务、为巩固和发展中国特色社会主义制度服务、为改革开放和社会主义现代化建设服务"②，培养出一批批德智体美劳全面发展的社会主义建设者和接班人，为决胜全面建成小康社会、实现新时代中国特色社会主义发展的奋斗目标提供有力支撑。

开展思想政治教育发展研究，既要及时回应人民对日益增长的美好生活需要的现实关切，又要遵循严格的学术逻辑和确立科学的理论思维。习近平指出："如果缺乏理论思维，是难以战胜各种风险和困难的，也是难以不断前进的。这就要求我们加强理论学习，掌握和运用辩证唯物主义和历史唯物主义，掌握贯穿其中的马克思主义立场、观点、方法，深入认识共产党执政规律、社会主义建设规律、人类社会发展规律。"③ 思想政治教育是做人的工作，及时回应人民群众的现实关切是思想政治教育建设与发展的应有之义；同时，作为一门科学，思想政治教育学科发展研究必须遵循严格的学术逻辑和确立科学的理论思维。英国学者杰弗里·托马斯（Geoffrey Thomas）《政治哲学导论》（*Introduction to Political Philosophy*）曾经提出："任何一种学术探索都要追问四大问题：（1）其研究领域、学科对象或问题域是什么？（2）它在该领域的研究方法是什么？（3）这种探究的内在结构是什么，有哪些组织和

---

① 《马克思恩格斯选集》（第3卷），人民出版社2012年版，第873页。
② 《习近平主持召开学校思想政治理论课教师座谈会强调：用新时代中国特色社会主义思想铸魂育人　贯彻党的教育方针落实立德树人根本任务》，《光明日报》2019年3月19日第1版。
③ 《习近平在中央党校（国家行政学院）中青年干部培训班开班式上发表重要讲话强调：在常学常新中加强理论修养　在"知行合一"中主动担当作为》，《光明日报》2019年3月2日第1版。

分支？（4）这种探究具有什么样的价值？"① 从这一思路来看，新时代思想政治教育发展研究，必须系统而逻辑地回答与阐释这几个方面的问题，即：新时代思想政治教育发展的问题域或基本矛盾是什么，运用什么样的研究方法开展这一研究，思想政治教育发展研究的主要内容和逻辑主线是什么，它的研究价值又如何得以体现？

开展新时代思想政治教育发展研究，应当致力于解决"学生日益增长的成长发展需求和期待与思想政治教育不平衡、不充分发展的现实状况之间的矛盾"。随着中国特色社会主义进入新时代，我国社会的主要矛盾由人民日益增长的物质文化需要同落后的社会生产之间的矛盾，已经转化为人民日益增长的美好生活需要和不平衡不充分的发展之间的矛盾，新时代思想政治教育要适应社会矛盾的转化，"围绕着实现中华民族伟大复兴的中国梦而开展立德树人工作，做到满足人民日益增长的美好生活需要，并致力于解决因为不平衡不充分的发展而带来的问题，聚焦思想政治教育创新所面对的重要思想范畴，并进行返本式的创新和变革。"② 无论是开展思想政治教育理论研究，还是提升思想政治教育实践效果，都必须科学分析和正确把握"学生日益增长的成长发展需求和期待与思想政治教育不平衡、不充分发展的现实状况之间的矛盾"这一基本问题，为培养德智体美劳全面发展的社会主义建设者和接班人服务。

开展新时代思想政治教育发展研究，必须坚持"描述性"与"规范性"相统一的研究方法。在一定意义上说，思想政治教育既是一个以理论形态存在的"描述性"范畴，又是一个以实践活动存在的"规范性"范畴，本质上它主要服务于"培养什么样的人、如何培养人以及为谁培养人"的问题。从静态来看，思想政治教育作为一种理论形态，反映了在新时代的价值坐标下思想政治教育系统对受教育者思维方式、行为方式引导和塑造的价值观念；从动态来看，思想政治教育作为一种实践活动，反映了思想政治教育主体借助特定的教育内容、方法和环境对受教育者进行思想理论教育和价值引领的过程。新时代思想政治教育的发

---

① ［英］托马斯：《政治哲学导论》，顾肃、刘雪梅译，中国人民大学出版社2006年版，第3页。
② 宇文利：《新时代思想政治教育创新之魂》，《思想理论教育》2019年第1期。

展，既要着眼于建构能够使人产生亲近感、认同度、满意度的思想政治教育情景、思想政治教育系统，从"满足学生成长发展需求和期待"出发对思想政治教育发展作出"描述性"的概念建构和氛围营造，科学地阐释和描述思想政治教育"是什么"；同时，又要从提升思想政治教育的实效性入手，着力解决新时代大学生日益增长的成长发展需求和期待与思想政治教育实践中不平衡、不充分发展之间的矛盾，形成"协同效应"，正确地回应和表达新时代思想政治教育"应如何"的问题。

开展新时代思想政治教育发展研究，必须立足新时代，紧密围绕思想政治教育学科建设与发展的中心内容和逻辑主线展开研究。本研究从思想政治教育的基本矛盾分析着手，研究和阐释了新时代思想政治教育的学科内涵与实践内涵，揭示了思想政治教育与人的现代特性生成的辩证关系，从学理上阐释了新时代思想政治教育所具有的"再也不是一般意义上的阶级统治工具，而是建构个体生存方式的重要途径"的时代特质。新时代思想政治教育发展必须坚持以立德树人为中心环节，强化思想政治教育的理念变革、质量变革、效率变革、动力变革研究，探究与揭示新时代思想政治教育发展的学科形态、基本功能和主要方法。在这里，需要强调指出的是，作为抛砖引玉之作，希望借助新时代思想政治教育发展研究所建构的逻辑框架，点燃更多学者开展思想政治教育发展研究的学术热情，为学术界开展思想政治教育研究提供新的学术生长点，希望一批既富有时代气息又充满创新精神的思想政治教育发展研究成果能在不久的将来得以涌现。

开展新时代思想政治教育发展研究，必须在推进思想政治教育现代化、更好地"满足学生成长发展需求和期待"中实现其独特价值。有学者指出："随着生产力的发展以及物质产品的不断丰富，由现代社会中出现的激进需要的推动所逐渐生成的新需要系统中，人们对物质需要的追求将会达到'饱和状态'，即人们不再过多地谈论物质需要，而更多地谈论物质需要之外的其他需要，诸如对闲暇时间的需要会占有很重要的地位。"[①] 思想政治教育在"满足学生成长发展需求和期待"中的

---

① 王秀敏、于慧：《激进需要的满足与现实乌托邦的期许——阿格妮丝·赫勒需要理论的旨趣》，《马克思主义与现实》2017年第5期。

独特价值,正是通过对人的精神生活建构和价值引领而得以实现的。习近平指出:"要用好课堂教学这个主渠道,思想政治理论课要坚持在改进中加强,提升思想政治教育亲和力和针对性,满足学生成长发展需求和期待,其他各门课都要守好一段渠、种好责任田,使各类课程与思想政治理论课同向同行,形成协同效应。"① 习近平的这段论述,一方面,强调思想政治教育发展应当以"满足学生成长发展需求和期待"为价值旨趣,为思想政治教育学科建设与发展指明了方向;另一方面,这里也明确阐述了思想政治教育发展的方法论原则,强调思想政治教育发展应当着眼于形成"协同效应",应当着力解决思想政治教育实践中出现的不平衡、不充分发展的问题。无论开展思想政治教育理论研究,还是探究思想政治教育实践效果的提升问题,都需要关注课堂教学这个"主渠道",更要注重各类课程与思想政治理论课"同向同行",形成思想政治教育合力,真正将全员育人、全程育人、全方位育人的"三全"育人理念落小、落细、落实,融入学生的现实生活,因为思想政治教育发展最主要的"不是一个理论的问题,而是一个实践的问题"②,使思想政治教育在"满足学生成长发展需求和期待"过程中成为日用而不觉的基本手段和重要途径。

---

① 《习近平谈治国理政》(第2卷),外文出版社2017年版,第378页。
② 《马克思恩格斯选集》(第1卷),人民出版社2012年版,第134页。

第一章
新时代思想政治教育发展的内涵阐释

思想政治教育是人类社会实践的一个重要方面。自从阶级形成和国家产生以来，这项实践活动就是一种客观存在。历史上依次更迭的各社会阶级，无不以各种形式从事思想政治教育活动，以维系或维护本阶级的统治。与此相适应，有关思想政治教育的理论知识也在积累和发展，但它在很长的历史时期没有形成一门独立学科。19世纪中叶马克思主义的诞生为无产阶级思想政治教育学的形成奠定了科学的思想理论基础，无产阶级的思想政治教育活动才真正开始。中国共产党自成立以来就一直很重视思想政治教育，尤其是党的十一届三中全会以来，提出了思想政治教育科学化的任务，20世纪80年代，教育部正式设立思想政治教育专业，确定学科名称为"思想政治教育"，并于1984年在高校开始实现本科招生。2005年，国务院学位委员会和教育部在《关于调整增设马克思主义理论一级学科及所属二级学科的通知》中正式设立马克思主义理论一级学科，把思想政治教育作为马克思主义理论一级学科下的二级学科，为思想政治教育学科的科学发展提供了基本依据。中国特色社会主义进入新时代，"我国社会主要矛盾已经转化为人民日益增长的美好生活需要和不平衡不充分的发展之间的矛盾"[①]，思想政治教育学科如何在满足人民日益增长的美好生活需要中实现其独特价值，值得进一步深思，思想政治教育归根结底

---

① 《党的十九大报告辅导读本》编写组：《党的十九大报告辅导读本》，人民出版社2017年版，第11页。

是"为了满足社会和人的发展需要"①。新的学科定位和新的社会实践要求我们必须对思想政治教育的学科内涵及新时代发展作出新的研究和探索。

第一节　新时代思想政治教育内涵的理性审视

有学者指出："研究任何一个领域或问题，都必须具备三个条件，缺一不可：一是该研究领域或问题的特定对象或矛盾，即实际基础；二是必须有明确的指导理论与价值导向，即理论基础；三是必须坚持理论与实际相结合的原则开展实际研究，在研究过程中深化对实际的认识并探索新的思想和理论。这三个条件中，特定对象或矛盾是研究得以进行的内在根据，是区别于其他研究的不同本质之所在。理论基础是否坚实、科学、正确，是研究能否顺利进行并取得有效结果的根本条件。"②研究思想政治教育的科学内涵及其新时代发展，也必须研究思想政治教育所具有的特殊矛盾，"如果不研究矛盾的特殊性，就无从确定一事物不同于他事物的特殊的本质，就无从发现事物运动发展的特殊的原因，或特殊的根据，也就无从辨别事物，无从区分科学研究的领域。"③ 因此，思想政治教育内涵的研究，也必须从其基本矛盾研究开始。

一　思想政治教育的基本矛盾

目前，学术界关于思想政治教育的研究，主要有两个基本研究视角：

一个是作为实践活动存在的思想政治教育（如大学生思想政治教育），它主要帮助人们解决"做什么""怎样做"的问题。持这种观点的学者们认为，思想政治教育的基本矛盾是"教育者掌握的社会所要求的思想政治品德要求与受教育者思想政治品德发展状况之间的矛盾"④，

---

① 《思想政治教育学原理》编写组：《思想政治教育学原理》，高等教育出版社2016年版，第5页。
② 郑永廷：《人的现代化理论与实践》，人民出版社2006年版，第163页。
③ 《毛泽东选集》（第1卷），人民出版社1991年版，第309页。
④ 张耀灿、郑永廷等：《现代思想政治教育学》，人民出版社2006年版，第7页。

这一矛盾是贯穿思想政治教育过程始终的矛盾，思想政治教育是以这一基本矛盾为研究对象而开展的活动，这种活动由来已久，自从阶级诞生和国家建立之后，这种活动就一直客观存在着，尽管各个社会历史时期其名称各异。在思想政治教育活动中，这一基本矛盾实际上主要是思想政治教育系统各要素之间矛盾关系的集中体现，它主要通过教育要求与社会环境、教育要求与受教育者本人思想行为以及教育者与受教育者之间的矛盾得以展开，是思想政治教育主体、客体、环体和介体相互作用的结果。

一个是作为理论形态存在的思想政治教育（如马克思主义理论与思想政治教育），它主要解决思想政治教育"是什么""为什么"的问题。在一定意义上说，这里的"思想政治教育"，在一定意义上指的是人们通常所说的思想政治教育学。在某种意义上，思想政治教育学的研究对象是由思想政治教育领域所特有的矛盾的研究而构成，"把人们思想品德形成发展的规律和对人们进行思想政治教育的规律作为自己研究对象的"。[①] 从教育主体来看，思想政治教育学研究的是思想政治教育的规律，当然，这两个规律是一个问题的两个方面。从教育客体来看，思想政治教育学研究的是人的思想品德形成发展的规律，因此，可以说"一定社会、一定阶级对人们思想品德的要求与人们的实际的思想品德水准之间的矛盾"，也构成了思想政治教育学的基本矛盾，这与作为社会实践活动的思想政治教育具有相同点，但不同的是，作为社会实践活动的思想政治教育基本矛盾的展开是动态性、过程性的，而思想政治教育学基本矛盾的展开是静态性、规律性的，它以科学认识思想政治教育领域的各种现象进而揭示思想政治教育的规律为目的，这门学科在20世纪80年代中期才产生。

在分析思想政治教育领域基本矛盾的基础上，有学者给出了这样的思想政治教育涵义界定：思想政治教育（Ideological Political Education）是指一定的阶级、政党、社会群体遵循人们思想品德形成发展规律，用一定的思想观念、政治观点、道德规范，对其成员施加有目的、有计划、有组织的影响，使他们形成符合一定社会、一定阶级所需要的思想

---

① 张耀灿、郑永廷等：《现代思想政治教育学》，人民出版社2006年版，第5页。

品德的社会实践活动。① 当然，学术界关于思想政治教育内涵的界定现在依然存在诸多争议，在分析和探究这一概念的基础上，不少学者主张思想政治教育的概念应当从泛指与特指的角度来谈，即作为社会实践活动的思想政治教育有"泛指"和"特指"两种含义，思想政治教育"泛指"即人类所有阶级社会共有的从思想政治品德上培养教育人的活动，"特指"即无产阶级从思想政治品德上培养教育人的活动。我们所谈论的思想政治教育一般是特指的思想政治教育，在本书中新时代思想政治教育的概念也是在特指涵义基础上的进一步细化，即思想政治教育的中国化，换句话来说，本书所研究的新时代思想政治教育，特指当代中国的思想政治教育，是"教育者和受教育者根据社会和自身发展的需要，以正确的思想、政治、道德理论为指导，在适应与促进社会发展的过程中，不断提高思想、政治、道德素质和促进全面发展的过程。"②

在与作为社会实践活动的思想政治教育相比较的过程中，本研究也逐步解开作为学科存在的思想政治教育的神秘面纱，即思想政治教育学的概念可以这样界定：所谓思想政治教育学是指以人们思想品德形成发展的规律和对人们进行思想政治教育的规律作为研究对象的学科。它是思想政治教育科学化、学科化的必然结果，是关于思想政治教育丰富的实践经验的理论概括，是思想政治教育的知识体系，对思想政治教育实践具有重要的指导意义。毫无疑问，思想政治教育实践是思想政治教育学产生的前提、基础和源泉，也是思想政治教育学得以建设和发展的根本动力之所在。在对思想政治教育实践进行科学抽象和理性认识的基础上，形成对思想政治教育活动进行经验总结和概括的理论体系和知识体系，它构成了思想政治教育的基本内容。因此，没有作为实践形态存在的思想政治教育，就无法形成作为学科存在的思想政治教育，也谈不上思想政治教育的学科化与科学化，反之，思想政治教育学科的建设与发展必须依赖思想政治教育实践，离开思想政治教育实践的思想政治教育学就是无本之木、无源之水。

---

① 张耀灿、郑永廷等：《现代思想政治教育学》，人民出版社2006年版，第50页。
② 教育部思想政治工作司组编：《大学生思想政治理论与实践》，高等教育出版社2009年版，第2页。

二　思想政治教育与思想政治工作、德育等概念的内涵辨析

在思想政治教育理论形成发展的历史进程中,"宣传工作""政治工作""思想工作""政治思想工作""思想政治工作""德育"等相关概念与思想政治教育概念的提出和演变都有一定的渊源,且容易混淆。近些年来,随着思想政治教育学科化、科学化进程的加速发展,大家关于"宣传工作""政治工作""思想工作""政治思想工作"与思想政治教育之间的区别相对来说已比较清晰,概念的混淆主要体现在思想政治教育与"思想政治工作""德育"这几个概念之间,这里就三者之间的内涵作一下分析和探讨。

1. 思想政治工作的基本内涵及其发展

在中华人民共和国成立之初,我国主要领导人较多地运用"思想政治工作"(Ideological Political Work)这一术语。刘少奇是"思想政治工作"这一术语的较早使用者。1951年5月23日,刘少奇在中国共产党第一次全国宣传部长会议的总结报告中明确指出:"今天,思想政治工作的必要性更加提高了,更加需要加强党的思想领导,因为目前的情况与过去不同了,中国人民的革命胜利了,各种工作更繁杂,实际工作任务更加重了。"[①] 在刘少奇看来,随着中国革命的胜利,思想政治工作更须加强,不能削弱,但是与过去革命战争年代相比,这一工作在重视其政治性特点的同时,更重要的是突出其思想性,思想领导应放在首位。在他看来,思想政治工作的基本内涵就是"用马列主义教育人民,提高全国人民的阶级觉悟和思想水平,为在我国建设社会主义和实现共产主义打下思想基础。"[②] 毛泽东在《关于正确处理人民内部矛盾的问题》一文中进一步阐述了这一概念,他指出:"在知识分子和青年学生中间,最近一个时期,思想政治工作减弱了,出现了一些偏向……针对着这种情况,现在需要加强思想政治工作。"[③]

毛泽东在强调思想政治工作重要性的同时,从正反两个方面相结合

---

① 《刘少奇选集》(下卷),人民出版社1985年版,第90页。
② 同上书,第91页。
③ 《毛泽东著作选读》(下册),人民出版社1986年版,第780页。

的视角揭示了思想政治工作的内涵。毛泽东指出:"除了学习专业之外,在思想上要有所进步,政治上也要有所进步,这就需要学习马克思主义,学习时事政治。没有正确的政治观点,就等于没有灵魂。"① 他从正面阐述了思想政治工作的主要任务是学习马克思主义,而政治观念是思想政治工作的主导性内容。他还从反面批判的角度指出:"在一些人的眼中,好象什么政治,什么祖国的前途,人类的理想,都没有关心的必要。好象马克思主义行时了一阵,现在就不那么行时了。"② 在这里,毛泽东揭示出了思想政治工作的基本内涵,那就是进行理想信念、政治观点、爱国主义、马克思主义的教育。与此同时,毛泽东明确界定了思想政治工作的领导体制和工作机制:"思想政治工作,各个部门都要负责任。共产党应该管,青年团应该管,政府主管部门应该管,学校的校长教师更应该管。"③

十一届三中全会以后,思想政治工作作为一个专有名词和具有独特内涵的术语得到了广泛应用。从毛泽东和刘少奇关于思想政治工作的阐述和分析可以得知,思想政治工作不是政治工作的全部,它仅是政治工作的一部分,主要指政治工作的思想性部分或者说思想性的政治工作部分。当然,思想政治工作也不是思想工作的全部,它仅是思想工作的政治性部分,或者说政治性的思想工作。简而言之,思想政治工作是政治工作的思想性部分与思想工作的政治性部分的叠加、融合。它既不包括武装、保卫、纪检、人事等政治工作的内容,也不把纯属个人生活、习惯、兴趣、爱好以及纯属生产、技术领域的具体见解等非政治性的具体思想认识问题纳入思想政治工作领域。与思想政治教育这一概念相比,它的含义要宽泛一些,而思想政治教育则在一定程度上构成了思想政治工作的基本内容和工作途径,是受政治制约的思想教育,侧重于理论方面的政治教育。

2. 德育的基本内涵及其发展

德育(Moral Education)概念的发展是随着人类社会的发展变化而

---

① 《毛泽东著作选读》(下册),人民出版社1986年版,第780页。
② 同上。
③ 同上。

不断发展变化的。在古代中国，历届统治者为了培养忠于自己、服务王权的人才，都十分重视德育。儒家创始人孔子主张德治，强调"道之以德，齐之以礼"①"德不孤，必有邻"②"君子怀德，小人怀土；君子怀刑，小人怀惠"③，孔子一生推崇"己欲立而立人，己欲达而达人"④和"己所不欲，勿施于人"的忠恕之道，主张"礼之用，和为贵。先王之道，斯为美。小大由之，有所不行，知和而和，不以礼节之亦不可行也"⑤，并要求人们"为政以德"⑥，这也是对孔子德育思想的最好注解。孟子主张"以德服人者，中心悦而诚服也"⑦"人皆可以为尧舜"⑧，建立在性善论基础上的德育理论是为了"皆所以明人伦也"⑨。以孔孟思想为源流的儒家学说，其德育理论与政治很难分开，即所谓"政者，正也。子帅以正，孰敢不正？"⑩儒家认为政治不是暴力工具，而是教化途径，政治不外乎正己以正人，统治者只需要外施王者之政，弃霸道而"仁者无敌"，以身作则地进行道德示范，加强道德自律，就能形成乐以成德的人生境界，能在心灵美化中完善高尚的道德人格，就能增强民族凝聚力和促进社会稳定发展，从而实现德育的目的。

西方社会一直有重视德育的传统。古希腊时苏格拉底主张"知识即美德"，亚里士多德则认为培养美德必须依赖实践，并通过理性教育形成道德习惯。德国教育家赫尔巴特认为教育的最高目的是培养具有完美德性的人，在《普通教育学》（1860年）一书中，赫尔巴特用大量篇幅讨论德育问题，他认为品德是以认知和意志为基础的，因此德育的首要问题是在儿童心中发展明辨的识见及与之相应的意志力。英国教育家斯宾塞在《教育论》（1861年）一书中独立撰写了以《德育》为专题的论文，他从资产阶级功利主义道德观出发，形成了人们总是从结果的快

---

① 《论语·为政》。
② 《论语·里仁》。
③ 同上。
④ 《论语·雍也》。
⑤ 《论语·学而》。
⑥ 《论语·为政》。
⑦ 《孟子·公孙丑上》。
⑧ 《孟子·告子下》。
⑨ 《孟子·滕文公上》。
⑩ 《论语·颜渊》。

乐或痛苦来判断行为的好坏、善恶的理论。因此，他把"自然后果"作为德育的指导原则。美国实用主义教育家杜威撰写了《道德教育原理》（1909年）一书，全面阐述了实用主义德育论，他认为学校道德教育的主要问题是知行关系问题，强调学校德育的任务在于使儿童明智地认识他的一切社会关系并维护这些社会关系，因此，他反对说教式的德育方法，主张让儿童从个人经验中学习，认为学校生活社会化是进行道德教育的基本条件。美国心理学家科尔伯格认为，学校德育的任务主要是培养儿童的道德判断能力，而儿童的道德发展是有阶段性的，因此，德育教师必须了解儿童的发展阶段，并创设条件，使他们向更高的道德水平发展。

总的来看，在马克思主义诞生以前的德育理论，主要分布在哲学和政治伦理学理论中，因此，德育的科学内涵很难被完整地揭示出来。近代以来，教育学作为独立学科的形成与发展，为作为教育学一个重要分支的德育发展提供了良好的机遇，马克思主义理论的诞生，为德育的科学发展奠定了坚实的理论基础，也为揭开德育内涵的神秘面纱提供了理论指导。列宁在《青年团的任务》中阐明了无产阶级的德育观，他指出："应该使培养、教育和训练现代青年的全部事业，成为培养青年的共产主义道德的事业。"[1] 他要求克服理论与实践脱节的德育状况，指出："培养共产主义青年，决不是向他们灌输关于道德的各种美丽动听的言词和准则……为巩固和完成共产主义事业而斗争，这就是共产主义道德的基础。这也就是共产主义培养、教育和训练的基础。这也就是对应该怎样学习共产主义的回答。"[2] 在这里，列宁明确回答了对青年如何进行共产主义道德教育的问题，但他没有明确界定德育的概念。在苏联，关于德育内涵的界定最有代表性的是加里宁，他认为："德育是对于受教育者心理上所施加的一种确定的、有目的的和有系统的感化作用，以便在受教育者的心身上，养成教育者所希望的品质。"[3] 显然，这种界定是典型的社会本位价值取向，把德育理解成外在性的"施

---

[1] 《列宁选集》（第4卷），人民出版社2012年版，第288页。
[2] 同上书，第292页。
[3] ［苏联］加里宁：《论共产主义教育与教学》，人民教育出版社1981年版，第48页。

加",忽视了受教育者在德育过程中的主体性。

当代中国的德育理论是在马克思主义指导下、批判地继承我国传统德育理论和借鉴国外德育理论基础上形成的。由于受苏联"施加论"的影响,我国学界关于德育的界定也存在着忽视受教育者身心感受的德育论,如德育是"教育者按照一定社会或阶级的要求,有目的、有计划、有组织地对受教育者施加系统的影响,把一定的社会思想和道德转化为个体的思想意识和道德品质的教育。"① 显然,这里在强调"施加"的同时,有意突出"转化"的思维,尽管"转化论"仍然没有摆脱"施加论"的影响,但毕竟注意到了受教育者的主体性和德育的有效性,毫无疑问具有进步意义。20世纪90年代以后,许多学者在德育内涵的探讨中又取得了新的成果,其中有代表性的是"内化论",强调德育是"教育者按照一定社会的要求,通过特定的教育活动,把特定社会的思想和道德规范内化为受教育者的思想意识和道德品质的过程。"② "内化论"显然比"转化论"又前进了一步,它强调了德育由注重外在施加向内在认可、接受的转变,肯定了德育过程中受教育者的主体性,但仍然主张教育者对受教育者思想意识和道德品质的内化的引领和主导,受教育者仍然缺乏作为道德个体自身的自主建构。于是,一些学者提出"发展论"德育观,如:"德育是教育者根据一定社会和受教育者的需要,遵循品德形成规律,采用言教、身教等有效手段,在受教育者的自觉积极参与的互动中,通过内化和外化,发展受教育者的思想、政治、法制和道德几方面素质的系统活动过程。"③ "德育是教育者组织适合德育对象品德成长的价值环境,促进他们在道德价值的理解和道德实践能力等方面不断建构和提升的教育活动。简言之,德育是促进个体道德自主建构的价值引导活动。"④ "发展论"的德育观摒弃了外在施加性和被动接受性的传统德育模式,强调德育是社会发展和个体德性提升的内在性需要,受教育者主体性的发挥是德育价值得以实现的基础和前提。

---

① 《中国大百科全书·教育卷》,中国大百科全书出版社1985年版,第59页。
② 孙喜亭:《教育原理》,北京师范大学出版社1993年版,第290页。
③ 鲁洁、王逢贤主编:《德育新论》,上海教育出版社1990年版,第128页。
④ 檀传宝:《学校道德教育原理》,教育科学出版社2015年版,第6页。

在对"施加论""转化论""内化论"和"发展论"的德育观进行分析的基础上,本研究所赞成的德育内涵被揭示出来了:"德育是教育者与受教育者根据社会和自身发展的需要,以正确的思想道德为指导,在促进社会和学校智育、体育发展的过程中,不断提高学生思想道德素质和坚持全面发展的过程。"① 这一界定强调德育不仅是受教育者和社会发展的需要,也是教育者自身存在和发展的需要,在某种意义上可以说,德育是人的一种存在方式。它以促进人的全面发展与社会进步为旨归,以正确的思想道德为价值取向和遵循准则,以促进智育、体育的协调发展为现实依托,在个体发展与社会进步中实现德育的价值。本研究认为,德育的概念小于思想政治教育的概念,判断的基本标准是:在通常情况下,德育主要是学校使用的一个概念,它的主要教育对象是学生,而思想政治教育的对象可以是学生、工人、农民等所有的人,当德育与思想政治教育面向学生时,二者是同等的概念。迄今为止,还有一些文献中笼统地把德育称之为"思想、政治和品德教育"②,认为它体现了教育的社会性和阶级性,它与智育、体育等相互联系、彼此渗透、密切协调、共同育人,构成了学校教育的基本组成部分。根据目前的学科划分,作为学科存在的德育属于教育学一级学科,隶属于教育学门类的范畴;而思想政治教育则属于马克思主义理论一级学科,隶属于法学门类的范畴。

三 新时代思想政治教育的现代意蕴

新时代思想政治教育发展研究必须探讨与正确处理思想政治教育理论与方法的现代性与传统性之间的关系。吉登斯认为:"全球化使在场和缺场纠缠在一起,让远距离的社会事件和社会关系与地方性场景交织在一起。我们应该依据时空分延(time-space distanciation)和地方性环境以及地方性活动的漫长的变迁之间不断发展的关系,来把握现代性的全球性蔓延。"③ 因此,思想政治教育的基本指导思想、基本内容、方

---

① 郑永廷、张彦:《德育发展研究》,人民出版社2006年版,第8—9页。
② 《普通高校思想政治教育课程文献选编》,中国人民大学出版社2003年版,第162页。
③ [英]安东尼·吉登斯:《现代性与自我认同》,赵旭东、方文译,生活·读书·新知三联书店1998年版,第23页。

法途径和目标追求,要充分体现"脱域"状态下人的现代性转变,同时,进行思想政治教育也必须弘扬我们民族的优良传统。"传统并不等同于过去,尽管在习惯上常常把传统视为过去的东西,但事实上传统总是现在存在的,现实的,是参与形塑现实的东西,如果仅仅是'过去的东西',那它就没有现实性了。传统是'活'在现实中的,是在人们的社会行为和社会事物中发生作用的。在社会发展中,传统代表了时间的连续性、空间结构的稳定性、时—空特性的同一性。"① 因此,进行新时代思想政治教育发展研究,必须研究和界定"现代"一词的涵义。

在学术研究中,人们一提起现代,总是有几个词马上就会联系在一起:"现代""现代性"与"现代化",20世纪以来,思想家关于"现代""现代性"与"现代化"问题的研究汗牛充栋,我们究竟如何理解新时代思想政治教育的"现代"意蕴呢？英文"现代"(modern)一词最早源于公元五世纪的拉丁文"现代"(modernus),本义是对"古典"(ancient)的反动,指已皈依"基督教"的现代社会与仍处于异教(东正教)的罗马社会区别开。后来逐渐演化出许多意义,但最基本的含义有两层:"一层是作为时间尺度,它泛指从中世纪(medieval)结束以来一直延续至今的一个'长过程';一层是作为价值尺度,它指区别于中世纪的新时代精神与特征。"② "现代性"(modernity)17世纪起在英语中流行,法语"现代性"(modernit-é)则在19世纪前期才使用。广义上的现代性意味着成为现代(being modern),即适应现实及其无可置疑的"新颖性"(newness),它与"传统"(tradition)相对应。1859年,法国诗人波德莱尔以预言家的口吻对现代性作了一个天才的描述,"现代性就是短暂、瞬间即逝、偶然",是"从短暂中抽取永恒"。与之同时,另一位法国诗人韩波,则铿锵有力地呼吁:"必须绝对地现代！"波德莱尔道出了现代性的变动布局的特性,而韩波吁请"成为现代的"显然是一种立场和态度③。尤尔根·哈贝马斯(Jüren Habermas)认为,现代性是启蒙运动以来一项在思想、社会和文化三方面展开的综合工

---

① 景天魁:《中国社会发展的时空结构》,《社会学研究》1999年第6期。
② 罗荣渠:《现代化新论:世界与中国的现代化进程》,商务印书馆2004年版,第6页。
③ 盛邦和、井上聪:《新亚洲文明与现代化》,学林出版社2003年版,第310页。

程，包容了人类迄今创造的全部正面价值和理想，绘制了一幅关于人类社会逐步发展和完善的理性蓝图。① 安东尼·吉登斯（Anthony Giddens）认为在最简单的形式中，现代性是现代社会或工业社会的缩略语，表现在世界观上人类能够宰治自然，经济上是工业生产和市场经济，政治上是民族国家和民主自由。②

"现代化"（modernization）意为 to make modern，即"成为现代的"之意。马克斯·韦伯（Max Weber）认为，近代资本主义的兴起与发展不仅是经济与社会结构方面的问题："归根到底，产生资本主义的因素乃是合理的常设企业、合理的核算、合理的工艺和合理的法律，但也并非仅此而已。合理的精神，一般生活的合理化以及合理的经济道德都是必要的辅助因素。"③ 在他看来，现代化是一个涉及社会结构变迁和心理态度、价值观、生活方式的综合过程。塔尔科特·帕森斯（Talcot Parsons）认为，现代化是指所有国家和社会在发展经济过程中所经历过的工业化、城市化、科层化、世俗化和个人主义等。④ 在中国学者中，罗荣渠先生的研究最具有代表性，他指出："广义而言，现代化作为一个世界性的历史过程，是指人类社会从工业革命以来所经历的一场急剧变革，这一变革以工业化为推动力，导致传统的农业社会向现代工业社会的全球性的大转变过程，它使工业主义渗透到经济、政治、文化、思想各个领域，引起深刻的相应变化；狭义而言，现代化又不是一个自然的社会历史演变过程，它是落后国家采取高效率的途径（其中包括可利用的传统因素），通过有计划地经济技术改造和学习世界先进，带动广泛的社会改革，以迅速赶上先进工业国和适应现代世界环境的发展过程。"⑤

新时代思想政治教育发展研究必须正确把握"现代"一词的涵义，新时代只是我国中国特色社会主义发展的重要阶段，但从世界发展史的

---

① 盛邦和、井上聪：《新亚洲文明与现代化》，学林出版社 2003 年版，第 312 页。
② 同上书，第 312 页。
③ [德] 马克斯·韦伯：《世界经济通史》，姚曾广译，上海译文出版社 1981 年版，第 301 页。
④ 盛邦和、井上聪：《新亚洲文明与现代化》，学林出版社 2003 年版，第 310—311 页。
⑤ 罗荣渠：《现代化新论：世界与中国的现代化进程》，商务印书馆 2004 年版，第 6 页。

维度看，依然属于现代社会。新时代思想政治教育发展研究，既要强调思想政治教育理论与实践所处的"现代生活场域"与中国特色社会主义思想政治教育的时代性，又要突出在中国特色社会主义进入新时代的过程中，作为人的"现代化"的过程及在这一过程中呈现出的"现代性"。在一定意义上讲，新时代思想政治教育发展研究中"现代"一词的基本涵义，类似欧阳康教授在《哲学视野中的现代性问题》中所界定的：第一，"现代"首先是个时间概念。但它不是一个凝固的时间概念，而是动态中发展变化着的时间意识，是一个具有很强的时代性的概念。从世界历史的角度看，现代意味着1917年以来的人类历史，而在我国则是从1919年以来的社会历史阶段。在新时代思想政治教育发展研究中的"现代"是指1949年中华人民共和国建立尤其是改革开放以来以及向未来发展的社会历史阶段。第二，"现代"就其性质而言，是一个与"传统"相区别的不断地批判与超越历史传统的过程。"传统是指过去的某一时间范围，是由过去的物质条件和制度、过去的社会心理意识、思想观念、行为方式决定的。而现代，则是指现在和未来的某一时限范围，它是传统的延续，也是传统的发展，是传统的转换和再生。"① 现代意味着对传统的不断超越，表达着一种"后传统的秩序"。同时，它又与"现实性"直接相关，在本质上又是一个不断延展的历史进程，只有在历时性和共时性的统一中才能更好地理解现代。第三，"现代"还是一个价值概念，代表了一种价值取向，标示着思想政治教育所追求的基本目标。这里主要指区别于传统农业文明时期和我国计划经济体制时期的、符合现代社会发展要求与人的自由全面发展要求的新时代精神与特征，是对现代化运动所倡导的那些最为基本和重要的价值的提炼、概括和张扬。要在关注现代化进程基础上把握其蕴含的价值引力和价值导向，在事实性和价值性的统一中全面把握现代。第四，"现代"是一种社会理念，不是自发形成的，而是一种自觉的社会功能，是对现代化进程中那些有利于人类文明进步的要素与特性的一种整合、概括和提升。其社会理念通过人们的自我认同而转化为一种公共意识和共同意识，进而建立起现代化与自我认同之间的一种新机制，要在关注社

---

① 郑永廷：《现代思想道德教育理论与方法》，广东高等教育出版社2000年版，第2页。

会理想的实现机制和社会现实的提升机制中把握"现代"。第五,"现代"还体现为一种不断革命、不断批判、不断超越的精神气质。它的本质精神是革命性、开放性、批判性和建设性的,个体主体性的革命性高扬是"现代"的重要内容,对个体来说,理解"现代",就是要科学理解、认同和发扬主体的革命性品格。①

因此,新时代思想政治教育所强调的"现代"一词的内涵,是与传统思想政治教育相对应存在的一个概念,其发展研究主要立足于我国改革开放以来的现实生活场域,我国改革开放以来的伟大社会实践及其引起社会环境的变化对思想政治教育发展提出的新要求,进而导致思想政治教育在功能、方法、模式、样态、领域等方面的新变化。总体来看,这里的"现代"一词侧重于从时间和性质相结合的视角探讨思想政治教育与人的精神生活及人与对象性世界的关系,从而寻求个体德性提升与人的自由全面发展、社会进步之间的内在规律。恩格斯曾经指出:"人只需要了解自己本身,使自己成为衡量一切生活关系的尺度,按照自己的本质去估价这些关系,真正依照人的方式,根据自己本性的需要,来安排世界,这样的话,他就会猜中现代的谜了。"② 因此,新时代思想政治教育的发展过程,是一个思想政治教育的"现代化"过程,在某种意义上可以理解为个体合理确定自身生存方式的过程,实质上就是人的现代特性在生活世界逐步生成的过程,思想政治教育发展在新的社会发展进程中成为衡量人的现代化程度的重要视角和话语体系。

第二节 新时代思想政治教育要素的系统分析

思想政治教育是由思想政治教育主体(教育者)、思想政治教育客体(受教育者)、思想政治教育环体(思想政治教育环境)和思想政治教育介体(思想政治教育内容、方法、载体和途径等)组成的广泛而深刻的综合性系统,它存在的现实场域涉及家庭、社会和学校。不同场域下的思想政治教育虽然在实施的具体方式上各有不同,但要取得良好

---

① 参见欧阳康《哲学视野中的现代性问题》,《社会科学战线》2005 年第 3 期。
② 《马克思恩格斯全集》(第 1 卷),人民出版社 1956 年版,第 651 页。

的思想政治教育效果，就需要对整个思想政治教育进行系统研究和分析，并努力形成思想政治教育各要素之间的有机结合，以实现思想政治教育合力的最大化。因此，新时代思想政治教育发展研究，既要立足于中国特色社会主义建设的伟大历史进程，也要对思想政治教育的构成要素与相关内容进行系统分析，为促进社会的持久和谐发展营造良好氛围，并最终为满足人民日益增长的美好生活需要提供强大精神动力和智力支持。

一 系统科学与思想政治教育发展

系统有两个基本的涵义："①同类事物按一定的关系组成的整体。②有条理的，有系统的。"① 在系统科学中，系统一般是指由两个或两个以上的要素构成的事物或体系。人们关于系统的研究起源于生物学，系统科学是由于生物体本身系统性强而总结出来并被广泛应用于自然科学的横断学科，是"研究自然、社会和人类思维领域以及其他各种系统、系统原理、系统联系和系统发展的一般规律的科学。它以系统为研究对象，从整体出发研究系统整体和组成系统整体各要素的相互关系，从本质上说明其结构、功能、行为和动态，以把握系统整体，达到最优化的目标。"② 它对社会科学的研究也具有重要的方法论意义。传统的系统科学是由系统论、信息论、控制论构成的学科群，后来随着科学技术的进步和人们对系统科学的研究，一些学者提出系统科学也应当包括耗散结构论、协同论、突变论等重要内容，习惯上人们通常把系统论、信息论、控制论称为系统科学的"老三论"，把耗散结构论、协同论、突变论称为系统科学的"新三论"。在系统科学的研究中，构成系统的成分、元素或子系统、部分要素之间的有机结合度，是人们研究的重点。当然，构成一个事物或体系的基本要素必须大于或等于二，而且它们必须相关、相互联系存在，相关本身就是一种结构。构成某一事物或体系的要素之间的结构（即构成方式）不同，他们所呈现出的性质、

---

① 中国社会科学院语言研究所词典编辑室编：《现代汉语小词典》，商务印书馆1985年版，第593页。

② 郑永廷：《思想政治教育方法论》，高等教育出版社1999年版，第12页。

功能也不同，因此，系统科学的研究方法逐渐呈现出了"系统→要素→结构→功能"的运行模式，它对新时代思想政治教育发展研究的方法论意义也就不言而喻了。

系统论具有整体性、相关性、动态性和有序性的特点。①整体性。早在古希腊时期，亚里士多德就提出"整体大于它的各部分的总和"。系统论的创始人贝塔朗菲也认为，系统论的核心是整体性原则。1968年，美籍奥地利学者贝塔朗菲在他出版的《一般系统论》中明确提出："系统是处于一定相互联系中的与环境发生关系的各组成成分的总体。"他强调从整体出发来研究要素，认为事物的相关性形成了事物的整体性。这种整体性表现为，系统对于外来作用是作为一个整体发挥着作用，而且系统这种整体性的特点，具有它的每个要素都不单独具有的功能和作用。例如：人本身其实也是作为一个系统在跟外界发生着相互的作用，人本身是一个单独的整体，它具有它的各个部分，例如：手、各个器官等单独都不具有的功能。再例如：军队，一个军队作为一个整体，它就具有其中的每个士兵单独都不具有的功能。这也就是从功能上来说 $1+1>2$ 的道理。②相关性。系统论认为，任何一个事物都与其他事物处于相关性之中，事物内部诸要素也处于相关性之中，正是这种相关性使事物形成"关系质"，即一定的构成方式——结构，从而表现出系统的特点。③动态性。系统论认为，事物的结构是在动态中形成的，而且其构成要素的变化与调整必将影响其整体结构所呈现出来的功能和意义，因此，把握事物运动、发展、变化过程中的要素构成方式，有利于实现事物整体呈现出的功能最大化。④有序性。系统论认为，系统内部结构具有层次等级式的组织化特征，每一个系统都是由若干作为要素的子系统所组成的，而子系统由一定数量的更低层次的要素组成。在这种层次等级式的结构中，系统中的各个因素都保持其特定的位置，各有一定的顺序和规则。小到自然界的微生物，大到宇宙，作为一个系统来说，其实都是按照一定的规律来组织自身的。

系统科学在思想政治教育中的运用，主要体现在依据系统论原则对思想政治教育进行层次分析、要素分析和结构分析。思想政治教育是一个复杂、动态的系统，运用系统科学的方法，有利于从整体上、从动态中把握思想政治教育的过程与发展。具体说来，系统科学在思想政治教育领域运用的一个基本思路是,把思想政治教育的主要要素按照一定的层次顺序和逻辑结构摆出来,进行相关性分析,甚至建构一定的模型进行分析。因此,在自然科学领域里,模型化分析是对系统科学的普遍性应用。所谓模型化就是要对系统建立一定的模型,进行定量分析,以便人们更好地把握和理解这个系统。很多学科都要对他们所研究的东西建立模型,通过数学的方法进行比较、计算等,对可能的发展趋势进行预测,从而提出解决办法。思想政治教育作为一门人文社会科学,很难建立比较理想的模型进行相关性分析,但是我们可以确立一定的研究模式,这种模式研究对新时代思想政治教育发展研究具有重要的方法论意义。

二 新时代思想政治教育系统的层次分析

在当代中国,思想政治教育是关系到"培养什么样的人、如何培养人以及为谁培养人这个根本问题"的一项极端重要的工作。它必须同"我国发展的现实目标和未来方向紧密联系在一起,为人民服务,为中国共产党治国理政服务,为巩固和发展中国特色社会主义制度服务,为改革开放和社会主义现代化建设服务。"[①] 在党的十九大报告中,习近平明确指出:"建设教育强国是中华民族伟大复兴的基础工程,必须把教育事业放在优先位置,深化教育改革,加快教育现代化,办好人民满意的教育。要全面贯彻党的教育方针,落实立德树人根本任务,发展素质教育,推进教育公平,培养德智体美全面发展的社会主义建设者和接班人。"[②] 新时代思想政治教育必须"坚持把立德树人作为根本任务",因为思想政治教育从根本上说是"做人的工作,必须围绕学生、关照学生、服务学生,不断提高学生思想水平、政治觉悟、道德品质、文化素养,让学生成为德才兼备、全面发展的人才。"[③] 开展思想政治教育,必须动员社会各方面的力量,实现全员育人、全程育人、全方位育人,努力为青少年健康成长创造良好社会环境。依据新时代思想政治教育主

---

① 《习近平谈治国理政》(第2卷),外文出版社2017年版,第376—377页。
② 《党的十九大报告辅导读本》编写组:《党的十九大报告辅导读本》,人民出版社2017年版,第45页。
③ 《习近平谈治国理政》(第2卷),外文出版社2017年版,第377页。

要任务的界定，本节主要从核心、重点、基础、目标的向度对新时代思想政治教育系统进行层次分析。

第一，思想政治教育必须以理想信念教育为核心，深入进行树立正确的世界观、人生观和价值观教育。因为"没有理想信念，理想信念不坚定，精神上就会'缺钙'，就会得'软骨病'"①，而且要"拧紧世界观、人生观、价值观这个'总开关'"②，方能实现对教育对象"思想理论教育和价值引领"的目标。习近平指出："要在坚定理想信念上下功夫，教育引导学生树立共产主义远大理想和中国特色社会主义共同理想，增强学生的中国特色社会主义道路自信、理论自信、制度自信、文化自信，立志肩负起民族复兴的时代重任。"③ 无论是在《中共中央国务院关于进一步加强和改进大学生思想政治教育的意见》（即"16号文件"）中，还是在2017年中共中央、国务院印发的《关于加强和改进新形势下高校思想政治工作的意见》（即"31号文件"）中，都首先强调了理想信念教育的极端重要性。思想政治教育必须以理想信念教育为核心，必须深入进行树立正确的世界观、人生观和价值观教育，坚持不懈地用马克思列宁主义、毛泽东思想、邓小平理论、"三个代表"重要思想、科学发展观、习近平新时代中国特色社会主义思想为指导武装大学生，使大学生正确认识社会发展规律、认识国家的前途和命运、认识自己的社会责任，确立在中国共产党领导下走中国特色社会主义道路、实现中华民族伟大复兴的共同理想和坚定信念，因为"坚定的理想信念，必须建立在对马克思主义的深刻理解之上，建立在对历史规律的深刻把握之上。"④ 只有深入开展党的基本理论、基本路线、基本方略教育，开展中国革命、建设和改革开放的历史教育，开展基本国情和形势政策教育，开展习近平新时代中国特色社会主义思想教育，积极引导大学生不断追求更高的目标，才能使他们中的先进分子树立远大的共产主义理想，确立马克思主义的理想信念。

第二，思想政治教育必须以爱国主义教育为重点，深入进行弘扬和

---

① 《习近平谈治国理政》，外文出版社2014年版，第15页。
② 《习近平谈治国理政》（第2卷），外文出版社2017年版，第45页。
③ 习近平：《在北京大学师生座谈会上的讲话》，《光明日报》2018年5月3日第2版。
④ 《习近平谈治国理政》（第2卷），外文出版社2017年版，第35页。

培育民族精神教育。新时代的思想政治教育要在厚植爱国主义情怀上下功夫，让爱国主义精神在学生心中牢牢扎根，因为"爱国，是人世间最深层、最持久的情感，是一个人立德之源、立功之本。"① 新时代思想政治教育要把爱国主义教育贯穿国民教育和精神文明建设全过程，要深化爱国主义教育研究和爱国主义精神阐释，不断丰富教育内容、创新教育载体、增强教育效果，因为"爱国主义体现了人们对自己祖国的深厚感情，揭示了个人对祖国的依存关系，是人们对自己家园以及民族和文化的归属感、认同感、尊严感与荣誉感的统一。它是调节个人与祖国之间关系的道德要求、政治原则和法律规范，也是中华民族精神的核心。"② 为此，在新时代的思想政治教育活动中，要充分利用我国改革发展的伟大成就、重大历史事件纪念活动、爱国主义教育基地、中华民族传统节庆、国家公祭仪式等来增强人民的爱国主义情怀和意识，运用艺术形式和新媒体，以理服人、以文化人、以情感人，生动传播爱国主义精神，唱响爱国主义主旋律，让爱国主义成为每一个中国人的坚定信念和精神依靠。要结合弘扬和践行社会主义核心价值观的实践活动，在广大青少年中开展深入、持久、生动的爱国主义宣传教育，让爱国主义精神在广大青少年心中牢牢扎根，让广大青少年培养爱国之情、砥砺强国之志、实践报国之行，让爱国主义精神代代相传、发扬光大。

第三，思想政治教育必须以基本道德规范为基础，深入进行培育和践行社会主义核心价值观教育。新时代思想政治教育要在加强品德修养上下功夫，教育引导学生培育和践行社会主义核心价值观，踏踏实实修好品德，成为有大爱大德大情怀的人。"核心价值观，承载着一个民族、一个国家的精神追求，体现着一个社会评判是非曲直的价值标准。……核心价值观，其实就是一种德，既是个人的德，也是一种大德，就是国家的德、社会的德。国无德不兴，人无德不立。"③ "社会主义核心价值观是当代中国精神的集中体现，凝结着全体人民共同的价值追求。要以培养担当民族复兴大任的时代新人为着眼点，强化教育引导、实践养

---

① 习近平：《在北京大学师生座谈会上的讲话》，《光明日报》2018年5月3日第2版。
② 《思想道德修养与法律基础》编写组：《思想道德修养与法律基础》，高等教育出版社2018年版，第55页。
③ 《习近平谈治国理政》，外文出版社2014年版，第168页。

成、制度保障，发挥社会主义核心价值观对国民教育、精神文明创建、精神文化产品创作生产传播的引领作用，把社会主义核心价值观融入社会发展各方面，转化为人们的情感认同和行为习惯。"① 要深入实施公民道德建设工程，推进社会公德、职业道德、家庭美德、个人品德建设，引导大学生自觉遵守爱国守法、明礼诚信、团结友善、勤俭自强、敬业奉献的基本道德规范。

第四，思想政治教育必须以大学生全面发展为目标，深入进行素质教育。江泽民指出："我们建设有中国特色社会主义的各项事业，我们进行的一切工作，既要着眼于人民现实的物质文化生活需要，同时又要着眼于促进人民素质的提高，也就是要努力促进人的全面发展。这是马克思主义关于建设社会主义新社会的本质要求。"② 新时代思想政治教育必须牢牢抓住"全面提高人才培养能力这个核心点"，要在增强大学生综合素质上下功夫，教育引导学生培养综合能力，培养创新思维，将大学生培养成为德智体美劳全面发展的社会主义事业建设者和接班人。在促进大学生健康成长的过程中，教育引导他们增长知识见识，珍惜学习时光，心无旁骛求知问学，增长见识，丰富学识，沿着求真理、悟道理、明事理的方向前进。鼓励大学生培养奋斗精神，教育引导他们树立高远志向，历练敢于担当、不懈奋斗的精神，具有勇于奋斗的精神状态、乐观向上的人生态度，做到刚健有为、自强不息。

总之，无论是"16号文件"里的四项任务，"31号文件"里的五项任务，还是习近平在全国教育大会上提出的"六个方面"下功夫，都对思想政治教育的主要任务作了层次性分析，尤其是都强调了理想信念教育、爱国主义教育以及培育和践行社会主义核心价值观的重要性，这充分说明了中国特色社会主义思想政治教育主要任务的逻辑自洽性与思想政治教育内容体系的内在一致性。

三　新时代思想政治教育系统的要素分析

学术界曾经对思想政治教育要素进行了许多探讨，形成了较有代表

---

① 《党的十九大报告辅导读本》编写组：《党的十九大报告辅导读本》，人民出版社2017年版，第41—42页。

② 《江泽民文选》（第3卷），人民出版社2006年版，第294页。

性的"三要素说"和"四要素说"。"三要素说"强调思想政治教育系统主要由教育者、受教育者和教育介体组成;"四要素说"就是大家所熟知的,思想政治教育系统的基本要素主要包括思想政治教育主体(教育者)、思想政治教育客体(受教育者)、思想政治教育环体(思想政治教育环境)和思想政治教育介体(思想政治教育内容、方法、载体和途径等)。目前,思想政治教育学界基本上都认可了"四要素说",本书也赞同此观点。整个思想政治教育运转如何、功能发挥的程度,主要取决于这四个方面要素的有机结合程度。面对现实世界与网络世界环境的变化,思想政治教育作为人类整体教育的重要组成部分,无论对其自身系统内部还是与外部的联系,都必须对思想政治教育的基本要素进行分析,必须对思想政治教育的基本要素进行整体性的统一协调,使之有机结合并能充分地发挥各自的作用,在相互联系、相互作用、相互制约过程中形成共同的着力点,使新时代思想政治教育产生 $2+2>4$ 的协同效应,从而使其功能得以最佳发挥,从而保证其目标的实现。

1. 思想政治教育主体

思想政治教育主体是思想政治教育的承担者、发动者、实施者。它与思想政治教育客体相对应,是对一定的客体实施思想政治教育活动的主体。[①]

依据不同的标准,思想政治教育主体可以分为不同的类型:①依据施教者的人数多少,我们可以把思想政治教育主体分为个体主体和群体主体。个体主体主要指由单个的个人承担、发动、组织、实施思想政治教育活动,即个体施教者。如教师、家长、领导都有可能成为个体施教者,其思想政治教育模式构成主要是一对一或一对多。群体主体主要指由多个个人一起或者由各种组织、群体、社团、机构、单位等承担、发动、组织、实施思想政治教育活动,即群体施教者。其思想政治教育模式构成主要是多对一或多对多。②依据施教者的职业身份,思想政治教育主体分为正式主体和非正式主体。所谓正式主体是经过一定的组织程序审批或具有公认的职业身份且能够切实履行思想政治教育职能的个体或组织,如思想政治教育教师、中国共产党的各级政工组织等。非正式

---

① 张耀灿、郑永廷等:《现代思想政治教育学》,人民出版社2006年版,第236页。

主体主要是思想政治教育的施教者依据血缘、地缘、业缘、趣缘等因素自觉自愿地单独或组合成相关组织履行思想政治教育的施教职能。一般来说，正式主体开展思想政治教育具有权威性、主导性和系统性，非正式主体所开展的思想政治教育具有渗透性、情感性和多样性。③依据施教者的专业技能，思想政治教育主体分为有效主体和无效主体。所谓有效主体主要指施教者所进行的思想政治教育符合思想政治教育的基本规律、遵循个体思想品德的成长规律，能够切实履行思想政治教育的职能。与此相对应，无效主体则意味着施教者所开展的思想政治教育缺乏资源意识和价值意识，是在浪费资源和丧失价值引导能力的基础上开展思想政治教育，这种施教者不仅不能实现思想政治教育的目标，在某种意义上反而引发了受教育者的逆反心理。在相当长的一段历史时期，思想政治教育开展过程都缺乏资源意识和价值意识，因此，并没有形成有效主体和无效主体的概念，随着中国特色社会主义进入新时代，关于有效主体和无效主体的研究才逐渐成为思想政治教育学科领域研究的热点问题。

　　传统的思想政治教育主体是执行阶级统治功能和维护主流意识形态的主要力量，其基本特征是可以形象地用"传声筒""摄像头"和"防火墙"来形容。所谓"传声筒"是指在僵化、保守的社会形态下，思想政治教育主体的首要功能是进行上情下达，作为思想政治教育的承担者、发动者、实施者，他们把占统治地位的思想灌输到受教育者的思想观念和精神生活之中，把主流意识形态和价值观念传播到各个社会成员的心灵深处，在传播主流意识形态的过程中，思想政治教育主体缺乏批判的维度与反思精神，成了鹦鹉学舌的一个阶层。而"摄像头"则意味着思想政治教育主体在传播主流意识形态的同时，自身还肩负着维护社会秩序、控制受教育者思想活动和行为方式的职能，他们的首要任务不是为了受教育者的自由全面发展，而是处于维持秩序的需要，千百年来自由与秩序的矛盾对立在思想政治教育主体身上体现得尤为明显，监控受教育者、维护社会秩序的基本做法使他们成了令人敬畏的"思想监护人"。"防火墙"则形象地比喻出思想政治教育主体在整个教育系统中的尴尬地位，出于秩序和稳定的需要，统治阶级总是要求思想政治工作者尽量做到"明察秋毫"，把危险因素和不稳定形势消灭在"萌芽状态",以防止"星星之火"造成影响大局的"燎原之势"。总体上说,传统的思想政治教育主体是一种缺乏主体性的施教者,新时代思想政治教育的发展要求施教者必须具有主体性。

所谓主体性,"是人作为活动主体的质的规定性,是在与客体相互作用中得到发展的人的自觉、自主、能动和创造的特性。"[①] 思想政治教育主体的主体性,主要体现在思想政治教育主体开展思想政治教育的自觉性、自主性、能动性和创造性。自觉性主要是指思想政治教育主体出于自愿或意识到自身上的职责,积极、主动地把开展思想政治教育作为一种客观需要。在思想政治教育主体看来,对人进行思想政治教育就是他的"天职",在某种意义上也构成了他的生存方式。自主性强调思想政治教育主体在思想政治教育中的独立性、主导性、支配性,新时代思想政治教育是为了宣传和维护主流意识形态和促进人的全面发展,这一目标是确定无疑的,但是实现这一目标的形式和途径有许多种,而自主性则反映了思想政治教育主体在思想政治教育中的权利意识和独立思维,他有权选择自身认为最容易实现思想政治教育目标的形式和途径。作为一个有效主体,在某种意义上可以说,自主性意味着他的权力神圣不可侵犯。能动性强调思想政治教育主体作为思想政治教育的承担者、实施者和组织者,他不是消极被动传播主流意识形态和开展思想政治教育,而是积极主动地识别、选择、接收和采集合乎人性发展要求的思想政治教育信息,并自觉地进行信息加工、处理、检验、评价、储存和传播,使思想政治教育信息不仅影响受教育者,而且对教育者自身的思维方式和行为方式也会产生影响。创造性意味着思想政治教育主体勇于开拓、积极进取,具有创新精神和创新能力,能够既继承前人又突破陈规,在立足受教育者思想道德现实状况的基础上寻求超越性的建构,努力引导受教育者自觉树立与未来社会发展相适应的思想道德素质。

2. 思想政治教育客体

思想政治教育客体是思想政治教育的接受者和受动者,它与思想政治教育主体相对应,是思想政治教育主体的作用对象。

[①] 郭湛:《主体性哲学:人的存在及其意义》,云南人民出版社2002年版,第30—31页。

与思想政治教育主体相同，依据不同的标准，思想政治教育客体可以分为不同的类型：①依据受教育者的人数多少，我们可以把思想政治教育客体分为个体客体和群体客体。个体客体主要指由单个的受教育者作为思想政治教育主体的作用对象，如每个学生、知识分子、单位职工、甚至每个社会成员都有可能成为个体客体。群体客体主要指由多个个人一起或者由各种组织、群体、社团、机构、单位等作为思想政治教育主体的作用对象，如学生群体、工人群体、干部群体、党员群体等。②依据受教育者的职业身份，思想政治教育客体也可以分为正式客体和非正式客体。所谓正式客体是指受教育者本身所具有的职业身份就意味着他或者他所在的组织、群体具有作为思想政治教育的受教育者对象的可能性，如共产主义青年团群体、中国共产党党员群体等。非正式客体主要是思想政治教育的临时受教育者，如球迷群体、学生社团等。③依据受教育者的流动程度，可以将思想政治教育客体分为流动客体和稳定客体。所谓流动客体主要指受教育者由于受地域、职业、兴趣等因素的影响，受经济体制改革和产业结构调整等因素影响，而使受教育者接受思想政治教育主体教育的过程时断时续，如民工群体、专业技术群体、留学生群体。与此相对应，稳定客体则意味着在一定时期内固定作为思想政治教育主体施教对象而存在的思想政治教育客体，如在固定的政治性组织中的成员个体或组织等。

思想政治教育客体最大的特点是客体性。这里的客体性主要指受教育者在思想政治教育中的受动性、可塑性和非主导性。受动性主要反映客体在思想政治教育中是施教的对象，受动不等于被动。在传统思想政治教育中，思想政治教育的客体成了"知识容器"，几乎是在完全被动的情况下被强制注入思想观念、政治观点和道德规范体系，忽视了思想政治教育客体是一个个有情感、有意志的"现实的个人"。客体性并不意味着人一定要被客体化甚至异化，思想政治教育主体应当从客体思想品德的发展实际进行教育和引导，注重客体在思想政治教育中的平等参与、双向互动，在客观上促进思想政治教育客体的主体性不断提升。可塑性主要指思想政治教育客体自身的思想品德素质与社会发展要求之间存在着一定的张力，而且这种张力可以通过开展相应的思想政治教育得以缩小或者解决，从而促使思想政治教育客体的思想和行为朝着思想政治教育主体所希冀的方向发展。可塑性意味着开展思想政治教育的现实可能性,这种可能性必须建立在对思想政治教育的现实思想品德状况进行合理分析的基础之上,那种忽视思想政治教育客体身心发展规律,仅仅把思想政治教育客体当成"思想仓库"的教育模式,很难取得理想的思想政治教育效果。这里所提出的非主导性就是为了摒弃两极思维,客体性并不等于被支配、被主宰,尽管思想政治教育主体是思想政治教育的实施者、发动者、承担者,但他无法直接控制思想政治教育客体对所传播价值理念的接受度,而且思想政治教育作为一种精神性实践活动,强制的方法很难取得实效,因此,思想政治教育客体的能动反映非常重要,非主导性反映了思想政治教育客体已经认识到自己正在被对象化、被塑造,但他已经理解、认同和接受了思想政治教育主体所传播的思想观念、政治观点和道德规范,并在合乎人性发展的思想政治教育情境中自觉配合和积极追求思想政治教育主体所希冀实现的思想政治教育价值,思想政治教育客体具有接受教育和进行自我教育的主动性。

3. 思想政治教育介体

所谓思想政治教育介体是指"思想政治教育主体与思想政治教育客体相互联系、相互作用的中介因素。主要包括思想政治教育主体作用于思想政治教育客体时的思想信息内容及思想政治教育方式。"[①]

从目前的研究来看,学者们认为思想政治教育介体的主要特点是中介性。这种中介性主要通过关联性、传导性和互动性得以体现。所谓关联性,主要指思想政治教育介体是连接思想政治教育主体与思想政治教育客体的中介和桥梁,没有思想政治教育介体,根本不可能开展思想政治教育,换句话来说,思想政治教育介体既与思想政治教育主体相关联,也与思想政治教育客体相关联,正是由于思想政治教育介体的出现,才使思想政治教育主体能够对思想政治教育客体发生作用,所谓的思想政治教育主体与思想政治教育客体这一对范畴才得以确立。传导性是指"思想政治教育介体总是要承载和传递一定的思想信息,具有思想政治教育信息输出与输入的导体功能,思想政治教育主体与客体总是要

---

① 张耀灿、郑永廷等:《现代思想政治教育学》,人民出版社2006年版,第238页。

凭借一定的思想政治教育介体来沟通思想信息。"[1] 信息的传播与沟通是开展思想政治教育的基本形式，没有传导性就无所谓思想政治教育。互动性显然是新时代思想政治教育研究的一个重要内容，它主要反映了思想政治教育客体在理解、认同和接受思想政治教育主体所传播的思想观念、政治观点和道德规范的同时，也可以把自己的思想和行为状况通过思想政治教育介体反馈给思想政治教育主体。应当说，互动性反映了思想政治教育介体是思想政治教育主体与思想政治教育客体相互作用的手段。从新时代思想政治教育的发展来看，作为介体的思想政治教育内容和方法，既要反映社会发展的要求和思想政治教育主体的愿望，也应当考虑到思想政治教育客体的现实思想状况和接受程度，否则难以实现思想政治教育主体与思想政治教育客体的良性互动，思想政治教育介体的价值性就会受到质疑。

依据不同的分类标准，思想政治教育的介体可分为不同的类型。在目前思想政治教育介体的研究成果中，比较一致的观点是思想政治教育介体主要有以下三种分类[2]：①依据思想政治教育介体的属性，可以把思想政治教育介体分为物质介体和精神介体。物质介体是思想政治教育主体与思想政治教育客体相互传播思想政治教育信息的物质内容及其手段，而精神介体则主要体现为思想政治教育主体与思想政治教育客体相互传播思想政治教育信息的精神内容及其手段，前者如物质利益的调整与教育基础设施的改善等，后者主要指诸如正确的思维方式、思想观念、思想路线等精神载体。②依据思想政治教育介体的作用方式，可以把思想政治教育介体分为直接介体和间接介体。直接介体是思想政治教育主体与思想政治教育客体直接相互传播思想政治教育信息的内容及其手段，而间接介体则主要体现为思想政治教育主体与思想政治教育客体间接相互传播思想政治教育信息的内容及其手段，前者如理论报告、专题讲座、电视政论片等，后者主要指隐性教育的内容和形式，如隐性课程、在各种文体活动和社会实践中渗透思想政治教育的内容和方式等。③依据思想政治教育介体的历史发展，可以把思想政治教育介体分为传

---

[1] 张耀灿、郑永廷等：《现代思想政治教育学》，人民出版社2006年版，第238页。
[2] 参见张耀灿、郑永廷等《现代思想政治教育学》，人民出版社2006年版，第239页。

统介体和现代介体。传统介体是在思想政治教育发展历程中造就、产生并在继续发挥作用的内容及其手段，而现代介体则主要体现为随着现代社会的发展而产生的具有时代特征的思想政治教育的新介体，前者如会议、报告、报纸等，后者如互联网、多媒体、移动终端、可视电话等。

不同的思想政治教育介体容易形成不同的思想政治教育模式。在传统思想政治教育中，物质介体、传统介体、直接介体比较容易受到重视，因此，"书本中心""课堂中心"的教育模式曾经一度流行。随着社会的发展变化和思想政治教育功能的不断转变，传统介体、物质介体和直接介体的局限性日益明显，于是现代介体、精神介体和间接介体成为新时代思想政治教育比较关注的内容，并在研究这些载体的过程中出现了新的思想政治教育模式，如网络思想政治教育、生活化思想政治教育等。新兴的思想政治教育模式在继承和发扬传统介体、物质介体和直接介体优势的基础上，比较容易利用现代科学技术成果，注重从现实生活中汲取思想政治教育营养，因此，思想政治教育效果相对要好一些。理想的思想政治教育模式应当建立在物质介体与精神介体相结合、直接介体与间接介体相结合、传统介体与现代介体相结合的基础之上。

4. 思想政治教育环体

"环体"一词在其他学科中很少出现，在思想政治教育学科中，邱伟光、张耀灿主编的《思想政治教育学原理》（1999 年）一书中较早使用了该词："构成思想政治教育过程的因素主要有四个，即教育者（主体）、受教育者（客体）、思想政治教育的内容和方法（介体）、社会环境及其所提供的教育支撑条件（环体）。思想政治教育过程就是以上四个因素之间相互作用和变化发展过程，整个教育过程也是不断解决四个因素之间矛盾的无限循环过程。"[1] 从书中所作的简单解释可以看出，所谓思想政治教育环体就是开展思想政治教育的社会环境和基本场域。李辉教授进一步指出："思想政治教育环境则是指影响思想政治教育的一切外部因素总和。现代思想政治教育环境是与现代社会相联系并能够反映现代化进程的影响思想政治教育的外部条件的总和。"[2] 任何人都

---

[1] 邱伟光、张耀灿主编：《思想政治教育学原理》，高等教育出版社1999 年版，第 100 页。
[2] 李辉：《现代思想政治教育环境研究》，广东人民出版社 2005 年版，第 1 页。

是生活在特定的社会环境中的人,思想政治教育的开展必然要考虑到环境因素。因此,研究新时代思想政治教育发展必然要关注现代社会环境的变迁。

环境和教育之间的关系一直是人们关注和争论的焦点问题,对环境在教育中的地位和作用的不同看法构成不同的教育环境观。近代以来,教育环境观争论中形成两个有重要影响的论点——"环境决定论"和"环境无用论"。"环境决定论"认为,环境决定了人的思想和行为的变化,不同的环境必然形成不同的思想和行为,而环境的变迁必然会带来人的思想和行为的变化。"环境决定论"认为"人是环境的产物",18世纪的启蒙思想家爱尔维修和19世纪的空想社会主义者欧文等都持此观点。爱尔维修认为:"人与人之间所见到的精神的差异,是由于他们所处的不同环境……所致。"① 欧文则强调环境(这里主要指立法和教育)对于人的性格形成的决定性影响,并认为教育对人的情感、习惯、性格具有普遍有效的改造意义。可以说,"环境决定论"是旧唯物主义者所持的基本观点,它对于反对封建神学、反对唯心主义的"天赋观念"具有积极意义,但片面夸大了环境在人成长中的作用,局限性也非常明显。"环境无用论"作为与"环境决定论"相对应的观点,显然是唯心主义、虚无主义的观点,这种观点片面强调人的意识、心理、情感等因素在个体成长与生活中的作用,并提出所谓的"意志决定论""情感决定论""本能决定论""遗传决定论"等观点,这些显然违背了马克思主义关于环境与教育的辩证关系原理,也不符合人的成长规律。马克思指出:"环境是由人来改变的,而教育者本人一定是受教育的……环境的改变和人的活动或自我改变的一致,只能被看作是并合理地理解为革命的实践。"② 马克思主义的环境理论,既强调唯物论(即重视环境对人的重要作用),又坚持辩证法(主张人对环境具有能动作用),为我们科学研究新时代思想政治教育发展与社会变迁及人的发展奠定了理论基础。

目前,思想政治教育领域的专家学者关于思想政治教育环体特点的

---

① 《西方古典哲学原著选辑:十八世纪法国哲学》,商务印书馆1963年版,第467页。
② 《马克思恩格斯选集》(第1卷),人民出版社2012年版,第134页。

认识基本达成一致，那就是其"根本特点是条件性。"①一定的思想政治教育必然要在一定的社会环境中进行，没有思想政治教育环境也就不可能有思想政治教育，因此，正确认识思想政治教育环体的条件性特点至关重要。《现代思想政治教育学》一书中所说："思想政治教育环境的条件性表现为思想政治教育环境的具体性、综合性、开放性和历史性。"②引起现代思想政治教育发展的一个重要因素就是思想政治教育环境发生了变化，而把握这种环境的变化，必须从具体性、综合性、开放性和历史性相结合的视角进行综合分析。马克思指出："我们的出发点是从事实际活动的人……不是处在某种虚幻的离群索居和固定不变状态中的人……在一定条件下进行的发展过程中的人"③，显然，"从事实际活动的人、发展过程中的人"都是历史的、具体的、现实的人，思想政治教育要想取得实效，必须研究社会环境的现实变迁，从具体、历史的角度把握思想政治教育的现实环境。同时，现代社会环境是开放性的、全球化的，人的存在再也不是"狭隘地域性的个人"，而是"具有普遍意义的世界历史性的个人"，思想政治教育是以人为作用对象的社会实践活动，必须从综合、开放的视角研究新时代思想政治教育的发展，才能更好地为人的全面发展与社会的和谐进步服务。

关于思想政治教育环境的专门研究始于20世纪90年代，在学者们的辛勤努力下也取得了丰硕的成果。中山大学的李辉教授出版的《现代思想政治教育环境研究》一书中，作者以自己的独特视角对环境与现代思想政治教育的关系作了较为全面深刻的论述，并提出了"创设思想政治教育情境"的命题。情景概念在教育学、心理学中尽管是人们比较熟悉的一个概念，但是作为思想政治教育学领域研究的一个概念，还没有引起人们的足够重视，李辉教授的提法给我们研究思想政治教育环境问题提供了一个新的视角。沈国权主编的《思想政治教育环境论》（复旦大学出版社2002年版）具有比较鲜明的时代特征，也是对思想政治教育环境开展研究的重要著作，书中集中探讨了思想政治教育与环境的互

---

① 张耀灿、郑永廷等：《现代思想政治教育学》，人民出版社2006年版，第240页。
② 同上。
③ 《马克思恩格斯选集》（第1卷），人民出版社2012年版，第152—153页。

动关系，分别论述了市场经济、舆论环境、文化环境、科技环境等与思想政治教育的相互作用。另外，郑永廷教授在其所著的《现代思想道德教育理论与方法》（广东高等教育出版社2000年版）一书中从市场经济、开放社会、信息化等时代特征对思想政治教育环境方面进行研究，在第八章"现代思想道德教育的环境优化"中提出了媒介环境的形成、竞争环境的形成和开放环境的发展体现了现代思想道德教育环境的特点，突出强调了现代环境的影响力加大、诱导性加强等特征。在思想道德教育环境的开发方式方面，提出了开发环境的教育功能、突出单位的精神文化建设、创造富有特色的"软"环境等。[①] 一些学者从德育视角对环境和教育的辩证关系所作的研究也值得借鉴，如罗国安等著的《德育环境学》（陕西人民出版社1992年版），戴钢书著的《德育环境研究》（人民出版社2002年版）等。其中戴钢书著的《德育环境研究》集中对西方德育环境理论、中国德育环境理论的发展进行了梳理和分析，对马克思主义经典作家（包括马克思恩格斯、列宁、毛泽东等）进行了专门的概括，探讨了经济环境、政治环境、文化环境对人的思想政治道德素质的影响。由于思想政治教育环境问题不是本书要阐述的重点，因而这里不再作单独研究。

第三节 新时代思想政治教育的发展向度

新时代思想政治教育发展，基于中国特色社会主义的发展和人的发展的客观要求，是在正确回应人民日益增长的美好生活需要与人的全面发展面临的现实课题基础上展开的。应当说，新时代思想政治教育发展是中国特色社会主义社会发展的一部分，它应当与我国社会的发展状况及人民群众的发展要求相协调、相适应。新时代思想政治教育发展是一个包括思想政治教育内涵发展和外延拓展的过程，体现了新时代思想政治教育在当前社会背景下既分化又综合的历史发展过程。新时代思想政治教育的发展，是一个由旧质到新质的渐进与突变相结合的过程，既包

---

① 郑永廷：《现代思想道德教育理论与方法》，广东高等教育出版社2000年版，第264—301页。

括传统思想政治教育向现代思想政治教育的转变，也包括中国特色社会主义思想政治教育在新时代的超越与深化。

一　发展的内涵阐释

发展（development）的基本涵义有两种："①事物由小到大、由简单到复杂、由低级到高级的变化。②扩大（组织、规模等）。"[1] 在古代中国的文化语境中，发展具有兴起、兴旺的意思，西方文化中发展具有成长的含义。当然，发展的深刻涵义还得从哲学领域开始研究，唯物辩证法的"发展"范畴，"就是在运动、变化的基础上进一步揭示物质世界运动的整体趋势和方向性的范畴。发展是指前进中的变化或进化，即指事物从一种质态转变为另一种质态，或从一种运动形式中产生另一种运动形式的过程，特别是指人类所处的现实世界中从低级向高级、从无序向有序、从简单向复杂的上升运动。"[2] 因此，把握唯物辩证法的"发展"范畴，必须对客观世界辩证运动的特征作深刻的理解，这包括运动变化的多样性、多向性与现实的总体方向性（前进性）的统一，事物的量变过程与质变过程的统一，事物自我运动、自我完善与向他事物转化的统一，新事物的产生与旧事物的灭亡等。

从唯物辩证法的基本原理可知，"联系的观点、发展的观点是辩证法学说的总特征。联系和发展的统一即是辩证唯物主义决定论原则的客观基础。"[3] 而发展是反映事物在规模、结构、程度、性质等方面发生由小到大、由简到繁、由低级到高级、由旧质到新质的运动变化过程的范畴，"事物运动变化发展的根本原因正在于事物的普遍的相互联系"[4]。近代社会以来，随着人们对"发展"这一概念的深入研究和在社会各个领域的广泛应用，发展政治学、发展经济学、发展社会学、发展心理学、发展伦理学等学科迅速兴起，甚至有学者建议将"发展"

---

[1] 中国社会科学院语言研究所词典编辑室编：《现代汉语小词典》，商务印书馆1985年版，第136页。
[2] 肖前主编：《马克思主义哲学原理》（上册），中国人民大学出版社1993年版，第151页。
[3] 同上书，第137页。
[4] 同上书，第149页。

作为独立的研究对象，确立"现代发展学"。思想政治教育是与社会发展和人的发展紧密联系的一个应用学科，必须重视"发展"这个概念及其运用在思想政治教育领域中引发的理论与实践变革。恩格斯指出："当我们通过思维来考察自然界或人类历史或我们自己的精神活动的时候，首先呈现在我们眼前的，是一幅由种种联系和相互作用无穷无尽地交织起来的画面，其中没有任何东西是不动的和不变的，而是一切都在运动、变化、生成和消逝。"[1] 在这里，他揭示了物质世界的普遍联系和运动、变化的绝对性，运动必然会带来事物相互联系和相互作用关系的改变，存在着运动性质、变化趋势和方向的差别，发展问题正是在此基础上提出的。所谓思想政治教育的发展问题，简单地说就是处在不断运动变化中的思想政治教育去向何处的问题。

世界要发展，必然需要新的发展观作指导。发展观（View of development）是世界观的重要组成部分，它反映了人们对事物是否发展变化和怎样发展变化的基本见解，世界观的对立必然导致发展观的对立。由于所处的时代不同以及人们的社会实践能力的差异，在人类社会发展史上，曾经形成了导致人类片面发展的发展观，如文本发展观、神本发展观、器本发展观和物本发展观。这些发展观分别片面强调了书本、宗教、科技、物质在社会与人的发展中的重要作用，忽视了人自身的主体性建设问题，在理论上是片面的，在实践上是有害的。在这些发展观指导下的人与社会的发展一般都呈现出畸形发展的态势，如果以这些片面发展观来指导思想政治教育学，所形成的思想政治教育理论也必然导致人的片面发展。改革开放以来，人们社会生活与社会实践所面临的时代主题发生了根本变化，战争与革命已不再是人们对现实社会思考的首要问题，和平与发展成为这个时代的主题，因此，人们立足于和平与发展的时代主题，寻求科学的发展观和新的发展理念成为社会发展与人的发展的客观需要。与形而上学的发展观用孤立的、片面的、静止的观点看待世界相比，新时代思想政治教育重视人与自身、人与社会、人与自然的和谐发展，这是立足社会主义初级阶段基本国情，总结我国发展实践，借鉴国外发展经验，适应新的发展要求提出来的。

---

[1] 《马克思恩格斯选集》（第3卷），人民出版社2012年版，第790页。

新时代思想政治教育发展研究，强调"发展是一个不断变化的进程"①。新时代我国社会发展必须坚持"创新、协调、绿色、开放、共享的发展理念。这五大发展理念不是凭空得来的，是我们在深刻总结国内外发展经验教训的基础上形成的，也是在深刻分析国内外发展大势的基础上形成的，集中反映了我们党对经济社会发展规律认识的深化，也是针对我国发展中的突出矛盾和问题提出来的。"②满足人民日益增长的美好生活的需要，必须贯彻落实"五大发展理念"，必须立足于人们提高生活质量和追求生命意义的内在发展向度，着眼于人与现实社会的和谐发展。这"不仅对物质文化生活提出了更高要求，而且在民主、法治、公平、正义、安全、环境等方面的要求日益增长。"③思想政治教育要在满足人民日益增长的美好生活需要中实现其独特价值，必然要关注现实的人与现实的生活世界。现实生活世界是通过现实的人的生命活动、生活质量以及人与自然的互动而不断发展变化的，因此，从现实的生活世界出发，新时代思想政治教育发展研究将人的生活世界分解成个体生命、社会生活与生态环境三个层次来阐述，这主要是从价值层面来考虑的。新时代思想政治教育要引导现实的人的内在生命自觉，激发起对思想政治教育所传播内容的理解、认同和接受，避免知易行难。不仅要突破知识体系的传统说教，而且要通过所传播的价值理念引导人的行为活动并逐步把它转变成人的思想道德品质。因此，从这个意义上讲，新时代思想政治教育的发展，要注意引导人的生命关怀意识、生活质量意识和生态环境意识的培养，从而在人与自然、人与社会、人与自身的和谐发展中寻求思想政治教育学科的科学定位，在研究新问题、解决新课题中寻求学科发展的新理路。

二 新时代思想政治教育发展研究要突出人的生命关怀意识

生命关怀，不仅意味着对个体自然生命的关切，更意味着对生命价值和人生态度的引导和提升。身体健康是我们进行现代化事业的基本保

---

① 《习近平谈治国理政》（第2卷），外文出版社2017年版，第197页。
② 同上。
③ 《党的十九大报告辅导读本》编写组：《党的十九大报告辅导读本》，人民出版社2017年版，第11页。

证，然而，现代社会个体生存的压力很大，在利益、金钱、毒品等的诱惑下，许多人过早地失去了健康，甚至是年轻的生命。爱惜身体，关注健康，追寻价值，战胜诱惑，是新时代思想政治教育的基本要求和前提条件。新时代思想政治教育以尊重生命及个人自尊为起点，尊重生命活动中表现出来的规律性和各种样态，运用生命资源来陶冶人的道德，从而提高人的生命质量。人自身就是人类不断奋斗的最重要的创造物和文明成就，其记录便称之为历史，新时代思想政治教育发展研究的基点就是生命意识的涵养与提升。

新时代思想政治教育研究要突出生命关怀意识，就要研究个体的生命活动。马克思指出："动物和自己的生命活动是直接同一的。动物不把自己同自己的生命活动区别开来。它就是自己的生命活动。人则使自己的生命活动本身变成自己意志的和自己意识的对象。"① 在这段话里，马克思从生活世界出发，肯定了人的存在是一种价值性存在、意义性存在，追求生命的价值和意义，是人与非生命物质及一般动物存在的根本性区别："在与非生命物质相区别的意义上，人类的存在是一种生物性的存在即'生存'；而在与其他生物相区别的意义上，人类的存在则是一种特殊的人类性存在即'生活'。'生存'与'生活'都是'生命'的存在方式，二者的根本区别在于'生活'是创造生存'意义'的生命活动。"② 动物在它的生命中形成的是"生存世界"，人类在生命活动中形成的是生活世界，当然，这里的生活世界含义有别于胡塞尔、哈贝马斯"日常生活世界"理论中的"生活世界"。在生活世界中，引导个体的生命活动走向道德化、文明化、高尚化，这是任何社会形态都存在的普遍性问题，只不过文明和高尚的性质不同而已。新时代思想政治教育强调的生命关怀意识，正是在提升个体生命存在意义和追求精神生活质量视角而言的。

新时代思想政治教育发展研究要突出生命关怀意识，就要研究人的自由全面发展问题。社会发展归根结底取决于人才，综合国力的竞争最后还是要落脚到人才的竞争，发展说到底还是人的发展。康德说过：

---

① 《马克思恩格斯选集》（第1卷），人民出版社2012年版，第56页。
② 孙正聿：《寻找"意义"：哲学的生活价值》，《中国社会科学》1996年第3期。

"每个人都必须不仅仅当作手段来对待自己和所有其他人，而是在每种情况下都同时当作自身就是目的。"① 新时代思想政治教育作为以人的思想品德形成发展和对人进行思想政治教育的规律为对象的精神性活动，它一方面要遵循个体思想品德形成发展的规律，为个体的自由全面发展提供精神动力和智力支持；另一方面要能够活跃与丰富人的精神家园，使人的生命活动在身心愉悦的情景中促进自我发展、自我超越、创造新的生活。研究和总结思想政治教育的基本规律，就是要在思想政治教育过程中引导人们开发自身潜能、提高自身素质、追求理想人格的建构，从而实现对人力资源的开发和个体主体性的增强。这既是促进人的自由全面发展和满足人民日益增长的美好生活需要的必然要求，也是新时代思想政治教育发展的应有之意。

三 新时代思想政治教育发展研究要关注人的精神生活质量

新时代思想政治教育作为有计划、有目的、有组织地提升人的思想品德的社会实践活动，研究新时代思想政治教育发展就必须关注现实生活，而人的精神生活是现实生活中思想政治教育关注和引导的主要领域。马克思指出："在思辨终止的地方，在现实生活面前，正是描述人们实践活动和实际发展过程的真正的实证科学开始的地方。"② 新时代思想政治教育发展研究必须关注现实生活，而当前现实生活的一个重要表征是，人的精神生活发展在一定程度上滞后于物质文明的发展。现实生活是具体的，而不是抽象的，一方面，总体小康表征着我们这个时代已取得了前所未有的进步，然而"发展不平衡不充分的一些突出问题尚未解决，发展质量和效益还不高，创新能力不够强，实体经济水平有待提高，生态环境保护任重道远；民生领域还有不少短板，脱贫攻坚任务艰巨，城乡区域发展和收入分配差距依然较大，群众在就业、教育、医疗、居住、养老等方面面临不少难题；社会文明水平尚需提高；社会矛盾和问题交织叠加，全面依法治国任务依然繁重，国家治理体系和治理

---

① [德]康德：《道德形而上学原理》，郑保华主编：《康德文集》，刘克苏等译，改革出版社1997年版，第96页。

② 《马克思恩格斯选集》（第1卷），人民出版社2012年版，第153页。

能力有待加强；意识形态领域斗争依然复杂，国家安全面临新情况；一些改革部署和重大政策措施需要进一步落实；党的建设方面还存在不少薄弱环节。"① 另一方面，一些人在市场经济、全球化、网络化与信息化的浪潮中迷失自我，成为精神荒原的流浪者，不知不觉走向功利化、片面化、碎片化的生活。因此，新时代思想政治教育发展研究不能离开人的现实生活，要引导人们尽可能避免追求片面抽象、绝对高尚的道德，更不能缺乏对个体生活的现实关切，它应当引导人们开发个性化的生活和实践马克思主义的幸福观。

新时代思想政治教育发展，应当研究与关注人的精神生活质量提升问题。马克思在谈到人的生活活动与动物的生命活动时指出："动物只是按照它所属的那个种的尺度和需要来构造，而人却懂得按照任何一个种的尺度来进行生产，并且懂得处处都把固有的尺度运用于对象；因此，人也按照美的规律来构造。"② 在这里，马克思对动物的生命活动与人的生活活动作了区别，动物的生命活动只有一个尺度，即所属的那个种的尺度，按照所属种的尺度一代一代复制自己，没有自己的"历史"和"发展"，更谈不上生活。而人的"生活活动"则有两种尺度："任何一个种的尺度"和人的"固有的尺度"，人类的生活活动则是在不停地发展自己，谱写新的历史篇章，创造着自己的生活世界。而且，"按照美的规律来构造"，不断地实现人的自我发展，是人的"生活活动"及其所创造的"生活世界"的意义所在，也是新时代思想政治教育形成的理论基础以及个体践行新时代思想政治教育理论的行为依据。

新时代思想政治教育发展研究关注人的精神生活，主要体现在它关注人的生活活动的两个基本维度：①把对象性世界作为活动内容的"对象意识"；②把自身作为认识、把握和反思生活世界意义的"自我意识"。新时代思想政治教育要引导人们逐步实现个体对自我生活意义的自觉，尽管它是一种带有政治意义、具有特殊自我意义的人类自觉。面对社会转型时期复杂多变的生活世界，个体自觉追寻生活的意义，"把

---

① 《党的十九大报告辅导读本》编写组：《党的十九大报告辅导读本》，人民出版社2017年版，第9页。

② 《马克思恩格斯选集》（第1卷），人民出版社2012年版，第57页。

人的非现实性（目的性要求及其所构成的世界图景）转化为现实性（人的生活世界），而把世界的现实性（自在的或者说自然的存在）转化为非现实性（满足人的需要的世界）"，这体现了新时代思想政治教育对人与对象性世界矛盾的调节、人的现实思想道德素质状况与社会发展所要求的个体思想道德素质的调节。新时代思想政治教育的过程是"把人的生存变成人所追求和向往的生活的过程，也就是把非现实的理想变成理想现实的过程"，这体现了思想政治教育对人的理想追求与现实矛盾的调节。新时代思想政治教育作为遵循"思想政治工作规律，遵循教书育人规律，遵循学生成长规律"①而对人进行思想观念、政治观点和道德规范教育和引导的现实活动，体现的"既是个体的独立化过程，又是个体的社会化过程，既是社会规范个人的过程，又是社会解放个人的过程"，这是新时代思想政治教育对个体发展与社会要求之间矛盾的调节。"人的个体生命是短暂的、有限的，面对死亡这个人所自觉到的归宿，人又力图以生命的某种追求去超越死亡，实现人生的最大意义和最高的价值。这是人的生命的有限与无限的矛盾，也是人的现实存在与'终极关怀'的矛盾。"②新时代思想政治教育的一个基本历史使命，就是要引导人们追求高尚的精神境界和理性的行为方式，对个体的生活质量的关切要通过社会化的形式乃至对社会发展的贡献得以体现。

四 新时代思想政治教育发展研究要关注人的生态文明意识

推动形成绿色发展方式和生活方式是学习贯彻习近平新时代中国特色社会主义思想的重要内容，也是摆在思想政治教育学科建设与发展过程中一项重要任务。习近平指出："推动形成绿色发展方式和生活方式，是发展观的一场深刻革命。……让良好生态环境成为人民生活的增长点、成为经济社会持续健康发展的支撑点、成为展现我国良好形象的发力点，让中华大地天更蓝、山更绿、水更清、环境更优美。"③新时代思想政治教育发展所研究的人的生态文明意识，既反映了人民日益增长

---

① 《习近平谈治国理政》（第2卷），外文出版社2017年版，第378页。
② 孙正聿：《寻找"意义"：哲学的生活价值》，《中国社会科学》1996年第3期。
③ 《习近平谈治国理政》（第2卷），外文出版社2017年版，第395页。

的美好生活的客观要求，也涉及人的生命存在的大环境概念，思想政治教育本身是人类生命活动与社会发展规律之间张力扩大的产物，不关注人的生态文明意识研究，很难实现引领人们树立科学的思维方式和行为方式的目标。马克思曾经指出："自然界，就它自身不是人的身体而言，是人的无机的身体。人靠自然界生活。这就是说，自然界是人为了不致死亡而必须与之处于持续不断的交互作用过程的、人的身体。所谓人的肉体生活和精神生活同自然界相联系，不外是说自然界同自身相联系，因为人是自然界的一部分。"① 人们关爱自然环境、美化生态环境，文明行为、文明生活，本身就是对人类自身的关爱，新时代思想政治教育要引导人们创造一个合乎人性健康发展的环境，必须关注人的生态文明意识提升问题。

近代以来，科学技术的迅猛发展与主体精神的不断高扬，几乎全面肯定了人的行为和各种欲望，人类在征服自然的豪迈誓言与改造世界的实践行动中宣布"上帝死了"。曾经长久地统治和支配人类思想和行为的传统道德与价值体系已经破灭，新的道德体系在工业文明的强势推进中难以真正确立，人类为了自身的生存和发展，不断向自然进军和进行掠夺式开发，强化了主人意识，在"重估一切价值"② 思想的指导下，盲目地坚持"人类中心论"，一些人甚至认为控制、征服就是主体性的体现，这事实上是对主体性的误解。恩格斯深刻地指出："我们不要过分陶醉于我们人类对自然界的胜利。对于每一次这样的胜利，自然界都对我们进行报复。每一次胜利，起初确实取得了我们预期的结果，但是往后和再往后却发生完全不同的、出乎预料的影响，常常把最初的结果又消除了。"③ 人类对自然界的征服性、掠夺性行为对生态环境造成极大的破坏，人类最终不得不品尝着自己酿造的苦果。因此，新时代思想政治教育研究，既要着眼于规范人的行为，又要注重人的生活质量和生命意义的提升，促使人们树立"绿水青山就是金山银山"的强烈的生态文明意识，逐步形成绿色发展方式和生活方式，努力走向社会主义生

---

① 《马克思恩格斯选集》（第1卷），人民出版社2012年版，第55—56页。
② ［德］尼采：《看哪这人：尼采自述》，张念东、凌素心译，中央编译出版社2000年版，第23页。
③ 《马克思恩格斯选集》（第3卷），人民出版社2012年版，第998页。

态文明新时代。

中国特色社会主义进入新时代，思想政治教育应当在引领人们形成绿色发展方式和生活方式中持续强化人们的生态文明意识。推动形成绿色发展方式和生活方式，既依赖于人们在日常生活中自觉加强学习和修养，也需要在新时代思想政治教育过程中丰富和强化生态文明意识培养和教育的内容。"人类发展活动必须尊重自然、顺应自然、保护自然，否则就会遭到大自然的报复。这个规律谁也无法抗拒。人因自然而生，人与自然是一种共生关系，对自然的伤害最终会伤及人类自身。"① 推动形成绿色发展方式和生活方式，是发展观的一场深刻革命，是人类由自在自发与异化受动的存在方式向自由自觉的存在方式转化的重要标志，天蓝地绿、山清水秀、和谐美丽的生态环境，既是经济社会持续健康发展的支撑点，也是人民幸福生活的增长点，思想政治教育要在持续满足人民对美好生活的需要过程中发挥其独特功能，必然要引导人们形成绿色发展方式和生活方式，在强化人们树立生态文明意识的过程中建设美丽中国，促使每个人都成为生态文明的践行者、推动者。

人的现实生活过程充满矛盾、困惑与奋争，既面临理想的冲突与价值的扬弃及重建，也存在着生活意义的色彩斑斓和扑朔迷离，寻求和反思生活的意义，既是每个个体发展的需要，也是社会进步的需要。习近平指出："历史发展有其规律，但人在其中不是完全消极被动的。只要把握住历史发展大势，抓住历史变革时机，奋发有为，锐意进取，人类社会就能更好前进。"② 为了提升人的主体性，满足人民日益增长的美好生活需要，新时代思想政治教育发展，必须研究现实的人与现实的生活世界，通过引导人们的思维方式与行为方式，促使人们形成理性高尚、能动创造的生活态度与生活方式，进而调节人与对象性世界、理想与现实、个体与社会、现实存在与终极关怀之间的矛盾，使生命活动向意义世界聚焦，力图促使个体实现对生命价值的超越与升华，追寻生活意义的最大化与最优化。当然，新时代思想政治教育引导人们树立强烈

---

① 《习近平谈治国理政》（第2卷），外文出版社2017年版，第394页。
② 习近平：《在庆祝改革开放40周年大会上的讲话》，《光明日报》2018年12月19日第2版。

的生态文明意识，必须通过引导人们逐步形成绿色发展方式和生活方式而得以实现，如果不能培养具有新时代生活意义的现实个体，新时代思想政治教育的发展向度很难得以充分体现。

第二章
新时代思想政治教育发展的理论依据

任何一门学科都有它存在和发展的理论依据，思想政治教育学科也不例外。"作为一门具有特殊任务的独立学科，思想政治教育学必须以马克思主义的完整科学体系为理论基础。"① 马克思主义是我们立党立国的根本指导思想，是全国各族人民团结奋斗的共同思想基础。完整准确地理解马克思主义及其在当代中国的发展，是思想政治教育学科不断得以丰富与发展的理论源泉。同时，马克思主义是发展的科学，"随时随地都要以当时的历史条件为转移"②，因而思想政治教育学科也必然随着马克思主义的理论和社会实践的发展而发展，这是学科建设和完善的客观要求。马克思主义理论一级学科的设立，为思想政治教育学科发展提供了良好机遇与建设平台。习近平新时代中国特色社会主义思想作为当代中国的马克思主义，其丰富内涵和精神实质，对思想政治教育学科发展具有重要指导意义。思想政治教育的主要对象是人，其理论发展必然要关注人学基础。话语体系是一个学科得以存在与发展的核心概念和一整套术语体系，它内含着学科价值取向与思维习惯的学术体系、学科体系，一般而言，学科话语带有浓厚的民族特色、时代特色和学科特色。思想政治教育作为传播、宣传和普及马克思主义的重要学科和主要阵地，其学科发展必须高度重视马克思主义在新时代的"代表性和话语权"问题。新时代思想政治教育发展，必须从学科基础、指导思想、人

---

① 邱伟光、张耀灿主编：《思想政治教育学原理》，高等教育出版社1999年版，第18页。
② 《马克思恩格斯选集》（第1卷），人民出版社2012年版，第386页。

学基础和话语体系等方面展开多维度研究,"要强化问题意识、时代意识、战略意识,用深邃的历史眼光、宽广的国际视野把握事物发展的本质和内在联系,紧密跟踪亿万人民的创造性实践,借鉴吸收人类一切优秀文明成果,不断回答时代和实践给我们提出的新的重大课题,让当代中国马克思主义放射出更加灿烂的真理光芒"[1],发挥其在科教兴国、人才强国中的作用,努力培养德智体美劳全面发展的社会主义建设者和接班人。

第一节 新时代思想政治教育发展的学科依据

思想政治教育自从阶级和国家产生以来就客观地存在着,但是作为一门学科来建设是从20世纪80年代中后期开始的。在青年学生成长的过程中,思想政治教育作为提高人的思想政治素质、促进人的全面发展的主渠道,它特有的学科功效赢得了普遍赞誉。进入新世纪以后,随着中国特色社会主义改革开放的深入进行和世界经济一体化的高度发展,世界范围内的文化思潮相互激荡,一些人的价值取向日趋多元化、功利化,越来越需要思想政治教育这门学科在人与社会的发展中发挥重要作用,不少学者呼吁从新的视角深入研究和加强思想政治教育学科建设,否则将严重影响中国特色社会主义的建设者和接班人的培养,严重影响中国特色社会主义建设的历史进程,因此,必须科学认识思想政治教育的学科定位,才能在其应有的发展平台上研究其学科功效。

一 科学认识思想政治教育学科定位的重要意义[2]

科学认识思想政治教育的学科定位,是思想政治教育创新的重要基础,是做好思想政治工作的前提。什么是"定位"和"学科定位"?思想政治教育的学科定位指的是什么问题?它是否可以分解成为一些具体的问题而供学者们思考呢?这是思想政治教育学科发展必须思考的问

---

[1] 习近平:《在庆祝改革开放40周年大会上的讲话》,《光明日报》2018年12月19日第2版。
[2] 参见张国启《高校思想政治教育学科建设的理性思考》,《天府新论》2005年第6期。

题。一般来讲，所谓"定位"主要指确定一个事物的方位或位置，并以此来把握它的意义、性质和特点。而所谓"学科定位"就是把某个学科放在一定的学科背景中，考察它在这个体系中所占的地位，并解释该学科的性质和特点，以及学科建设的意义和方向。因此，可以推断，所谓思想政治教育的学科定位主要指思想政治教育学科在科学体系中的地位。

思想政治教育的学科定位，主要是要解决两个问题：一是学科认识问题，二是学科清理问题。学科认识问题主要是澄清一些认识上的困惑，思想政治教育作为学科来建设还不到四十年的时间，人们对它的认识尤其是学科属性的认识还比较模糊。本学科领域内的专家学者对学科定位问题尚存在一定的分歧，社会上的人们对该学科的认识存在误解就不足为奇了。因此，思想政治教育的学科定位首先要解决的问题是对思想政治教育学科属性的认识问题。关于学科清理问题，主要是解决思想政治教育学科建设中的一些实际问题。思想政治教育学科定位问题上存在的大部分是认识问题，但也存在着一些实际做法问题。思想政治教育学科建设中存在许多混乱现象，如一些思想政治教育专业的研究生导师的研究方向与思想政治教育学科关系不大，学生的论文选题五花八门，有的学生学位论文选题甚至与思想政治教育学科没有任何关系。很多不是认识不清的问题，而是一些学者出于某种考虑故意打"擦边球"，他们想利用思想政治教育学科建设的资源来发展别的学科。这样的问题显然不是认识问题，因此，有必要采取一定的措施对此问题加以解决。

长期以来，思想政治教育学科定位问题一直困扰着人们，它曾经先后作为教育学和政治学的二级学科存在。从学科理论层面上讲，虽然建构了大部分的知识体系，但仍未被纳入教学和科研的视野之中，未被作为一个独立学科的知识体系来对待，主要在于它具有鲜明的意识形态性。一些学者认为它不适合作为一门科学来研究，不具有独立存在的学科意义。尤其是当意识形态性成为人们观察该学科的唯一角度时，导致学术研究的简单化、碎片化，阻碍了在其他层面上对学科建设的探索。科研论文发表困难，因为栏目不好归类，况且有无学术价值和科研价值在一些人看来又值得商榷。从价值标准和学科体系来看，思想政治教育似乎在教育和政治的标准之间摇摆，造成了该学科长期无家可归的状态，在一定程度上似乎成了教育和政治的附庸。学科的独立性、科学性和实践性至今仍令人怀疑，严重影响了学科功效的充分发挥，在一定程度上又造成了思想政治教育价值的失落。"如果它是科学，为什么它不能象其他科学一样得到普遍、持久的承认？如果它不是科学，为什么它竟能继续不断地以科学自封，并且使人类理智寄以无限希望而始终没有能够得到满足？……我们必须一劳永逸地弄清这一所谓科学的性质，因为我们再不能更久地停留在目前这种状况上了。"[①] 因此，如何走出单一研究视角，科学认识思想政治教育的学科定位，是学科建设与发展的当务之急。

《中共中央 国务院关于进一步加强和改进大学生思想政治教育的意见》（"16号"文件）、《关于加强和改进新形势下高校思想政治工作的意见》（"31号"文件）及配套文件的相继出台，为解决思想政治教育的学科定位提供了理论指导。在《中共中央 国务院关于进一步加强和改进大学生思想政治教育的意见》中，中共中央、国务院明确指出，加强和改进大学生思想政治教育是一项重大而紧迫的战略任务。这就意味着充分肯定了思想政治教育在人才培养中的地位和作用，要作为一项战略工程来抓；在《关于加强和改进新形势下高校思想政治工作的意见》中，中共中央、国务院进一步指出，加强和改进高校思想政治工作，事关办什么样的大学、怎样办大学的根本问题，事关党对高校的领导，事关中国特色社会主义事业后继有人，是一项重大的政治任务和战略工程。思想政治教育已经不是一种外在的强制力，而是对青年发展和社会发展稳定地发挥作用的基本因素。从社会维度看，它不仅满足社会个体成员的发展需求，而且有利于社会共同目标的实现，引导整个社会向理性化发展，所以它是一项社会工程。思想政治教育在强调社会主义意识形态的同时，并不是一味地去排斥大学生的偏好、趣味和利益，而是予以合理的引导，从有利于人的自由全面发展的角度，采取宽容的态度，不一定要求每一位学生都成为中国特色社会主义事业的接班人，但至少要把他们都培养成为合格的公民和社会主义建设者，从这个意义上说，

---

① [德]康德：《任何一种能够作为科学出现的未来形而上学导论》，庞景仁译，商务印书馆1978年版，第3—4页。

它又是一项基础工程。大学生是十分宝贵的人才资源，是民族的希望，是祖国的未来。大学生的健康成长，既承载着建设祖国的重任，又肩负着每一位家长的热切期望，加强思想政治教育是一项符合民心、表达民意的事情，所以也是一项民心工程和希望工程。新时代思想政治教育必须坚持"育人为本、德育为先"的思想，学校教育要紧密围绕"培养什么样的人、如何培养人以及为谁培养人"这一根本问题，坚持把立德树人作为中心环节，牢牢抓住全面提高人才培养能力这个核心点，把思想政治工作贯穿教育教学全过程，实现全员育人、全程育人、全方位育人，从而充分肯定了思想政治教育的学科地位。新的学科定位传承了我国思想政治教育的优良传统，是对思想政治教育生命线作用、中心环节作用的一个重新肯定。与传统的定位相比较，这是一种基本视野的转换，是一种根本理念的转换，同时也是一种思维方式的转换。它必将关系到高校大学生思想政治教育理论和实践许多方面的重新理解，有利于在新的形势下加强思想政治教育学科建设。

2005年12月下旬，国务院学位委员会和教育部下发了《关于调整增设马克思主义理论一级学科及所属二级学科的通知》，在该文件中进一步得以合理地确立其学科地位，在这一文件中，国务院学位委员会决定正式设立马克思主义理论一级学科，明确将思想政治教育与马克思主义基本原理、马克思主义发展史、马克思主义中国化研究、国外马克思主义研究等五个二级学科调整为马克思主义理论学科内的二级学科。正如靳辉明教授所指出："思想政治教育，可以说是马克思主义理论学科中的一个应用学科。它是用马克思主义理论研究成果去教育学生，用马克思主义立场、观点和方法去培育青年学生的世界观、人生观和价值观，研究新时期高校思想政治教育与思想政治工作的特点和规律。"[①]马克思主义理论一级学科的正式设立，从根本上解决了思想政治教育的学科定位问题，这将有利于揭示学科发展的客观规律，有利于科学理解该门学科与相关学科的关系，有利于避免学科界限的模糊和学科本性的迷失，有利于稳定地发挥学科功能，有利于以科学的方式方法来探讨思

---

① 靳辉明：《关于马克思主义理论研究和建设工程与马克思主义理论学科体系和课程体系建设》，《思想理论教育导刊》2007年第11期。

想政治教育学科建设。

二 马克思主义理论一级学科下的思想政治教育学科定位

《马克思主义理论一级学科及其所属二级学科简介》这一文件，对构成马克思主义理论一级学科的五个二级学科作了如下说明："'马克思主义理论'是一门从整体上研究马克思主义基本原理和科学体系的学科。它研究马克思主义基本原理及其形成和发展的历史，研究它在世界上的传播与发展，特别是研究马克思主义中国化的理论与实践，同时把马克思主义研究成果运用于马克思主义理论教育、思想政治教育和思想政治工作。它包括马克思主义基本原理、马克思主义发展史、马克思主义中国化研究、国外马克思主义研究和思想政治教育。"从文件中我们可以看出，前四个二级学科以其理论及理论与现实结合的研究构成马克思主义理论的研究整体，而思想政治教育作为对马克思主义理论研究的一种实际应用，构成了一级学科中马克思主义理论在人的思想品德和政治教育上的研究方向。该文件在一定程度上为我们研究马克思主义理论一级学科及其五个二级学科之间的逻辑关系奠定了基础，同时也为对思想政治教育的学科定位提供了理论指南。

思想政治教育学科是在我国改革开放初期创立的，并伴随着我国改革开放的深化和社会的持续、快速发展而不断丰富，在推进思想政治教育科学化，维护社会稳定，促进人的全面发展，培养思想政治教育专门人才等许多方面，都发挥了十分重要的作用。思想政治教育的跨越式发展，既是我国社会发展与人的发展的客观需要，也是思想政治教育不断改革的结果。思想政治教育的发展与变革，在高校主要表现为思想政治理论课程和大学生思想政治教育的发展与改革。思想政治理论课程在改革开放过程中经历了多次改革。大学生思想政治教育也在经济体制转变、高校改革发展进程中不断改进。每次改革都对思想政治教育学科建设提出新要求，也为思想政治教育学科发展提供机遇。马克思主义理论一级学科的建立和大学生思想政治理论课程的新一轮改革，更是为思想政治教育学科提供了发展机遇与建设平台。

马克思主义理论学科，已经不是原来的从马克思主义哲学、马克思主义政治经济学和科学社会主义等分支学科维度研究马克思主义理论，而是综合性、整体性、系统性地研究马克思主义理论。对马克思主义理论的研究从全新维度展开，从空间维度看，主要研究马克思主义基本原理的综合体系、中国化马克思主义理论体系和国外马克思主义的总体状况；从时间维度看，主要研究马克思主义的历史发展。这两个维度在每个二级学科和各个二级学科之间也是交叉的，如马克思主义中国化研究二级学科，除了主要研究中国化马克思主义理论体系之外，也要综合研究中国化马克思主义发展史，而中国化马克思主义发展史，在马克思主义发展史学科中，属于马克思主义国别史。中国化马克思主义理论，实际上是马克思主义基本原理在中国的运用、丰富与发展。因而，四个马克思主义理论二级学科是不可分割地联系在一起的，是从不同维度对马克思主义的综合研究。思想政治教育是综合运用马克思主义理论开展实践工作研究的，是从实践维度揭示马克思主义理论真理性的学科。后来，马克思主义理论一级学科下又相继设置了中国近现代史基本问题研究和党的建设等二级学科，以适应新时代马克思主义理论学科的发展需要。

对马克思主义理论进行系统研究，既是我国社会发展与人的发展的客观要求，也是马克思主义理论发展的需要。从客观要求看，我国正在进行决胜全面建成小康社会的伟大实践，按照"五位一体"的战略布局，推进社会与人的全面发展。在此实践基础上，党中央提出了习近平新时代中国特色社会主义思想和建设中国特色社会主义的阶段性目标，强调坚持"创新、协调、绿色、开放、共享"的发展理念。这些理论的提出与实践的发展，都要求指导思想的系统性与综合化。同时，马克思主义在世界范围的发展，特别是在中国的发展，形成了丰富的理论成果，即毛泽东思想、邓小平理论、"三个代表"重要思想、科学发展观和习近平新时代中国特色社会主义思想，这是既一脉相承而又与时俱进的理论体系。系统研究马克思主义基本原理与中国化马克思主义理论，对完整、准确学习、运用、发展马克思主义，发挥马克思主义的指导作用，具有重大的现实意义。

同时，我国社会与人的发展的多样、复杂与速变，以及发展取向上的"创新、协调、绿色、开放、共享"，决定人们思想的形成与发展、行为的交换与变化，不是过去社会的简单因素所导致，而是现代社会复杂因素综合作用的结果；人们突出的思想问题，也难以由单一的思想政治教育解决。因此，思想政治教育学科必须在指导思想、教育原则、教育内容、教育方法上，根据社会与人的发展需要进行综合化、系统性的改革与发展，具体讲，就是既要以马克思主义及其中国化的最新理论成果为指导，又要以其为教育的主要内容。

三　新的学科定位与思想政治教育学科属性

在马克思主义理论一级学科下，思想政治教育的学科属性可以从以下几个方面进行理解。①

1. 思想政治教育是具有阶级性、精神性和教育性的社会实践活动

第一，思想政治教育是一种具有鲜明阶级性的实践活动。作为社会实践活动的思想政治教育，普遍存在于阶级社会中，是与一定社会和阶级的意识形态活动相联系的实践活动。它的主要目的在于让特定的社会成员掌握和接受一定的思想观点、政治观念和道德规范，形成一定的世界观、人生观和价值观。马克思曾经指出："统治阶级的思想在每一时代都是占统治地位的思想。这就是说，一个阶级是社会上占统治地位的物质力量，同时也是社会上占统治地位的精神力量。支配着物质生产资料的阶级，同时也支配着精神生产资料……"② 思想政治教育阶级性的表达主要是对主导意识形态的维护和对人们价值取向的引导，以保证一定阶级和政党在意识形态中的领导权和话语权。不同社会形态下的思想政治教育，其指导思想和基本内容显然是不同的，但都主要反映着统治阶级的意志和要求，具有维护阶级统治和引导人们思想活动的功能。简单地说，它是一种意识形态宣传和传播的活动。

第二，思想政治教育是一种精神性实践活动。它除了具有一般社会社会实践活动所具有的基本特征和价值之外，主要通过影响人的精神世界达到思想政治教育的目的。它是人类在阶级社会中所特有的一种客观现实性的活动，是按照一定的要求通过把所传播的思想理论、价值观念逐步转化为特定社会成员的思想政治素质和外化为行为方式、生活习惯

---

① 参见刘建军《思想政治教育学科建设》，《思想理论教育》2007 年第 7/8 期。
② 《马克思恩格斯选集》（第 1 卷），人民出版社 2012 年版，第 178 页。

的实践活动。思想政治教育是人类在一定目的支配下有意识、有计划、有组织的活动，进行思想政治教育的过程，是个体的精神世界不断得以调整并与社会发展要求相一致的过程。它是一种以改造人的内在精神世界为目的的社会实践活动。思想政治教育的基本内容是思想观念、政治观点、道德规范，作为一种精神性活动的思想政治教育，它是思想政治工作的基本内容和基本途径，但不是思想政治工作的全部，它是受政治制约的思想教育和侧重于思想理论方面的政治教育。总体说来，它主要包括思想教育、政治教育、道德教育三方面的内容，思想教育是核心，是观念教育，起灵魂作用；政治教育是主导，是目标教育，起主导作用；道德教育是基础，是规范教育，所涉及的面更广，它渗透人的生活的各个方面。

第三，思想政治教育是一种教育性实践活动。思想政治教育学科中的"教育"一词是一个广义的概念，它不是特指学校教育或一定社会的教育部门所主管的教育事业，而是泛指能对人们起到思想影响的现象，尤其更多地指的是党和国家的意识形态工作及其施加的影响。[①]它是一种比较特殊的教育活动，不仅是进行道德的教育和培养，也包括思想观念、政治观点甚至心理调适和法律观点等的教育。这种教育活动虽然在所有国家普遍存在，但教育的方式不尽相同，它是人们按照一定的要求培养符合一定社会需要的社会成员的实践活动，与社会上其他的思想政治教育途径相比较，学校作为思想政治教育的主渠道，对广大青少年思想政治素质的提高负有重要职责。当然，广义的思想政治教育还指社会上其他一切影响人们思想政治素质的活动。它涵盖了教育活动的全过程，是一种以教育为中心的社会实践活动。在剥削阶级社会，思想政治教育成为剥削阶级对广大人民进行思想控制和阶级统治的强大思想武器。社会主义国家的思想政治教育，是在尊重人们自由思考的基础上的思想政治引导，是有利于社会发展和人的发展的教育活动，是思想恪守与思想解放相统一的教育活动，这种教育活动是一种对社会进步与人的发展有益的创造价值的教育活动，这种活动应当受到人们的尊重。

---

① 刘建军：《思想政治教育学科建设》，《思想理论教育》2007年第7/8期。

2. 思想政治教育学科与马克思主义理论学科的内在关联

在马克思主义理论一级学科中,马克思主义理论学科与思想政治教育学科,是不可分割地联系在一起的。作为马克思主义理论一级学科下属的二级学科,思想政治教育虽然也包括马克思主义理论教育的内容,但它侧重于对马克思理论的传播与教育研究,侧重于如何使人们接受马克思主义的研究,与马克思主义理论下属的其他二级学科侧重于对马克思主义基本原理内容的研究有明显的区别。这种内在联系马克思早在他的论著中进行了精辟阐述:"批判的武器当然不能代替武器的批判,物质力量只能用物质力量来摧毁;但是理论一经掌握群众,也会变成物质力量。理论只要说服人,就能掌握群众;而理论只要彻底,就能说服人。所谓彻底,就是抓住事物的根本。而人的根本就是人本身。"① 马克思的这段话,一是强调了理论一定要说服群众、掌握群众、武装群众,也就是理论一定要满足群众的实际需要并能指导群众的实践,才能实现理论的价值,形成社会财富。相反,理论脱离群众,也就是理论脱离实际,理论就成为空洞的教条和无用的概念。这一点讲的是理论的目的性或价值性。二是强调了理论要彻底,要反映事物的本质,揭示事物发展的规律,也就是理论是一种真理。如果理论不彻底,或似是而非,这样的理论是不能说服群众的。这一点讲的是理论的科学性。理论的价值性与科学性,最终都要通过群众的实践来实现和检验。理论掌握群众,其基本途径就是学习和教育,学习实际上是一种自我教育。离开学习和教育理论,特别是科学理论体系,在群众中不可能自发产生,对这个问题,列宁在《怎么办?》一文中进行了系统的论述。同时,理论要彻底,其研究的基础是群众的实践与需要,脱离实际和群众的需要,理论不可能彻底。对此,马克思恩格斯在他们的多篇著作中进行过精辟的阐述。

由此可以看出,马克思主义理论研究和思想政治教育研究,都是为了实现理论武装群众的根本目的——提高认识世界与改造世界的能力,满足群众促进社会发展和自身发展的需要。马克思主义鲜明的人民性、实践性、科学性特征,正是这种内在联系的体现。所以,马克思主义者

---

① 《马克思恩格斯选集》(第1卷),人民出版社2012年版,第9—10页。

在创立社会发展与人的发展理论的同时，也创造了把自己的理论转化为群众的思想、行为的理论和方法，特别是中国共产党人所创造的思想政治教育理论，是中国化马克思主义理论的重要内容，在我国革命与建设中，发挥了巨大作用。因此，我们绝不可将思想政治教育学科与马克思主义理论学科分割开来，更不可将其对立起来。思想政治教育学科，本身既以马克思主义理论为指导，又以马克思主义理论为教育内容，这既是党的思想政治教育的优良传统，也是思想政治教育的本质特性。如果不以马克思主义理论说服人、教育人，就不是真正的思想政治教育。同样，马克思主义理论研究，必须以中国的实际为基础，以满足广大群众的实践需要为目的。否则，也不是真正的马克思主义理论研究。

从思想政治教育的学科特点上，我们可以看出它有两方面的学科特征：一是具有教育学的特征，思想政治教育要遵循教育学的一般规律；二是具有政治学的特征，它具有很强的意识形态性和政治性。思想政治教育学科尽管有教育学的一般特征，但是它与一般的教育学研究有明显的区别，即思想政治教育学科在更主要的程度上体现的是政治学学科特色。从研究队伍上来看，思想政治教育学科的理论工作者主要具有马克思主义理论的学科背景，一般不具有教育学背景。尽管思想政治教育学科研究道德教育的规律，但它还研究政治教育、思想教育和法制教育等，学科的政治性、意识形态性是思想政治教育最主要的学科特征。在社会发展的不同历史阶段，政治性随着社会阶级关系的变迁而不断发生变化。现在我们不再争论思想政治教育学科是属于政治学还是教育学，它属于马克思主义理论一级学科，把马克思主义理论学科与思想政治教育学科，通过更高层次的学科方式联系起来、统一起来，马克思主义理论学科为思想政治教育学科提供理论研究成果，思想政治教育学科为马克思主义理论学科提供价值实现途径，二者有机融合形成相互促进、共同发展的广阔平台。

3. 思想政治教育是一门具有悠久历史传统的新兴学科

思想政治教育作为阶级社会特有的产物，在人类史上已经存在了几千年，但是思想政治教育正式作为一门学科来建设，应以1984年教育部决定在12所高校设立思想政治教育专业并于当年开始招收本科生为标志，思想政治教育学科建设与发展才有了基本的保证和依托。1987

年开始招收硕士研究生，到 1992 年武汉大学、清华大学、中国人民大学开始招收博士研究生。短短不到十年的时间，该学科就完成了从本科到硕士再到博士学科学位点的建设。又经过了五年的时间，实现了由博士学位点到国家重点学科的发展，2000 年有关部门最终评定出中国人民大学、武汉大学和中山大学三个国家级重点学科。进入新世纪以来，根据《中共中央 国务院关于进一步加强和改进大学生思想政治教育的意见》（"16 号"文件）精神，国务院学位委员会调整增设了马克思主义理论一级学科及其所属二级学科的学位点分布，截止到 2006 年底，全国共有马克思主义理论一级学科硕士点 94 个，思想政治教育二级学科硕士点 253 个，马克思主义理论一级学科博士点 21 个，思想政治教育二级学科博士点 66 个。2007 年 7 月，劳动人事部组织各学科的专家评审了一批博士后流动站，马克思主义理论学科又被评上了 25 个博士后流动站。[1] 2007 年，国家批准中国人民大学的马克思主义理论一级学科为一级学科国家重点，中山大学和东北师范大学的思想政治教育学科为二级国家重点学科，武汉大学、华中师范大学、南京师范大学、南京政治学院的马克思主义基本原理学科为二级国家重点学科。并且把武汉大学的思想政治教育学科、复旦大学与中山大学的马克思主义基本原理学科作为国家重点培育学科。根据 2018 年 3 月 22 号公布的《国务院学位委员会关于下达 2017 年审核增列的博士、硕士学位授权点名单的通知》（学位〔2018〕9 号），2018 年全国增设马克思主义理论一级学科博士学位授权点 37 个，加上之前原有的马克思主义理论一级学科博士学位授权点，截止到 2018 年 12 月底，全国共有马克思主义理论一级学科博士学位授权点超过 80 个。这充分说明近些年来国家对该学科发展的高度重视，马克思主义理论一级学科的蓬勃发展，也为作为其二级学科的思想政治教育学科的建设与发展提供了难得的历史机遇，迎来了思想政治教育学科发展的黄金时期。

在学科学位点建设不断取得新的突破成就的同时，思想政治教育学科主体理论内容与理论体系研究也不断取得新的成果，并确立了学科主

---

[1] 靳辉明：《关于马克思主义理论研究和建设工程与马克思主义理论学科体系和课程体系建设》，《思想理论教育导刊》2007 年第 11 期。

干课程。从1994年起,原国家教委思想政治工作司组建了思想政治教育专业教材编写委员会,陆续编写并出版了第二套思想政治教育专业统编教材12本,主要包括《思想政治教育学原理》《思想政治教育方法论》《马克思主义思想政治教育理论基础》《马克思主义思想政治教育著作导读》《中国共产党思想政治工作史论》《政治观教育通论》《人生观通论》《道德观概论》《社会历史观与当代社会发展》《思想政治教育案例分析》《现代西方意识形态导论》《比较思想政治教育学》等,形成了以思想政治教育学原理、思想政治教育方法论、思想政治工作史为主干的学科专业教材群,并明确区分了教材的类别和层次:一是专业必修课、选修课,二是本科教材与研究生教材。这是思想政治教育学科建设正在走向成熟的一个标志性成果。2001年又出版了高校思想政治教育研究会组织编写的《现代思想政治教育学》一书,该书在2006年经修改后再版,受到了学术界的普遍欢迎。与此同时,一大批中青年专家撰写的专著或出版的博士论文,对推动思想政治教育学科发展和进行理论探讨起了重要作用,比较有代表性的著作主要有:李辉的《现代思想政治教育环境研究》,石书臣的《现代思想政治教育主导性研究》,沈壮海的《思想政治教育有效性研究》,项久雨的《思想政治教育价值论》,张彦的《思想政治教育主体性研究》,韦吉锋的《网络思想政治教育研究》,贺才乐的《思想政治教育载体研究》等。此外,比较有影响的著作还有:郑永廷的《现代思想道德教育理论与方法》,黄蓉生的《当代思想政治教育方法论研究》,祖嘉合的《思想政治教育方法教程》,刘新庚的《现代思想政治教育方法论》,彭海堂编的《思想政治教育方法论新探》,张耀灿主编的《中国共产党思想政治教育史论》,张耀灿的《思想政治教育学前沿》,罗洪铁的《思想政治教育学专题研究》,陈万柏的《思想政治教育载体论》,王敏的《思想政治教育接受论》,徐志远的《现代思想政治教育学基本范畴研究》。在"马克思主义理论研究和建设工程"的重点教材中,《思想政治教育学原理》(高等教育出版社2016年版)已顺利出版,张耀灿教授作为总主编的《新编21世纪思想政治教育专业系列教材》已陆续出版,从这些学术成果的数量和质量来看,思想政治教育学的发展是非常有生命力的。

思想政治教育的主干课程在不同侧面正在得以延伸,形成了不同类型的分支学科①。思想政治教育学科主干课程主要由"论""史"和"方法"组成,"论"是思想政治教育学科的知识体系,是其原理和主要理论部分;"史"是思想政治教育的发展史,它是思想政治教育学科得以建立的基础,是思想政治教育学科的"根";"方法"是思想政治教育价值得以实现的桥梁与中介,彰显着思想政治教育的生命力,是"论"的运用。随着思想政治教育学科主体的不断深化,各主干课程得到了新的延伸,在"论"方面,除了原有的《思想政治教育学原理》《马克思主义思想政治教育理论基础》之外,《唯物史观通论》《政治观通论》《人生观通论》《道德观概论》这些论著在理论上几乎覆盖了思想政治教育理论的各个层面,在知识体系建构上借鉴了许多学科的最新成果,在实践上始终围绕着人的世界观、人生观、价值观和道德观的形成与发展这个主题展开,建构了贯穿认识—实践线索并富有教育特点的理论体系,充分体现了该学科的理论性特点。"史"主要体现在《中国共产党思想政治工作史论》《中国共产党思想政治教育史论》《中国共产党思想政治教育史》《中国古代思想政治教育史》《西方思想政治教育史》等的研究。思想政治教育方法论方面分支学科的研究成果主要有:《青年学概论》《思想政治教育心理学》《思想政治教育载体论》《思想政治教育案例分析》等,这些教材主要是《思想政治教育方法论》的拓展和具体化,围绕思想政治教育对象的认识和心理发展过程进行展开,具有现实的操作性,体现了思想政治教育学科的应用性特点。此外,在综合发展、交叉发展的基础上又形成了《比较思想政治教育学》《社会思潮与大学生思想政治教育》等,这些成果围绕思想政治教育的热点、焦点进行研究,紧紧抓住思想政治教育的普遍性与特殊性这一对基本矛盾,不断拓展思想政治教育发展的学科领域与视野。

四 思想政治教育学科发展的深厚源泉

近些年来,随着思想政治教育学科建设的不断推进,思想政治教育学的理论与方法在人才培养、科学研究和生活质量提升中发挥着越来

---

① 参见郑永廷《与时俱进推动学科发展——马克思主义理论与思想政治教育学科发展的历程与使命》,《高校理论战线》2003年第7期。

重要的作用。学科建设成果在高校思想政治教育与社会思想政治工作中的广泛应用，反过来又带动和促进思想政治教育在新的实践基础上实现学科化、科学化。思想政治教育学科与文化学、社会学、心理学、教育学、管理学等其他学科交叉、渗透的趋势越来越明显，形成了一批富有特色的研究领域与研究方向，如以弘扬和开发我国优秀传统文化为特色的思想政治教育文化学；以研究人的全面发展理论为重点的人格理论与方法；以探讨思想教育与行政管理相结合的思想政治教育管理学；"以人们在思想政治教育过程中心理现象发生、发展及其规律为研究对象"① 形成的思想政治教育心理学等。这些交叉学科的出现及其研究成果的运用，进一步推动了思想政治教育学科的普及和深化，为思想政治教育学科的发展提供了广阔的空间，体现了思想政治教育学科的渗透性与综合性特点。为什么近些年来思想政治教育学科获得了如此生机勃勃的发展？换句话来说，思想政治教育学科发展的深厚源泉在哪里？我们有必要对这一问题作出有益的探索。

马克思主义理论是思想政治教育学科发展的理论源泉。"坚持以马克思主义理论为指导，是党的思想政治教育的根本。作为先进的工人阶级的科学世界观和全人类精神文明最优秀成果的马克思主义是党的思想政治教育的理论基础，没有马克思主义作理论指导，就没有党的思想政治教育，思想政治教育学也就不能真正成为一门科学。"② 马克思主义是一个贯穿哲学、政治经济学、科学社会主义与党的建设等方面的完整而严密的理论体系，思想政治教育学科建设以马克思主义为指导，就必须全面、完整、准确地理解和把握马克思主义的基本原理及其在当代中国的新发展。习近平新时代中国特色社会主义思想的形成与发展，丰富了思想政治教育学科发展的理论基础，习近平新时代中国特色社会主义思想是当代中国的马克思主义，是我们党和国家的指导思想，是社会主义意识形态的基本内容，也是当代中华民族优秀文化的核心。指导思想、意识形态、民族文化是三个"同心"的范畴和层面，三者的协调发展为思想政治教育学科建设提供源源不断的动力。

---

① 童彭庆主编：《思想政治教育心理学》，高等教育出版社1996年版，第6页。
② 邱伟光、张耀灿主编：《思想政治教育学原理》，高等教育出版社1999年版，第18页。

思想政治工作是思想政治教育学科发展的实践源泉。江泽民指出："党的思想政治工作，是经济工作和其他一切工作的生命线，是团结全党全国各族人民实现党和国家各项任务的中心环节，是我们党和社会主义国家的重要政治优势。"① 思想政治工作是我们党的优良传统和政治优势，它既包括思想教育、政治教育、道德教育，又包括与之相关的政治工作、群众工作、统战工作等，党的各级组织主要通过这些教育与工作实现党的思想领导与政治领导，保障经济工作与各项业务工作的顺利运行。党的思想政治工作遍布我国社会发展的各个领域与各条战线，形成了广阔的实践领域，为思想政治教育学科建设提供了源源不断的新鲜经验和思想素材，要充分"挖掘其他课程和教学方式中蕴含的思想政治教育资源"②，提升思想政治教育的实效性。思想政治工作的复杂形势要求理论工作者与思想政治工作者向专业化、职业化转变，而这一转变必须通过专门的培训和教育才能实现，因此，人们必须注重研究思想政治工作及其发展规律的科学化与学科化趋势，这为思想政治教育学科化发展不断提供新的发展动力。

思想政治教育新的学科定位是思想政治教育学科发展的良好平台。马克思主义理论一级学科及其所属二级学科的设立，澄清了人们关于思想政治教育学科归属上的模糊认识，进一步明确了思想政治教育的学科属性与学科特色，为人们在新的实践基础上开展思想政治教育学科建设指明了方向。与西方国家的社会运行机制具有法治传统相比较，思想政治教育的学科定位既吸收了我国长期以来形成的重视伦理、讲究美德的历史传统，也继承和发扬了党一贯重视思想政治工作的优良传统，在我国社会具有明显的政治优势。它强调了我国的思想政治教育是以马克思主义为指导、以为人民服务为核心、以集体主义为原则的社会主义思想政治教育，而"马克思主义是科学。它运用历史唯物主义揭示了人类社会发展的规律"③，思想政治教育学科建设必然走向科学的发展轨道。

---

① 《江泽民文选》（第3卷），人民出版社2006年版，第74页。
② 《习近平主持召开学校思想政治理论课教师座谈会强调：用新时代中国特色社会主义思想铸魂育人 贯彻党的教育方针落实立德树人根本任务》，《光明日报》2019年3月19日第1版。
③ 《邓小平文选》（第3卷），人民出版社1993年版，第382页。

第二节　新时代思想政治教育发展的理论指南

思想政治教育必须以马克思主义为指导，尤其是要以马克思主义中国化的最新成果来指导其学科发展。中国特色社会主义进入新时代，形成了习近平新时代中国特色社会主义思想，它"是对马克思列宁主义、毛泽东思想、邓小平理论、'三个代表'重要思想、科学发展观的继承和发展，是马克思主义中国化最新成果，是党和人民实践经验和集体智慧的结晶，是中国特色社会主义理论体系的重要组成部分，是全党全国人民为实现中华民族伟大复兴而奋斗的行动指南，必须长期坚持并不断发展。"[1] 习近平新时代中国特色社会主义思想的提出，不仅深刻揭示了中国社会全面深化改革的新时代背景，而且是中国新一代领导集体在总结历史经验的基础上提出的全新的发展观，为思想政治教育学科建设发展提供了新的理论指导和基本理论源泉，为社会繁荣进步和人的全面发展提供了科学指南。以习近平新时代中国特色社会主义思想为指导，探讨思想政治教育学科发展，必须系统学习习近平关于思想政治教育的重要论述，科学把握习近平新时代中国特色社会主义思想的立德树人观、时代新人观，为培养德智体美劳全面发展的社会主义建设者和接班人、促进思想政治教育学科科学发展服务。

一　习近平关于新时代思想政治教育的重要论述

在习近平新时代中国特色社会主义思想的指导下，我们党把"培养德智体美劳全面发展的社会主义建设者和接班人"作为新时代思想政治教育的根本任务。习近平在全国高校思想政治工作会议上强调，要立足"高校培养什么样的人、如何培养人以及为谁培养人这个根本问题，要坚持把立德树人作为中心环节，把思想政治工作贯穿教育教学全过程，实现全程育人、全方位育人，努力开创我国高等教育事业发展新局面。"[2]

---

[1]《党的十九大报告辅导读本》编写组：《党的十九大报告辅导读本》，人民出版社2017年版，第20页。

[2]《习近平谈治国理政》（第2卷），外文出版社2017年版，第376页。

思想政治教育是做人的工作，立德树人是思想政治教育的中心环节，在思想政治教育过程中，既要把人作为教育的对象，又要把人作为教育的主体；既要把人的全面发展作为社会和人的根本目标与根本利益，又要把人的全面发展作为社会发展的基础与手段；既要尊重人、关心人，又要培养人、塑造人；既要充分发挥思想政治教育在人才资源开发中的作用，又要把我国人口压力转化为人力资源。围绕人的问题，思想政治教育学科有一系列需要深化研究和发展的课题。

第一，新时代思想政治教育发展，必须强化政治认同。思想政治教育是一门具有强烈政治性和意识形态性的应用学科，引领与强化青年学生的政治认同构成了学科发展的基本内容和价值旨趣，也体现着学科建设与发展的理想意图。习近平指出，思想政治教育发展"要同我国发展的现实目标和未来方向紧密联系在一起，为人民服务，为中国共产党治国理政服务，为巩固和发展中国特色社会主义制度服务，为改革开放和社会主义现代化建设服务。"[①] 随着中国特色社会主义事业的不断发展以及改革开放进程的深入推进，如何引领与强化青年学生的政治认同、为实现中华民族伟大复兴的"中国梦"服务已经成为思想政治教育学科建设与发展的中心任务。习近平指出："必须以新时代中国特色社会主义思想和党的十九大精神为指导，增强'四个意识'、坚定'四个自信'，自觉承担起举旗帜、聚民心、育新人、兴文化、展形象的使命任务，坚持正确政治方向，在基础性、战略性工作上下功夫，在关键处、要害处下功夫，在工作质量和水平上下功夫，推动宣传思想工作不断强起来，促进全体人民在理想信念、价值理念、道德观念上紧紧团结在一起，为服务党和国家事业全局作出更大贡献。"[②] 思想政治教育学科建设也必须找准切入点和着力点，推进思想政治教育不断从理论走向实践、从书斋走向社会，通过引领与强化政治认同服务于青年学生的全面发展，促使青年学生为实现国家富强、民族振兴、人民幸福的"中国梦"而努力奋斗，这对推进思想政治教育学科建设、实现思想政治教育

---

① 《习近平谈治国理政》（第2卷），外文出版社2017年版，第376—377页。
② 《习近平在全国宣传思想工作会议上强调：举旗帜聚民心育新人兴文化展形象 更好完成新形势下宣传思想工作使命任务》，《光明日报》2018年8月23日第1版。

学科的独特价值意义重大。

第二，新时代思想政治教育发展，必须优化人才培养。无论贯彻落实坚持以人民为中心的发展理念，还是坚持把立德树人作为中心环节；无论是牢牢抓住全面提高人才培养能力这个核心点，还是必须围绕学生、关照学生、服务学生的相关论述；无论是阐述"传播知识、传播思想、传播真理，塑造灵魂、塑造生命、塑造新人"的时代重任，还是在坚定理想信念、厚植爱国主义情怀、加强品德修养、增长知识见识、培养奋斗精神、增强综合素质等六个方面下功夫的论述，处处体现出新时代思想政治教育发展是为培养德智体美劳全面发展的社会主义建设者和接班人服务的目的。马克斯·韦伯在谈到人才培养时曾经指出："真正能让人无限感动的，是一个成熟的人（无论年纪大小），真诚而全心地对后果感到责任，按照责任伦理行事，然后在某一情况来临时说：'我再无旁顾；这就是我们的立场。'这才是人性的极致表现，使人为之动容。只要我们的心尚未死，我们中间每一个人，都会在某时某刻，处身在这种情况中。"[①] 在马克斯·韦伯看来，按照责任伦理行事是一个成熟的人应具有的基本素质，时代新人的培养也需要强化责任与担当，引领青年学生将个体的行为选择与社会责任紧密结合起来。正如马克思在《青年在选择职业时的考虑》中指出："如果我们选择了最能为人类而工作的职业，那么，重担就不能把我们压倒，因为这是为大家作出的牺牲；那时我们所感到的就不是可怜的、有限的、自私的乐趣，我们的幸福将属于千百万人，我们的事业将悄然无声地存在下去，但是它会永远发挥作用，而面对我们的骨灰，高尚的人们将洒下热泪。"[②] 新时代思想政治教育发展，必须有助于引领青年学生正确认识良好生活方式的确立对个体健康成长与社会进步的重要意义，在优化人才培养的过程中实现其独特价值。

第三，新时代思想政治教育发展，必须坚持党的领导。习近平指出："必须坚持党的领导，牢牢掌握党对高校工作的领导权，使高校成

---

① ［德］马克斯·韦伯：《学术与政治》，钱永祥等译，广西师范大学出版社2004年版，第272页。

② 《马克思恩格斯全集》（第1卷），人民出版社1995年版，第459—460页。

为坚持党的领导的坚强阵地。党委要保证高校正确的办学方向，掌握高校思想政治工作主导权，保证高校始终成为培养社会主义事业建设者和接班人的坚强阵地。各级党委要把高校思想政治工作摆在重要位置，加强领导和指导，形成党委统一领导、各部门各方面齐抓共管的工作格局。各地党委书记和有关部门党组书记要多到高校走走，多同师生接触，多去高校作报告，回答师生关注的理论和现实问题。要加强同高校知识分子的联系，多关心、多交流、多鼓励，善交朋友、广交朋友、深交朋友，多听他们的意见，真听他们的意见。"[1] 在这段论述中，习近平详细阐述了党的领导对高校发展尤其是思想政治教育发展的极端重要性，"保证高校正确办学方向""掌握高校思想政治工作主导权""保证高校始终成为培养社会主义事业建设者和接班人的坚强阵地"这些重要任务和使命的完成，都必须强化党的领导，党的十九大报告指出："党政军民学，东西南北中，党是领导一切的"[2]。中国特色社会主义最本质的特征是中国共产党的领导，新时代思想政治教育发展，必须在党的领导下有序进行，确保思想政治教育始终坚持坚定正确的政治方向。

第四，新时代思想政治教育发展，必须创新方式方法。习近平指出："做好高校思想政治工作，要因事而化、因时而进、因势而新。要遵循思想政治工作规律，遵循教书育人规律，遵循学生成长规律，不断提高工作能力和水平。要用好课堂教学这个主渠道，思想政治理论课要坚持在改进中加强，提升思想政治教育亲和力和针对性，满足学生成长发展需求和期待，其他各门课都要守好一段渠、种好责任田，使各类课程与思想政治理论课同向同行，形成协同效应。要加快构建中国特色哲学社会科学学科体系和教材体系，推出更多高水平教材，创新学术话语体系，建立科学权威、公开透明的哲学社会科学成果评价体系，努力构建全方位、全领域、全要素的哲学社会科学体系。要更加注重以文化人以文育人，广泛开展文明校园创建，开展形式多样、健康向上、格调高雅的校园文化活动，广泛开展各类社会实践。要运用新媒体新技术使工作活起

---

[1] 《习近平谈治国理政》（第 2 卷），外文出版社 2017 年版，第 379 页。
[2] 《党的十九大报告辅导读本》编写组：《党的十九大报告辅导读本》，人民出版社 2017 年版，第 20 页。

来，推动思想政治工作传统优势同信息技术高度融合，增强时代感和吸引力。"① 这段论述反映了习近平对新时代思想政治教育发展的方法论思考，从遵循规律到主渠道、亲和力以及协同效应等概念的提出，从学科体系、教材体系、评价体系的论述到提出构建"全方位、全领域、全要素的哲学社会科学体系"，从"以文化人以文育人"到实践育人，从新媒体新技术的运用到传统优势与信息技术的高度融合，无不体现了新时代思想政治教育必须通过创新方式方法而实现发展的基本意图。

二 习近平新时代中国特色社会主义思想中蕴含的立德树人观②

自党的十八大以来，人们的社会生活和社会实践面临新的形势和发展状况。一方面，我国改革开放和社会主义现代化建设的历史性成就，为人们追求美好生活奠定了坚实的基础；另一方面，我国社会发展中还存在不少困难和挑战，尤其是国内外形势变化和我国各项事业发展都给我们提出了一个重大时代课题，即"新时代坚持和发展什么样的中国特色社会主义、怎样坚持和发展中国特色社会主义"。为了解决这一新的重大的时代课题，就必然要寻求新理念新思想新战略以更好地推动人的全面发展和社会全面进步，习近平围绕"培养什么样的人、如何培养人以及为谁培养人"这个根本任务多次对立德树人问题作出了阐述。习近平指出："每个国家都是按照自己的政治要求来培养人的，世界一流大学都是在服务自己国家发展中成长起来的。我国社会主义教育就是要培养社会主义建设者和接班人。"③ 在这里，习近平阐明了高校立德树人的基本逻辑，清晰而又逻辑地勾勒出了新时代的立德树人观。从本质上讲，新时代立德树人观是习近平新时代中国特色社会主义思想的重要组成部分，是契合新时代新要求而对人才培养目标的价值引领，是立足当下而又着眼未来的人才培养的创新性理论成果。深刻把握习近平立德树人观的生成逻辑、历史境遇和实践向度，既要在人才培养过程中持续反思过去、直面当下、着眼未来，又要深化高校履行立德树人职责的担当

---

① 《习近平谈治国理政》（第 2 卷），外文出版社 2017 年版，第 378 页。
② 参见张国启、刘亚敏《习近平立德树人观及其实践向度》，《继续教育研究》2019 年第 1 期。
③ 习近平：《在北京大学师生座谈会上的讲话》，《光明日报》2018 年 5 月 3 日第 2 版。

意识，强化思想政治工作成效，为实现中华民族伟大复兴的中国梦培养一批批德智体美劳全面发展的社会主义建设者和接班人。

新时代立德树人观是新时代中国特色社会主义育人理念的集中体现，是对"培养什么样的人、如何培养人以及为谁培养人"这一根本问题的具体回答，为新时代思想政治教育的顺利开展指明了方向。溯源新时代的立德树人观，它源于以习近平同志为核心的党中央对高校育人理念的深邃思考，着眼于思想政治教育的时代变化和实践创新，是对思想政治教育本质深刻认识与把握的理论结晶。思想政治教育归根结底是做"人"的工作，立德树人所要树的"人"与思想政治教育的主体指向是一致的，它们的出发点和落脚点都在"人"上，都致力于按照国家、社会和个体相一致的发展诉求和价值准则培养人才。新时代立德树人观的形成是因事而化、因时而进、因势而新的必然结果。

新时代立德树人观是在社会历史前进中逐渐积淀生成的，历史逻辑是其生成的客观基础。习近平立德树人观的历史逻辑主要体现在关注立德树人观生成、发展过程中的思想发展脉络。新中国成立以来，"毛泽东同志提出'使受教育者在德育、智育、体育几方面都得到发展，成为有社会主义觉悟的有文化的劳动者'，在教育方针中把德育摆在首位。进入改革开放新时期，邓小平同志反复强调培养有理想、有道德、有文化、有纪律的社会主义新人，在社会主义精神文明建设中对青少年德育提出明确要求。以江泽民同志为核心的党的第三代中央领导集体继续坚持培养'四有'新人，将培养德智体美全面发展的社会主义建设者和接班人作为新时期教育方针重要内容，突出了德育重要目标"[①]，胡锦涛在党的十八大报告中首次将"立德树人"提到国家战略高度，为新时代立德树人观的形成与发展提供了历史渊源。在第二十三次全国高等学校党的建设工作会议上，习近平强调要坚持立德树人思想引领，提出"办好中国特色社会主义大学，要坚持立德树人，把培育和践行社会主义核心价值观融入教书育人全过程。"[②] 这是习近平自十八大以来首次

[①] 袁贵仁：《加强青少年思想道德教育工作》，《光明日报》2011年10月31日第1版。
[②] 《习近平就高校党建工作作出重要指示强调：坚持立德树人思想引领 加强改进高校党建工作》，《光明日报》2014年12月30日第1版。

在公开场合阐释立德树人的育人理念。在党的十九大报告中，习近平再次重申立德树人的育人理念，作出"要全面贯彻党的教育方针，落实立德树人根本任务，发展素质教育，推进教育公平，培养德智体美全面发展的社会主义建设者和接班人"的阐述，这一阐述进一步强调落实立德树人任务的重要性，凸显其在教育中的重要地位。在北京大学师生座谈会上习近平发表讲话，在论及立德树人问题时指出："要把立德树人的成效作为检验学校一切工作的根本标准……要把立德树人内化到大学建设和管理各领域、各方面、各环节"[1]，这一讲话在一定意义上为立德树人理念升华为立德树人观作了理论话语转换，并为新时代思想政治教育发展指明了方向，为实现中华民族伟大复兴的中国梦储备人力资源作了思想动员。

新时代立德树人观是在具体的、现实的社会实践中生成发展深化的，实践逻辑是其生成的现实土壤。新时代立德树人观的实践逻辑主要着眼于立德树人观生成、发展的现实条件。中国特色社会主义进入新时代，"把立德树人作为教育的根本任务，培养德智体美劳全面发展的社会主义建设者和接班人"成为时代要求和人才培养的共识，习近平非常重视立德树人理念的理论研究和社会实践，结合社会发展实际进一步深化发展了立德树人观，进一步明确了当代中国立德树人观的逻辑内涵。在全国高校思想政治工作会议上，习近平从"培养什么样的人、如何培养人以及为谁培养人这个根本问题"的高度赋予"立德树人"新的理论内涵，并提出"高校立身之本在于立德树人"[2]，"要坚持把立德树人作为中心环节"[3]，对立德树人的实践活动提出了更高要求。在这里，习近平明确指出了立德树人观要培养的对象——青年学生群体。青年既是追梦人又是圆梦人，是中国特色社会主义的建设者和接班人，是国家的未来和希望，只有将青年学生培养成中国特色社会主义的"人才"，国家才有前途，民族才有希望。青年学生作为特殊群体，正处于世界观、人生观、价值观的塑造期，心理"断乳期"，其身心发展有独特的

---

[1] 习近平：《在北京大学师生座谈会上的讲话》，《光明日报》2018年5月3日第2版。
[2] 《习近平谈治国理政》（第2卷），外文出版社2017年版，第377页。
[3] 同上书，第376页。

规律，在立德树人过程中要遵循青年学生群体的身心发展规律，遵循青年学生成长规律。更进一步说，正因为立德树人的主要对象是青年学生，所以应将立德树人和思想政治工作相结合，"要坚持把立德树人作为中心环节，把思想政治工作贯穿教育教学全过程，实现全程育人、全方位育人"①，以期做到立德树人的理念贯穿思想政治教育全过程，从而逐步实现"培养德智体美劳全面发展的社会主义建设者和接班人"的人才培养目标。

新时代立德树人观以传统人才培养观为理论滋养，学理逻辑是其生成的内在准则。新时代立德树人观的学理逻辑主要着眼于立德树人思想生成以及立德与树人的关系研究。立德树人强调以德立人，立德是根本，是树人的基础。《春秋左传》有云："大上有立德，其次有立功，其次有立言，虽久不废，此之谓不朽。"② 立德为首，这里的"立德"是指能立己德，以德服人，重在德行。立德涉及立什么德的问题。"立德"既包括立学德，提高学生的思想水平、政治觉悟、道德品质和文化素养，做到"明大德""守公德""严私德"；又包括立师德，抓师德师风建设，做到"以德立身""以德立学""以德施教"。立学德和立师德为树人奠定理论基础，为培养什么样的人指明方向。以德树人，树人是核心，树人是立德的价值旨趣。所谓树人就是培养人，立德明确了培养什么样的人，树人提出了培养的人的价值准则和价值追求。树人也同样涉及树什么人的问题。所树的"人"一方面是"吐辞为经、举足为法"的典范，立师德就是为了抓师德师风建设，更好地发挥教师指导者和引路人的责任。另一方面是"德智体美劳全面发展的社会主义建设者和接班人"，即学生。"从'类'的维度来看，立德树人要求面向全体大学生；从'群体'维度看，立德树人指向集体的大学生群体；从'个体'维度看，立德树人必然落实到具体的大学生个体，即社会共同体中处于社会交互关系中的大学生个体。"③ 总之，新时代立德树人观主要围绕学生，关照学生，并服务于学生，在学生中深入开展立德树人观教育，

---

① 《习近平谈治国理政》（第2卷），外文出版社2017年版，第376页。
② 《春秋左传集解》（第三册），上海人民出版社1977年版，第1011页。
③ 侯勇、孙然：《高校思想政治教育空间整合：目标、力量与机制》，《思想教育研究》2018年第3期。

持续培养出有理想、有本领、有担当的时代新人。立德是树人的基础，树人是立德的目标，明晰立德和树人的逻辑关系是理解新时代立德树人观学理逻辑的前提，亦是把握新时代立德树人观理论内涵的基础。只有深刻把握新时代立德树人观的理论逻辑，才能从立学德和立师德出发，落脚于树教师和树学生。不论是树教师，还是树学生，其价值旨趣都在于培养德智体美劳全面发展的社会主义建设者和接班人。

新时代立德树人观的形成不是偶然的，不是一蹴而就的，是"因事而化、因时而进、因势而新"的客观结果。它的提出深化了习近平新时代中国特色社会主义思想的内涵，强化了思想政治工作的价值引领功能，是基于历史与现实贯通、理论与实践的碰撞、宏观与微观融合的结果。客观分析新时代立德树人观的丰富内涵，既有利于深刻认识和把握新时代这一育人理念，也有利于明晰这一理念提出的历史渊源，从而为培养担当民族复兴大任的时代新人指明方向。新时代立德树人观作为新时代的育人理念，它源于国家、社会和个体在发展目标上相一致的价值旨趣，反映了实现中华民族伟大复兴中国梦的人才资源诉求，揭示了人的社会关系本质呈现的时代境遇，体现了青年学生个体成长的价值追求。

三　习近平新时代中国特色社会主义思想中蕴含的时代新人观[①]

培养担当民族复兴大任的时代新人，是党的十九大基于新的社会历史方位提出的人才培养目标，也是中国共产党不忘初心、牢记使命的客观反映。习近平在全国教育大会上指出："培养什么人，是教育的首要问题。我国是中国共产党领导的社会主义国家，这就决定了我们的教育必须把培养社会主义建设者和接班人作为根本任务，培养一代又一代拥护中国共产党领导和我国社会主义制度、立志为中国特色社会主义奋斗终身的有用人才。这是教育工作的根本任务，也是教育现代化的方向目标。"[②] 在推进中国特色社会主义的伟大事业、实现中华民族伟大复兴

---

① 参见张国启、汪丹丹《担当民族复兴大任的时代新人的逻辑内涵与培养理路》，《思想理论教育》2018年第12期。

② 《习近平在全国教育大会上强调：坚持中国特色社会主义教育发展道路　培养德智体美劳全面发展的社会主义建设者和接班人》，《光明日报》2018年9月11日第1版。

的历史进程中，对担当民族复兴大任的时代新人的需要是客观的、普遍存在的，但在不同的历史发展阶段对时代新人的素质要求又是有一定区别的。培养担当民族复兴大任的时代新人，既需要科学理解担当民族复兴大任的时代新人的逻辑内涵，更需要正确认识担当民族复兴大任的时代新人培养面临的主要挑战，科学厘定担当民族复兴大任的时代新人的培养理路，将广大青年培养成为"有理想、有本领、有担当"的时代新人。

所谓"时代新人"是基于主体所处的具体时代而呈现出的与其他时代不同的人才培养目标，是被赋予特殊历史使命、肩负推进社会发展任务的社会主体应当具有的综合素质的反映。一般而言，不同的历史时代所提出的"时代新人"应当具有不同的内涵。一提到"时代新人"，很多人都会想起邓小平提出的"四有新人"这一命题。邓小平指出："我们在建设具有中国特色的社会主义社会时，一定要坚持发展物质文明和精神文明，坚持五讲四美三热爱，教育全国人民做到有理想、有道德、有文化、有纪律。"[1] 邓小平结合我国改革开放的时代要求以及社会主义现代化建设的时代背景创造性地提出了"时代新人"应具备的基本素质，后来，人们习惯于把这一人才培养目标称为"四有新人"。

中国特色社会主义进入新时代，培养担当民族复兴大任的时代新人，是基于中国特色社会主义进入新时代的社会历史发展阶段提出的。可以说，时代新人是"'社会主义建设者和接班人'在新时代的体现和要求，指走在中国特色社会主义新时代的前列，具有坚定、自信、奋进、担当的精神状态，具有理想信念、爱国情怀、道德品质、知识见识、奋斗精神和综合素质，能够担当中华民族伟大复兴历史重任的奋进者、开拓者、奉献者。"[2] 它反映了中国特色社会主义进入新时代这一特定历史阶段的人才培养目标与社会发展对人才素质的客观需求，是对邓小平提出的"四有新人"理论的继承和发展。培养担当民族复兴大任的时代新人，需要科学理解担当民族复兴大任的时代新人的逻辑内涵，并从社会主要矛盾的转变、新时代的育人理念以及新青年的成长目

---

[1] 《邓小平文选》（第3卷），人民出版社1993年版，第110页。
[2] 刘建军：《论"时代新人"的科学内涵》，《思想理论教育》2019年第2期。

标等维度进行把握。

第一，担当民族复兴大任的时代新人的逻辑内涵嬗变根源于社会主要矛盾的转变。毛泽东曾经指出："人的概念的每一差异，都应把它看作是客观矛盾的反映。客观矛盾反映入主观的思想，组成了概念的矛盾运动，推动了思想的发展，不断地解决了人们的思想问题。"[①] 人的思想是对客观存在的反映，对时代新人的需要基于客观的社会矛盾，客观的社会矛盾映入主观的思想进而也就构成了时代新人的基本内涵，并在推动思想观念发展嬗变的同时，逐步解决不同时代客观的社会矛盾。党的十九大报告明确指出，中国特色社会主义进入新时代，意味着近代以来久经磨难的中华民族迎来了从站起来、富起来到强起来的伟大飞跃，我国社会主要矛盾由人民日益增长的物质文化需要同落后的社会生产之间的矛盾逐步转化为人民日益增长的美好生活需要和不平衡不充分的发展之间的矛盾，邓小平在改革开放新时期提出的"有理想、有道德、有文化、有纪律"的社会主义新人的培养目标，在党的十九大报告中用更凸显新时代要求的"有理想、有本领、有担当"的时代新人的提法所取代。随着我国社会主要矛盾的转变，习近平面对新时代、新形势、新矛盾，积极响应时代呼唤和人才培养的现实需求，明确提出培养担当民族复兴大任的时代新人的命题，从解决人民日益增长的美好生活需要与不平衡不充分的发展之间的矛盾的维度"育新人"，使人才培养既符合个体成长的内在要求，也符合时代发展的客观要求，从而丰富了承担伟大使命、勇于担当、做"有理想、有本领、有担当"的时代新人的逻辑内涵。

第二，担当民族复兴大任的时代新人的逻辑内涵反映了新时代的育人理念。马克思曾经指出："问题是时代的格言，是表现时代自己内心状态的最实际的呼声。"[②] 中国特色社会主义进入新时代，既反映了一代代时代新人在努力拼搏、奋勇前进中逐步迎来中华民族从"站起来"迈向"富起来"继而走向"强起来"的艰辛历程，同时也提出了时代在进步、社会在发展、育人理念也需要不断完善的新课题。有学者指

---

① 《毛泽东选集》（第1卷），人民出版社1991年版，第306页。
② 《马克思恩格斯全集》（第1卷），人民出版社1995年版，第203页。

出:"新时代需要时代新人,时代新人创造新时代"①,在改革开放新时期对物质文化以及精神文明的建设急需要"有理想、有道德、有文化、有纪律"的时代新人,邓小平在总结历史经验教训以及基于推进社会主义现代化建设需要的基础上提出了"四有新人"的育人理念,使育人过程逐步转化为受教育者树立共产主义远大理想和中国特色社会主义共同理想、提升高尚道德情操、强化科学文化素养、保持严格组织纪律的过程。在一定意义上说,"四有新人"的育人理念既突出了中国特色社会主义建设者的培养意图,又彰显了中国特色社会主义接班人培养的价值理想。随着中国特色社会主义进入新时代,我们比历史上任何时期都更接近、更有信心和能力实现中华民族伟大复兴的目标,"有理想、有本领、有担当"的育人要求被提上了日程。习近平多次强调"打铁必须自身硬",要实现中华民族伟大复兴的中国梦、持续推进中国特色社会主义的伟大事业,需要的不仅仅是一般意义上的公民,更需要中国青年具有高强的能力本领、浓郁的家国情怀和强烈的使命担当,因此,培养具有"有理想、有本领、有担当"的时代新人就构成了中国特色社会主义进入新时代后育人理念的基本内容。

第三,担当民族复兴大任的时代新人的逻辑内涵揭示了新青年的成长目标。如果说社会主要矛盾转变、育人理念的完善与更新,是基于历史继承和现实需要维度厘定了时代新人应具备的逻辑内涵,那么,从个体成长目标维度看,成为"有理想、有本领、有担当"的时代新人,反映了当代青年自我发展的不懈追求,反映了马克思主义人的全面发展理论在当代中国实践中被赋予的时代特质和现实表现。与邓小平提出的"四有新人"的成长目标相比,习近平对担当民族复兴大任的时代新人的个体成长目标的要求更高一些。"有理想"是两个"时代新人"理论的共同点,中国特色社会主义建设者和接班人应当具有远大的共产主义理想和中国特色社会主义的共同理想,相比较而言,"有道德、有文化、有纪律"的要求主要体现在公民日常生活的思想和行为层面,而"有能力、有本领"则对实现中华民族伟大复兴的中国梦、持续推进中国特

---

① 董俊山:《大力培养和造就一代又一代"担当民族复兴大任的时代新人"》,《出版参考》2018年第1期。

色社会主义的伟大事业更具有针对性和价值指向性。因此，为了持续解决人民日益增长的物质文化需要同落后的社会生产之间的矛盾，邓小平提倡青年要成长为"有理想、有道德、有文化、有纪律"的公民，而在面临人民日益增长的美好生活需要和不平衡不充分的发展之间的矛盾时，习近平号召青年成长为担当民族复兴大任的时代新人，并将"有理想、有本领、有担当"的个体成长目标进一步细化，强调青年成长要在坚定理想信念、厚植爱国主义情怀、加强品德修养、增长知识见识、培养奋斗精神和增强综合素质上下功夫，明确要求广大教师要肩负起"传播知识、传播思想、传播真理，塑造灵魂、塑造生命、塑造新人的时代重任"①。由此可见，习近平不仅为时代新人的培养提供了"理想的意图"，而且为新时代青年的个体成长提供了"理想的力量"和现实途径，构成了逻辑严密的个体成长目标体系。

习近平在党的十九大报告中明确指出："要以培养担当民族复兴大任的时代新人为着眼点，强化教育引导、实践养成、制度保障，发挥社会主义核心价值观对国民教育、精神文明创建、精神文化产品创作生产传播的引领作用，把社会主义核心价值观融入社会发展各方面，转化为人们的情感认同和行为习惯。"② 这段论述实际上明确回答了新时代思想政治教育的根本任务——"培养什么样的人、怎样培养人、为谁培养人"的问题，即：培养担当民族复兴大任的时代新人，依靠强化教育引导、实践养成、制度保障等措施培养人、为实现中华民族的伟大复兴和推进中国特色社会主义的伟大事业培养人，归根结底，当代中国一定要培养中国特色社会主义的建设者和接班人。培养担当民族复兴大任的时代新人，既需要立足社会现实强化理想信念教育，践行理论与实践相统一的价值理念，更需要广大青年将个体成长的"理想的意图"与强烈的责任担当相结合，在培养"有理想、有本领、有担当"的时代新人的过程中实现自己的人生理想，在实现中华民族伟大复兴的中国梦、持续推进中国特色社会主义伟大事业的历史进程中实现人生价值。

---

① 《习近平在全国教育大会上强调：坚持中国特色社会主义教育发展道路　培养德智体美劳全面发展的社会主义建设者和接班人》，《光明日报》2018年9月11日第1版。

② 《党的十九大报告辅导读本》编写组：《党的十九大报告辅导读本》，人民出版社2017年版，第41—42页。

第三节　新时代思想政治教育发展的人学基础

人学是马克思主义理论的重要组成部分,"是对人的现实生存及其意义的强烈关注与理论追求,它反对由抽象的、非历史的方法理解人,要求立足于现实生活世界去关注人的现存状态并追求一个符合人的旨趣的生存样态。"[①] 新时代思想政治教育发展,本质上是为人的自由全面发展与社会的进步寻求更合理的价值引导方式,因此研究思想政治教育的哲学基础,使理论适应与满足现代人提高精神生活质量与自我发展的现实需要,应当注重马克思主义人学研究。习近平新时代中国特色社会主义思想强调坚持以人民为中心,"永远把人民对美好生活的向往作为奋斗目标"[②],以习近平新时代中国特色社会主义思想为指导的思想政治教育也必须做到以人为本,尤其是以学生为本,为此,必须加强研究马克思主义人学基础理论,这里主要从人的本质理论、主体性理论和人的需要理论对思想政治教育的人学基础作出探讨。

一　人的本质理论：思想政治教育发展的基础理论

人的本质是马克思主义哲学的重要范畴,是人的基本属性的集中体现。在某种意义上可以说,人的本质理论构成了新时代思想政治教育发展的基础理论。传统思想政治教育的人性基础强调性善论,主要是从人的自然属性视角来分析,而新时代思想政治教育的人性基础则主要重视人性的社会属性,即从人的本质视角来研究和分析新时代思想政治教育的人性基础。人的本质是揭示人类自身生存与发展的能力和情感状态特征的重要标志,是人类区别于动物的根本属性。人的本质是现实的、具体的,认识和把握人的本质,必须把人置放于特定的社会历史条件和具体的社会关系中去考察。马克思主义关于人的本质的理论阐述,主要包括人的实践性本质、社会性本质和全面性本质三个方面,因此,思想政

[①]　韩庆祥、邹诗鹏:《人学:人的问题的当代阐释》,云南人民出版社 2001 年版,第 61 页。

[②]　《党的十九大报告辅导读本》编写组:《党的十九大报告辅导读本》,人民出版社 2017 年版,第 2 页。

治教育发展的人性基础也必须从三个方面展开研究。

1. 从实践性本质看，思想政治教育发展应当促使人们趋向自由自觉地存在

马克思指出："全部社会生活在本质上是实践的。"① 人的实践活动既是维持生命活动的基本形式，也是提高生活质量的必要途径，人们"通过实践创造对象世界，改造无机界，人证明自己是有意识的类存在物，就是说是这样一种存在物，它把类看做自己的本质，或者说把自身看做类存在物"②，从而揭示了人的实践性本质。新时代思想政治教育的研究和发展必须立足于个体的人生实践和社会的发展实践，并不断通过思想政治教育活动检验个体对人的生命活动和生活质量的认识，科学揭示个体健康成长及现代人生活的基本规律，才能有助于提高人的生命关怀意识、生活质量意识和生态文明意识，因为"人的思维是否具有客观的真理性，这不是一个理论的问题，而是一个实践的问题。人应该在实践中证明自己思维的真理性，即自己思维的现实性和力量，自己思维的此岸性。"③

随着社会实践的发展，人们认识和改造主观世界和客观世界的能力不断增强，新时代思想政治教育在不断发展的社会实践中逐渐形成并不断地进行理论创新。思想政治教育是人类特有生命活动的本质体现，是人的实践性本质或本质力量的表现形式，是人类发挥自觉能动性改造自身或他人主观世界并提升自身改造客观世界能力的一种活动，毫无疑问，作为马克思主义哲学最基本观点的实践，也是思想政治教育理论形成与发展的根本源泉。"对实践的唯物主义者即共产主义者来说，全部问题都在于使现存世界革命化，实际地反对并改变现存的事物。"④ 新时代思想政治教育发展是人们扬弃传统思想政治教育理论，通过个体的社会实践不断提高自身思想道德素质的过程，它不是远离社会生活和脱离社会实践的书斋理论，而是深深地植根于实践、服务于实践、又在实践中不断发展的现实的理论。社会成员在思想政治教育过程中不断提高

---

① 《马克思恩格斯选集》（第1卷），人民出版社2012年版，第135页。
② 同上书，第56—57页。
③ 同上书，第134页。
④ 同上书，第155页。

其思想道德素质和精神生活质量，为人类进一步认识和改造客观世界提供精神动力和智力支持，促使社会成员形成良好的生活方式和实现人的发展的使命。

新时代思想政治教育是人们社会实践活动的重要形式，体现了实践观念（包括工具理性与价值理性）和实际行为的统一。工具理性体现的是人可以掌握知识、改变对象，体现的是科技、智力方面的知识，工具是"物化的知识力量"，凝结了人的精神上的主观力量。价值理性反映了人利用工具进行社会实践的目的性，是为了满足个人和社会的需要，这是一个价值问题和道德问题，也是一个合理性问题。新时代思想政治教育的过程正是人们以价值理性引导工具理性科学化的过程，也是引导人们从自在自发的存在走向自由自觉存在状态的过程。

2. 从社会性本质看，思想政治教育发展应坚持规范人与发展人相统一

马克思在批判费尔巴哈关于人的本质是"抽象的人""一般的人"的观点时指出："人的本质不是单个人所固有的抽象物，在其现实性上，它是一切社会关系的总和。"[1] 任何人都要生活在一定的社会关系之中，生活在一定的社会和文化环境之中，人们必须接受既成的、属于自己的社会关系，然后才能进行创造和发展，"社会关系是人的主体活动的存在形式"[2]，"不仅我的活动所需的材料——甚至思想家用来进行活动的语言——是作为社会的产品给予我的，而且我本身的存在就是社会的活动；因此，我从自身所做出的东西，是我从自身为社会做出的，并且意识到我自己是社会存在物。"[3] 社会关系自始至终都在塑造人，我们进行新时代思想政治教育发展研究，必须正视社会主义生产关系对个体成长的科学引导，要自觉维护社会主义的社会秩序和遵循社会主义的道德规范。

马克思在谈到人与动物的区别时指出："一个种的整体特性、种的

---

[1] 《马克思恩格斯选集》（第1卷），人民出版社2012年版，第135页。
[2] 袁贵仁：《人的哲学》，工人出版社1988年版，第76页。
[3] 《马克思恩格斯文集》（第1卷），人民出版社2009年版，第188页。

类特性就在于生命活动的性质,而自由的有意识的活动恰恰就是人的类特性。"① 自由的有意识的活动是人之为人的本质天性,新时代思想政治教育发展研究面临的一个重要问题就是,如何充分发挥个体自身在思想政治教育活动中的主动性、自觉性,充分挖掘人的自由天性和内在潜力,使人能够自觉地向自己的理想目标不断迈进。但是,人作为社会和社会关系的主体和承担者,其实践活动(包括精神性活动)必须体现社会性和社会关系,新时代思想政治教育发展必须把追求人的"自由个性"目标与社会主义现代化建设的发展要求相统一,实现人与社会的和谐发展,"应当避免重新把'社会'当做抽象的东西同个体对立起来"。② 人是自由的有意识的社会存在物,它必然要改造自然与社会、改造自我、创造新的生活,新时代思想政治教育是人们立足于社会现实基础之上,自觉地有意识地追求社会生活尤其是精神生活高尚化的实践活动,它引导人们在遵循社会主义道德规范的前提下,去追寻生命的意义、生活的价值和生态的和谐发展,是人的自我规范与自我发展相统一的精神性实践活动。

人的社会性本质在现实生活中主要表现为人的相互依存性、社会交往性和道德性。"正像社会本身生产作为人的人一样,社会也是由人生产的。活动和享受,无论就其内容或就其存在方式来说,都是社会的活动和社会的享受。"③ 新时代思想政治教育首先是引导个体充分发挥主观能动性的活动,但是个体总是生活在社会中、集体中的,思想政治教育的内容、价值、评价总是需要通过对象性世界才能得以彰显。在人类社会中,交往是团结个体的方式,同时也是发展这些个体本身的方式。因此,交往的存在既是社会关系的现实,也是人际关系的现实。没有交往,人的社会性发展是不可想象的,思想政治教育也就失去了目的性与价值性。道德是协调社会群体内部个体之间、个体与整体之间相互关系的规范体系,也是反映个体自我发展、自我肯定的一个重要范畴。无论是从人的道德性视角还是从相互依存性、社会交往性视角来理解新时代

---

① 《马克思恩格斯选集》(第1卷),人民出版社2012年版,第56页。
② 《马克思恩格斯文集》(第1卷),人民出版社2009年版,第188页。
③ 同上书,第187页。

思想政治教育的发展趋势,它都体现了规范人与发展人相统一的原则。

3. 从全面性本质看,思想政治教育发展必然以促进人的自由全面发展为价值取向

人既是一种自然性存在,又是一种社会性存在,还是一种精神性存在。促进人的自由全面发展,应该使人的物质生活、社会生活(主要体现为政治生活)和精神生活都得到相应的发展和提高。马克思指出:"人直接地是自然存在物。人作为自然存在物,而且作为有生命的自然存在物,一方面具有自然力、生命力,是能动的自然存在物;这些力量作为天赋和才能、作为欲望存在于人身上;另一方面,人作为自然的、肉体的、感性的、对象性的存在物,同动植物一样,是受动的、受制约的和受限制的存在物,就是说,他的欲望的对象是作为不依赖于他的对象而存在于他之外的;但是,这些对象是他的需要的对象;是表现和确证他的本质力量所不可缺少的、重要的对象。"① 人的自然属性反映了人发展的自然基础,是人的生命活动的基本前提,也是人与外部世界进行物质交往的基础,马克思主义从不否认人的自然属性,而是把人放到特定的社会历史条件下进行考察,强调"人们首先必须吃、喝、住、穿,然后才能从事政治、科学、艺术、宗教等等"②。正是因为我们承认人的自然属性,并把它作为人们进行精神文化活动的生物前提,所以思想政治教育活动才具有重要意义。新时代思想政治教育就要在肯定人的现实物质需求的基础上,努力消除人们不符合社会发展与人的发展需要的欲求,使人的生活尤其是精神生活社会化、道德化、文雅化、高尚化。

新时代思想政治教育发展要促进人的自由全面发展,一个重要的内容就是要处理好人的政治生活与精神生活的关系。"凡是有某种关系存在的地方,这种关系都是为我而存在的;动物不对什么东西发生'关系',而且根本没有'关系';对于动物来说,它对他物的关系不是作为关系存在的。"③ 人的自由全面发展是社会发展的客观规律和历史趋

---

① 《马克思恩格斯文集》(第1卷),人民出版社2009年版,第209页。
② 《马克思恩格斯选集》(第3卷),人民出版社2012年版,第1002页。
③ 《马克思恩格斯选集》(第1卷),人民出版社2012年版,第161页。

向的主体体现，它要求人的自然性、社会性、精神性协调发展。精神生活对提升人的生命价值和生活质量具有重要意义，没有高质量的精神生活，很难有一个有价值、有意义的人生。而政治生活是现阶段人们社会生活的重要组成部分，由于现有的制度体系还不够完善，社会主义民主制度还不够健全，人们的政治生活还有极大的提升空间。政治生活和精神生活是建立在人们现有的物质生活之上的，在现有的物质生活条件和生产力发展水平的基础上，人们要提升生命价值与生活质量，必须重视精神生活和政治生活的改善和提高。努力满足人们对思想关系的需要，促使"人以一种全面的方式，就是说，作为一个完整的人，占有自己的全面的本质。"① 新时代思想政治教育要引导人们科学协调人的精神生活、政治生活与物质生活、自我发展与社会进步之间的关系，这既是落实习近平新时代中国特色社会主义思想的客观需要，也是人类自身发展的必然要求。

二 主体性理论：思想政治教育发展的学理依托

主体（subject）这个词，从词源学的角度看，来自拉丁文的subjectum，意即"在前面的东西"，作为基础的东西。在古希腊哲学中，主体并不是一个专属人的概念，而是一种同"属性"相对应的东西。这时的"主体"概念，类似于亚里士多德的"实体"概念。在这一时期，人是主体，猪狗、树木、石头也是主体。笛卡尔从身心二元论的视角提出"我思故我在"的命题，才使主体（自我）作为专属人的哲学范畴从实体范畴中突出出来，但在他这里，"主体"是指自我、心灵或灵魂。人的主体性概念除"自在"之外别无更深含义。② 哲学界关于主体性概念的界定很多，一般认为，主体性是"人作为活动主体的质的规定性，是在与客体相互作用中得到发展的人的自觉、自主、能动和创造的特性。"③ 主体性内含着人类活动的两大基本原则：方法论原则和目的

---

① 《马克思恩格斯文集》（第1卷），人民出版社2009年版，第189页。
② 段德智：《西方主体性思想的历史演进与发展前景——兼评"主体死亡"观点》，《武汉大学学报》（人文社会科学版）2000年第5期。
③ 郭湛：《主体性哲学：人的存在及其意义》，云南人民出版社2002年版，第30—31页。

性原则。从方法论原则来看，人的主体性要求人的生命活动从主体需要出发，按主体的方式来进行一切活动。它与客观性原则相对应，承认对象的客观存在，遵循其固有的客观规律对之进行认识和改造。从目的性原则来看，主体性对人的生命活动具有价值导向性，为了什么或为了谁去进行活动——为了主体自身的需要而进行一切活动。总体来说，主体性具有外在的工艺—社会的结构面和内在的文化—心理的结构面，它具有人类群体的性质和个体身心的性质。

新时代思想政治教育的发展，主要目的是为提升人的精神生活质量和促使人们形成科学的生活态度和生活方式，提升人的主体性。因此，新时代思想政治教育应当是一种合规律性与合目的性相统一的活动。个体主体总是要使自己的活动服从于一定的价值目标并促其实现，而价值目标的实现必须以尊重客观规律、符合客观规律为前提，因而主体性内在要求合规律性。个体主体的活动又是从主体需要、利益出发，包含着主体的情感、意志、爱好，这就存在着感情用事、脱离实际的随意性的可能，存在着偏离主体合理价值目标的可能性。因此，新时代思想政治教育活动及其发展必须是合规律性与合目的性的统一，二者缺一不可。人的主体性提升状况既是新时代思想政治教育的发展目的，也是衡量思想政治教育学科发展的主要尺度。依据一定的价值规范对社会成员进行思想政治教育的过程，就是进行价值选择的过程，就是把人的价值存在转化为规范性存在的过程，也是增强人的主体性的过程。新时代思想政治教育要求人们科学认识人类的主体性，进而在实践活动中把对象世界转化为人的合理生活条件，在促进人类发展的同时实现人与自然的和谐发展。

新时代思想政治教育过程是思想政治教育主体对教育对象进行思想观点、政治观念和道德规范施加影响的过程，也是教育对象自身的道德性、理智性和自觉性不断增强和展现的过程。马克思曾经提出的人类社会发展的三形态理论，即"人的依赖关系"阶段、"以物的依赖性为基础的人的独立性"阶段和"建立在个人全面发展和他们共同的社会生产能力成为他们的社会财富这一基础上的自由个性"阶段，这事实上指出了人的主体性逐步增强的历程。在"人的依赖关系"阶段，人的生存要么依赖于血缘关系上的他人，要么依附于地缘关系上的他人，人的存在是一种依附性存在，个人对他人尚未获得独立性，思想政治教育成了一种规范约束人的发展为阶级统治服务的活动，它更多地强调了规范性而忽视了人的发展性，在这里主体性受到了压抑。"以物的依赖性为基础的人的独立性"阶段，人的生存摆脱了人身依附关系，思想政治教育的价值传播中开始强调权利、自由，但由于陷入了对物的依赖（如商品、货币）之中，主体性在社会生活中被异化、物化、片面化，人的存在是一种异化受动的存在。社会主义是"建立在个人全面发展和他们共同的社会生产能力成为他们的社会财富这一基础上的自由个性"阶段即未来的共产主义社会的初级阶段，这一时期的思想政治教育在强调社会规范性的同时，大力提倡人们追求权利和责任的统一，人的全面发展成为新时代思想政治教育的重要价值目标。

新时代思想政治教育活动的开展，是思想政治教育主体根据社会现实条件的变化引导受教育者追寻生活价值和意义的过程。社会的转型和市场经济体制的确立，造成社会阶层的重组、人们生活方式的多样化以及价值取向的多元化，其实质是主体的多元性。"'自觉的能动性'，是人之所以区别于物的特点"[①]，新时代思想政治教育的发展就是要充分发挥人的能动性，使人在现代社会环境中不断提升自身生存与发展的能力，自觉为实现中华民族的伟大复兴作贡献，并不断提升个体主体应有的特性。马克思从来没有提过主体性这个词，但是"如果从人与自然、人与对象世界的动态区别而言，主体性则是人的本质属性。人之所以为人，就在于它是活动的主体。如果从人的形成即主体的出现来看，人和主体是统一的，人性和人的主体性也就是一致的。确切地说，人的主体性是人性中最集中体现人的本质的部分，是人性之精华。"[②] 新时代思想政治教育发展体现了人的主体性的本质要求，反映了人的生活世界新陈代谢的客观规律，为其伴随实践和时代的发展而不断与时俱进提供了源泉和动力。

三　人的需要理论：思想政治教育发展的动力理论

需要是源自于为满足自身一种匮乏状态的欲望和要求，是有机体对

---

① 《毛泽东著作选读》（上册），人民出版社1986年版，第228页。
② 袁贵仁：《人的哲学》，工人出版社1988年版，第150页。

第二章 新时代思想政治教育发展的理论依据　　·83·

自身生存和发展的客观条件的依赖和要求,是对满足欲望和要求的客观条件与手段的表达。① 在人类思想史中,人的欲望和需要更多的是在伦理学意义上进行讨论的。中国封建社会以"存天理、灭人欲"为主导,人的需要被天理所取代,而人的欲望和需要是倍受压制的。在西方,古希腊哲学家极力推崇人的理性需要,即以道德的尺度去衡量人的欲望和需要,人的最高需要被确立为求知美德。马克思也明确指出:"作为确定的人,现实的人,你就有规定,就有使命,就有任务,至于你是否意识到这一点,那都是无所谓的。这个任务是由于你的需要及其与现存世界的联系而产生的。"② 人的需要是客观存在的,是随着人类社会历史的发展和进步而不断得以丰富、发展的,"已经得到满足的第一个需要本身、满足需要的活动和已经获得的为满足需要而用的工具又引起新的需要"③。人的需要的无限性和生活世界资源的永续稀缺之间的矛盾,要求人类必须以一定的规范或规则体系生活,因此,人的需要理论内在地要求人们进行自我教育、自我规范、自我发展。

迄今为止,比较有代表性的需要理论主要有:美国人本主义心理学家马斯洛提出的需要层次理论和马克思主义经典作家提出的需要理论。马斯洛从心理学角度将人的需要分为由低到高的"生理、安全、爱、尊重和自我实现"④ 五个层次。前两个层次的需要可以说是人的自然本性的需要,爱的需要与尊重的需要是人的社会性需要,自我实现则是人的需要的最高层次。该理论按照人的需要的重要性和层次性排序,认为低级层次需要满足后,人将追求高层次需要,它以存在主义的人本主义学说为理论基础,优点是使人们看到了人类需要的多样性和层次性,并因其易于理解而得到了广泛的传播;局限性也很明显,它把人看作是超越社会历史的、抽象的"自然人",由此得出的一些观点很难适用于处在各种复杂社会环境中人的具体情况,人的需要是因其社会环境影响之不同而有差别的,满足需要不一定依层次逐级发展,也许人在其低层次需

---

① 陈岸涛、王京跃:《思想道德修养与法律基础》,人民出版社2005年版,第53页。
② 《马克思恩格斯全集》(第3卷),人民出版社1960年版,第329页。
③ 《马克思恩格斯选集》(第1卷),人民出版社2012年版,第159页。
④ [美]马斯洛等:《人的潜能和价值——人本主义心理学译文集》,林方主编,华夏出版社1987年版,第176页。

要尚未满足时，他也会设法满足他的社会性需要和自我实现需要；同样有的人即使生理需要和社会性需要都得到满足，也没有出现自我实现的需要，而其经济需要可能仍很强烈。

　　马克思主义创始人非常重视人的需要理论研究，强调"任何人如果不同时为了自己的某种需要和为了这种需要的器官而做事，他就什么也不能做。"① 他们运用唯物史观发现人的需要是人类历史的起源，得出了"把人与社会连接起来的唯一纽带是天然必然性，是需要和私人利益"② 的结论。马克思根据个体活动的特点将人的需要分为自然的、精神的、社会的三种类型，因此，他认为人的存在是自然性存在、精神性存在和社会性存在。恩格斯从物质资料的角度把人的需要归结为生活需要、享受需要、发展需要三种类型③，斯大林在这种分类的基础上，将人的需要进一步归类为物质需要和文化需要（精神需要）两大类型，当代中国的马克思主义经典作家根据"物质生活的生产方式制约着整个社会生活、政治生活和精神生活的过程"④ 的马克思主义原理和当代中国社会发展的特点，把人的需要归纳为物质需要、政治需要和精神需要。马克思主义认为，人类需要的不断发展推动了社会历史的前进，当人的需要得到满足时，需要与其对象之间的矛盾实现了统一，矛盾得到解决，需要变为不需要，这时"新的需要"又产生了。

　　无论是马斯洛的需要层次理论还是马克思主义经典作家的需要理论，都反映了人同外部环境之间联系的必要性，生命的存在必然伴随着对某种对象的渴求和欲望。但是，人的需要不仅仅体现为生物本能的现实性需要，更主要的是把非现实性需要转化成现实性需要，使人类在生命活动中进行自我创造。"人的需要则可以超出人的肌体的限制，而且只有超出肌体的限制时，需要才真正表现为人的需要。"⑤ 新时代思想政治教育的发展首先反映了人的精神生活需要，同时为满足

---

① 《马克思恩格斯全集》（第3卷），人民出版社1960年版，第286页。
② 《马克思恩格斯全集》（第1卷），人民出版社1956年版，第439页。
③ 参见《马克思恩格斯选集》（第4卷），人民出版社2012年版，第518页。
④ 《马克思恩格斯选集》（第2卷），人民出版社2012年版，第2页。
⑤ 袁贵仁：《人的哲学》，工人出版社1988年版，第93页。

人的物质生活需要提供精神动力和智力支持，在某种意义上，它又构成了人的政治需要的重要内容（如用社会所要求的道德规范、法律规范来约束个体的行为）。在开放的社会环境下，思想政治教育作为满足人的精神需要并促进人自我发展的一种活动，不可能也决不会一劳永逸地提升人类的精神生活与发展需要，它必须与时俱进，利用人们比较容易接受的民族文化传统方式，引导人们确立一条通向健康生活的道路，使人们在关注生命健康、关注生活质量和关心生态和谐中满足个体与社会发展的需要。

第四节 新时代思想政治教育发展的话语体系[①]

思想政治教育的话语体系，主要指思想政治教育赖以存在与发展的核心概念和术语体系。它构成了思想政治教育的基本表达方式和言说方式，表征着思想政治教育的学科属性，蕴含着思想政治教育的价值旨趣。随着中国特色社会主义进入新时代，思想政治教育的传统话语出现了滞后于人民日益增长的美好生活需要与社会发展需要的倾向，围绕人的思想政治素质提升进行学科话语体系的发展提上了日程。习近平指出："要善于提炼标识性概念，打造易于为国际社会所理解和接受的新概念、新范畴、新表述，引导国际学术界展开研究和讨论。这项工作要从学科建设做起，每个学科都要构建成体系的学科理论和概念。"[②] 思想政治教育学科的话语体系发展，应当是"话语转换或创新，是在原有的话语体系中增添新话、改进作用方式，而不是推倒重建。"[③] 思想政治教育的话语体系发展，既要遵循逻辑自洽原则，充分体现学科发展的特点和优势，又要彰显学科建设的"理想意图"，使转换或创新的话语体系能进一步成为培养德智体美劳全面发展的社会主义建设者和接班人的"理想的力量"。

[①] 参见张国启、王忠桥《从社会主义核心价值体系的视角看思想政治教育学科建设理路》，《思想理论教育》2008年第1期。
[②] 《习近平谈治国理政》（第2卷），外文出版社2017年版，第346页。
[③] 侯惠勤：《马克思的意识形态批判与当代中国》，中国社会科学出版社2010年版，第69页。

一　思想政治教育话语体系发展的逻辑内涵[①]

加强思想政治教育学科的话语体系研究，一个基本的思路就是要分析和解读其话语体系的逻辑内涵。一般来说，话语（discourse）主要是指"作为对于时代主题的一种理论回应，是一种积极的、而不是消极的力量。话语是思想统治权实现的具体形式，从这个意义上讲，话语权是思想霸权、思想支配权。这种思想霸权和支配权靠两方面维系：一是创新性，一是坚定性。话语与其所依托的硬实力不同，它的力量主要不是通过强制性显现的，而是通过具有吸引力、渗透力的新鲜话、流行语发生作用。"[②] 这段关于话语内涵的逻辑界定，主要阐述了三层含义：第一，阐释了话语的产生源泉，即话语是对时代主题积极的理论回应。因此，只有正确地把握了时代主题，才可能真正实现话语创新。第二，揭示了话语的逻辑本质，即话语在本质上是思想统治权实现的具体形式。在阶级社会中，统治阶级巩固阶级统治、实现对人民群众思想统治的主要思路在于，使统治阶级创造的话语越来越广泛地被人民群众认同并付诸实践。第三，指明了话语的价值实现形式，即话语是通过吸引力、渗透力而不是强制力来实现其价值的。与维护阶级统治的暴力机器（如：军队、警察、法庭、监狱等）不同的是，话语是实现阶级统治的"软实力"（soft power），它在充满新鲜感和流行色的外衣下走进人民群众的精神世界，渐渐地渗透和影响着人民群众的思想和行为，成为实现阶级统治的有力武器。总之，话语是时代主题回应的理论形态，以实现特定的思想统治权为目的。在当代中国，思想政治教育作为传播社会主义意识形态的理论阵地和主要路径，其话语体系也应当科学回应时代主题、满足社会主流价值观传播需求，在多元文化的交织与渗透中体现强大的吸引力、凝聚力。

第一，思想政治教育话语体系发展，应当对时代主题作出科学的理论回应。马克思曾经指出："一个时代的迫切问题，有着和任何在内容

[①] 参见张国启、王忠桥《论思想政治教育学科的话语体系及其转换维度》，《学校党建与思想教育》2014年第1期。

[②] 侯惠勤：《马克思的意识形态批判与当代中国》，中国社会科学出版社2010年版，第68页。

上有根据的因而也是合理的问题共同的命运:主要的困难不是答案,而是问题。……问题是时代的格言,是表现时代自己内心状态的最实际的呼声。"① 在当代中国,满足人民日益增长的美好生活需要、促进人的自由全面发展成为时代的最强音,思想政治教育学科建设及其话语体系发展必须回答"培养什么样的人、如何培养人以及为谁培养人"的这一主题,其话语体系应当能够表达与激励人民群众对社会发展与自我发展的自觉追求,为促进人的自由全面发展服务。在我国革命和社会主义现代化建设中,思想政治教育始终发挥着"生命线"和"中心环节"的作用,对培养社会主义的建设者和接班人发挥着不可替代的作用。然而,随着时代主题的转换和高校人才培养目标的调整,传统的思想政治教育话语体系与社会发展的客观需要以及人的全面发展的内在要求之间的张力越来越大,一些传统的概念、范畴和理论表达方式越来越不被广大青少年所理解,它所承载的价值内涵与传递的信息准确度在一定程度上呈下降趋势,因此,加强思想政治教育话语体系的时代化、大众化研究,构成了新时代思想政治教育发展的重要内容。

第二,思想政治教育话语体系发展,应当满足社会主流价值观的传播需求。卡西尔曾经指出:"每一人文科学的对象,都不单纯表现为'存在'或'生成',还显现为意义。意义乃是客观的,它不能纯粹为物理显现所包含,而只能于物理显现中被体现出来;这就是我们称之为文化的一切内容的共同因素。"② 从这个意义上讲,一切学科的话语体系既体现为"显在话语"(explicit discourse)(即物理显现),也体现出"无声话语"(silent discourse)(即特定的意义)。因此,思想政治教育话语体系的发展,要在关注显在话语与无声话语的统一中解读其独特功能,尤其是阶级性话语和个体性话语、先进性话语与大众性话语的运用和解读,既要满足社会建设所需营造的社会氛围和文化生态,也要坚定不移地贯彻落实习近平新时代中国特色社会主义思想,不断促使社会主义核心价值观深入人心,使思想政治教育真正成为提高思想道德、引领

---

① 《马克思恩格斯全集》(第1卷),人民出版社1995年版,第203页。
② [德]卡西尔:《人文科学的逻辑》,沉晖等译,中国人民大学出版社2004年版,第5页。

社会思潮、凝聚社会共识的基本载体和有效途径，并在促进社会进步与个体发展的统一中不断优化其学科功能。在当代中国，思想政治教育话语体系的发展，必须"高举马克思主义、中国特色社会主义的旗帜，坚持不懈用新时代中国特色社会主义思想武装全党、教育人民、推动工作，……推动当代中国马克思主义、21世纪马克思主义深入人心、落地生根。"① 思想政治教育无论是作为一门学科还是作为实践活动，都必须用习近平新时代中国特色社会主义思想引领、指导和武装社会成员的思想和行为，使社会成员形成符合社会发展需要的思想政治素质，体现培养担当民族复兴大任的时代新人。党的十九大报告指出："必须坚持马克思主义，牢固树立共产主义远大理想和中国特色社会主义共同理想，培育和践行社会主义核心价值观，不断增强意识形态领域主导权和话语权，推动中华优秀传统文化创造性转化、创新性发展，继承革命文化，发展社会主义先进文化，不忘本来、吸收外来、面向未来，更好构筑中国精神、中国价值、中国力量，为人民提供精神指引。"② 思想政治教育话语体系的发展，必须"为人民提供精神指引"，体现理论武装群众、引领群众的"理想意图"。

第三，思想政治教育话语体系发展，应当充分彰显强大的吸引力、凝聚力。思想政治教育的概念、知识和理论，在一定意义上可以看作是其话语体系在问题框架中的自我转换和生成过程，是作为具有特定话语指向的媒介、载体与传达方式而存在的，其话语指向由思想政治教育的阶级属性决定。因为"话语作为一种语言实践活动，必然涉及传话人、受话者、接受语境、活动载体（文本）等因素。"③ 在当代中国，思想政治教育话语体系发展的主要目标，不是为了约束思想、压抑个性，而是为了进一步提高人们的思想道德素质，提升人们认识世界、改造世界的能力和本领。思想政治教育是马克思主义理论一级学科下属的二级学

---

① 《习近平在全国宣传思想工作会议上强调：举旗帜聚民心育新人兴文化展形象　更好完成新形势下宣传思想工作使命任务》，《光明日报》2018年8月23日第1版。

② 《党的十九大报告辅导读本》编写组：《党的十九大报告辅导读本》，人民出版社2017年版，第23页。

③ 孟登迎：《意识形态与主体建构：阿尔都塞意识形态理论》，中国社会科学出版社2002年版，第168页。

科，其话语体系的吸引力、凝聚力，主要依靠马克思主义科学真理的力量，其话语体系建构应当真正凝聚人心，引领社会思潮，真正为人的自由全面发展服务。这就要求学科建设"一方面要紧扣时代主题进行思想理论的创新和话语更新，保持马克思主义话语体系的新鲜活力；另一方面必须看到，着力对马克思主义话语体系的基本词汇、基本表达、基本精神，结合新的历史和时代特征进行深度阐发，是最为重大的理论创新，切不可舍本逐末，盲目地追捧新词、丢弃老话"[1]。因此，思想政治教育话语体系发展的主要任务不是"盲目地追捧新词、丢弃老话"，而是着力对马克思主义话语体系的基本词汇、基本表达、基本精神的时代阐发，进而吸引越来越多的社会成员理解、认同、接受和践行马克思主义，从而不断实现马克思主义对人的主观世界的改造，不断增强人们认识世界、改造世界的能力。

二 思想政治教育话语体系发展遵循的逻辑自洽原则[2]

逻辑自洽原则是反映事物存在状态及其发展过程符合内在运行逻辑的学术概念。有学者指出："从静态意义上看，自洽性意味着理论在实现自身的过程中把握了实践的需要，与实践相互作用、相互改造的特殊状态，回答了理论体系具有科学性与价值引导性的动力源泉；从动态意义上看，它反映了理论体系同化其他理论信息和实现自我超越的基本过程，即在外部环境与价值理念作用下，科学地吸收新因素、不断克服不合理因素进而不断发展和超越自身的自我调节、自我完善过程。"[3] 由此可见，逻辑自洽原则强调理论的发展变化应当凸显体系相容性与一脉相承性。思想政治教育话语体系发展遵循逻辑自洽原则，其话语体系发展既要把握实践的需要，不断科学地吸收新话语、克服滞后于时代发展要求的旧话语，又要在话语体系的发展中不断彰显思想政治教育的政治

---

[1] 侯惠勤：《马克思的意识形态批判与当代中国》，中国社会科学出版社2010年版，第69页。
[2] 参见张国启《论思想政治教育学原理话语体系的转换维度》，《思想理论教育》2016年第5期。
[3] 张国启：《论社会主义意识形态的逻辑自洽性及其当代意义》，《马克思主义研究》2011年第11期。

号召力、思想动员力、价值传播力与行为引领力,即彰显思想政治教育学科建设与发展的"理想意图",使其成为提升人的思想政治素质的"理想的力量"。因此,思想政治教育话语体系发展遵循逻辑自洽原则,意味着其话语体系发展必须系统理解和把握思想政治教育学科发展的学理逻辑、历史逻辑和生活逻辑,不断凝练和优化其学术话语、政治话语和大众话语,为思想政治教育发展开辟道路。

第一,思想政治教育话语体系发展,必须符合思想政治教育学科发展的学理逻辑。这里所强调的"学理逻辑",不是追问思想政治教育话语体系产生的本体论基础,也不是对学科建设与发展进行实证研究,而是要探究话语体系产生的认识论基础。自1984年思想政治教育学科创立以来,思想政治教育话语体系发展,已经逻辑地根植于学科发展与人的发展诉求之中。所谓"逻辑地根植",在一定程度上似乎有实证主义的嫌疑,然而,思想政治教育话语体系作为思想政治教育学科理论体系和知识主干的基本依托和载体,其发展既要突出思想政治教育学科的应用性、实践性特点,又要符合我国社会发展与人的发展逻辑。可以说,它所关注的"逻辑真正首要的问题是:我们对于作为文化的载体和创造者的人能有所认识,应该归于什么样的认识模式?"[①] 只有紧密围绕人的认识模式,阐释和揭示人的思想政治素质形成发展的规律和对人们进行思想政治教育的规律,使话语体系发展深深地植根于思想政治教育学科建设与发展的学理逻辑之中,才能不断生成符合学科发展及人自身发展需要的话语体系。

第二,思想政治教育话语体系发展,必须遵循思想政治教育学科发展的历史逻辑。思想政治教育学科是一门具有强烈意识形态性和政治性的应用性学科,主要是通过一定的思想观念、政治观点和道德规范引导社会成员形成符合社会发展需要的思想政治素质,而社会发展需要在一定程度上决定了思想政治教育学科的发展,从而构成思想政治教育话语体系发展的历史逻辑。在当代中国,马克思主义中国化的最新理论成果必然要以独特的言说方式转化为思想政治教育的核心内容和话语体系,

---

[①] [德]卡西尔:《人文科学的逻辑》,沉晖等译,中国人民大学出版社2004年版,第153页。

这构成了思想政治教育学科发展必须研究的新常态。习近平指出:"谋划和推动'十三五'时期我国经济社会发展,就要把适应新常态、把握新常态、引领新常态作为贯穿发展全局和全过程的大逻辑。从历史长过程看,我国经济发展历程中新状态、新格局、新阶段总是在不断形成,经济发展新常态是这个长过程的一个阶段。这完全符合事物发展螺旋式上升的运动规律。"① 这段论述阐明了当代中国社会发展的"大逻辑",实际上也指明了思想政治教育学科建设与发展的历史逻辑,即:思想政治教育话语体系发展,不可能脱离社会发展的历史逻辑,它既要阐明思想政治教育学科的基本观点、知识体系产生的先后顺序及其一脉相承的逻辑关系,更要紧扣时代主题,阐释和揭示中国特色社会主义思想政治教育的科学性、必然性,话语体系发展的结果以最大限度获得人们的价值认同和践行为目标。

第三,思想政治教育话语体系发展,必须遵循思想政治教育学科发展的生活逻辑。如果说,学理逻辑与历史逻辑主要反映思想政治教育的学术话语与政治话语的生成逻辑,那么,生活逻辑则凸显了思想政治教育大众话语的逻辑生成。思想政治教育学科发展的生活逻辑,强调思想政治教育话语体系的生成依赖群众、服务群众,通过营造人们易于接受的语境,激发人们对思想政治教育及其话语体系的认同感,不断激起他们的共鸣,从而使思想政治教育不断走入人们的心灵深处。习近平指出:"现在,媒体格局、舆论生态、受众对象、传播技术都在发生深刻变化,特别是互联网正在媒体领域催发一场前所未有的变革。读者在哪里,受众在哪里,宣传报道的触角就要伸向哪里,宣传思想工作的着力点和落脚点就要放在哪里。"② 思想政治教育话语体系发展,不应当仅仅依赖于学术话语或政治话语,而应当在遵循思想政治教育学科话语发展学理逻辑与历史逻辑的基础上,进一步关注话语体系生成的生活逻辑,将思想政治教育的核心内容、理论规范和学科传统以与现实生活相

---

① 《习近平在省部级主要领导干部学习贯彻十八届五中全会精神专题研讨班开班式上发表重要讲话强调:聚焦发力贯彻五中全会精神,确保如期全面建成小康社会》,《光明日报》2016年1月19日第1版。

② 《习近平在视察解放军报社时强调:坚持军报姓党坚持强军为本坚持创新为要 为实现中国梦强军梦提供思想舆论支持》,《光明日报》2015年12月27日第1版。

适应的言说方式契入,不断生成具有时代特色、学科特色的话语体系,用生动活泼的话语体系阐释思想政治教育,为思想政治教育学科发展及其功能服务。

三 思想政治教育话语体系发展的基本维度[①]

思想政治教育话语体系发展,不是要否定传统的思想政治教育话语体系及其相关概念,而是要在批判继承传统话语体系合理性的基础上,依据时代主题转换和思想政治教育学科发展的客观要求,不断拓展思想政治教育话语体系的适用场域和应用空间,增强思想政治教育的吸引力、凝聚力。思想政治教育话语体系发展,必须把流行的各种话语体系改造成符合中国特色社会主义建设要求和大学生自由全面发展需要的话语,才能在各种流行话语中确立思想政治教育话语体系的独特地位。为此,必须深入研究马克思主义经典著作,深入研究中国特色社会主义的理论与实践,为推进思想政治教育的话语体系发展寻找理论资源和实践依据。思想政治教育话语体系发展,必须体现社会主义意识形态的本质要求,而社会主义核心价值观是社会主义意识形态的集中体现,在当代中国,必须加强社会主义核心价值观在思想政治教育学科建设中的价值研究,因为"意识形态话语权的争夺实质上是核心价值观的竞争,更充满活力而能赢得人心的核心价值观就能获得支配性的话语。"[②] 思想政治教育话语体系发展是一项复杂的系统工程,需要学术界为之付出艰辛的努力,需要广大思想政治工作者长期不懈地追求和探索。一般说来,思想政治教育话语体系发展,要涵盖意识形态"显在话语"(explicit discourse)和"无声话语"(silent discourse),既要依赖马克思主义理论的科学性,又要加强科学意识形态的宣传和教育;既要关注意识形态的话语创新,又要保持意识形态话语的科学"内核"。

第一,思想政治教育话语体系发展,应当关注意识形态的"显在话语"建设和"无声话语"建设。所谓思想政治教育的"显在话语"建

---

① 参见张国启《论思想政治教育学科的意识形态话语权建设》,《学校党建与思想教育》2012 年第 9 期。

② 侯惠勤:《马克思的意识形态批判与当代中国》,中国社会科学出版社 2010 年版,第660 页。

设，主要是指思想政治教育学科建设中，进一步凸显社会主义、集体主义、爱国主义的主旋律教育的内容和价值，增强马克思主义对解决各种实际问题的解释力，大力推进马克思主义进教材、进课堂、进头脑，使大学生的健康成长始终处于中国特色社会主义"显在话语"的引领和观照下。所谓思想政治教育的"无声话语"建设，主要是指利用隐藏在"显在话语"背后的相关实践机制与舆论氛围展开思想政治教育话语体系建设。阿尔都塞曾经指出："要看见那些看不见的东西（oversight），要在充斥着话语中辩论出缺乏的东西，在充满文字的文本中发现空白的地方，我们需要某种完全不同于直接注视的方式，这是一种新的、有信息的（informed）注视，是由视域的转变而对正在起作用的视野的思考产生出来的。"① 在阿尔都塞看来，意识形态的"无声话语"建设甚至比"显在话语"建设更重要。如果说"显在话语"充分彰显了思想政治教育学科的性质，那么，"无声话语"则揭示了思想政治教育学科话语体系发展的舆论氛围和相关行为背后的实践机制，只有既关注"显在话语"建设又突出"无声话语"建设，才能成功地促进思想政治教育话语发展。

第二，思想政治教育话语体系发展，既依赖马克思主义理论的科学性，又要加强科学意识形态的宣传和教育。一般而言，意识形态话语的科学性，以符合客观规律的方式昭示着思想政治教育话语体系发展的方向。邓小平曾经指出："我坚信，世界上赞成马克思主义的人会多起来的，因为马克思主义是科学。它运用历史唯物主义揭示了人类社会发展的规律。"② 马克思主义在民族化、大众化、时代化的过程处处闪耀着真理的光辉，这为思想政治教育学科话语体系发展奠定了良好的思想理论基础，但是，要使每一位大学生乃至广大人民群众都认同并践行思想政治教育学科所传播的价值理念，就必须加大对以马克思主义为指导的主流意识形态的宣传和教育，使之成为指导大学生乃至其他社会阶层社会实践的通俗的思想体系和话语体系。共产主义的价值理念在革命战争年代之所以深入人心，不仅仅是因为其真理性，更重要的是其宣传和教

---

① Louis Althusser. *Reading Capital*. Trans. by Ben Brewster. London：Verso 1979，P. 27.
② 《邓小平文选》（第 3 卷），人民出版社 1993 年版，第 382 页。

育,一直强烈反共的布热津斯基也不得不承认:"共产主义不仅仅是对人们所深切关注的问题的一种情绪激昂的回答,也不仅仅是自以为是的仇视社会的信条,它还是一种通俗易懂的思想体系,似乎对过去和将来都提供了一种独特的见解……因此,共产主义对于头脑简单和头脑复杂的人都同样具有吸引力:每一种人都会从它那里获得一种方向感,一种满意的解释和一种道义的自信。"[1]

第三,思想政治教育话语体系发展,既要关注意识形态的话语创新,又要保持意识形态话语的科学"内核"。所谓意识形态话语"内核",主要是指借此支配人们的思维、情感并引发价值认同的核心理念和一整套话语体系。思想政治教育话语体系发展,关键要把握好马克思主义意识形态理论的科学"内核",真正做到既有话语创新,又不忘记"老祖宗"。思想政治教育话语体系发展,既要紧扣时代主题进行话语转换或创新,也要结合马克思主义的基本原理,科学解读其时代内涵与合理"内核",只要我们善于根据时代主题的要求不断创新话语,社会主义意识形态在西方的强势话语霸权下也是可以有所作为的。邓小平就曾经明确指出:"我们搞改革开放,把工作重心放在经济建设上,没有丢马克思,没有丢列宁,也没有丢毛泽东。老祖宗不能丢啊。"[2] 思想政治教育话语体系一旦产生,就具有较强的稳定性,它以特有的表达方式传递着一定的价值理念与伦理精神,在一定时期内对特定的人群会产生影响力。当然,任何话语创新都有其不可逾越的底线,思想政治教育话语体系发展,也主要是在原有的话语体系中增添新话、改进作用方式,而不是完全推倒重建。

第四,思想政治教育话语体系发展,应当为教育现代化提供强有力的思想保障和精神支持。思想政治教育话语体系发展的一个重要任务,就是要"牢固树立以质量提升、内涵发展为核心的改革发展观,按照创新、协调、绿色、开放、共享的发展理念,更加注重以文化人、始终坚持立德树人、系统推进实践育人、着眼实现全面育人,不断增强工作针

---

[1] 转引自龚云《共产主义是共产党人的最高理想》,http://theory.workercn.cn/241/201510/27/151027072005469_2.shtml。

[2] 《邓小平文选》(第3卷),人民出版社1993年版,第369页。

对性实效性，系统设计、统筹推进各项工作，为加快推进教育现代化提供思想保障和精神支持。"① 从本质上讲，思想政治教育话语体系发展，主要着眼于为全面推进教育现代化提供思想保障和精神支持。所谓"全面"，就是思想政治教育话语体系发展，不仅能够全面解释思想政治教育学科的发展逻辑、发展成绩、存在问题和发展趋势，而且能把人们广泛关注的各种问题阐释清楚、分析明白，准确无误的言说方式让人们都能听懂、理解和明白，因为"思想政治教育，不单纯是对学校、青年学生，是泛指对人民的教育。"② 思想政治教育话语体系发展，不是为了建构抽象而又晦涩难懂的理论知识和话语体系，而是为了更好地关心人、教育人、引导人，通过传统话语体系的现代承接、西方话语体系的中国涵化、草根话语体系的提炼升华来彰显学科建设的"理想意图"，使话语体系的转换为进一步推进教育现代化提供强有力的思想保障和精神支持。

总之，思想政治教育话语体系发展只是手段，持续增强思想政治教育学科的吸引力、凝聚力、战斗力，不断提升人们的思想政治素质才是目的。马克思在《〈黑格尔法哲学批判〉导言》中曾明确指出："批判的武器当然不能代替武器的批判，物质力量只能用物质力量来摧毁；但是理论一经掌握群众，也会变成物质力量。理论只要说服人，就能掌握群众；而理论只要彻底，就能说服人。所谓彻底，就是抓住事物的根本。而人的根本就是人本身。"③ 思想政治教育学科建设本质上是服务于"理论掌握群众"的，必须紧密围绕人本身进行话语体系的转换与创新，持续提升人们对思想政治教育学科的认同感，并通过创设符合我国国情的学科发展语境，为进一步推进教育现代化提供强有力的思想保障和精神支持，从而充分彰显思想政治教育学科建设与发展的"理想意图"。

---

① 冯刚：《以改革创新理念推动思想政治教育质量提升》，《中国教育报》2016 年 1 月 5 日第 3 版。
② 《邓小平文选》（第 3 卷），人民出版社 1993 年版，第 306 页。
③ 《马克思恩格斯选集》（第 1 卷），人民出版社 2012 年版，第 9—10 页。

第三章
新时代思想政治教育发展的理念变革

习近平指出:"理念是行动的先导,一定的发展实践都是由一定的发展理念来引领的。发展理念是否对头,从根本上决定着发展成效乃至成败。"[①] 中国特色社会主义进入新时代,我国经济发展确立了"创新、协调、绿色、开放、共享"的发展理念,对思想政治教育的发展具有重要的启示与影响,恩格斯指出:"一切社会变迁和政治变革的终极原因,不应当到人们的头脑中,到人们对永恒的真理和正义的日益增进的认识中去寻找,而应当到生产方式和交换方式的变更中去寻找;不应当到有关时代的哲学中去寻找,而应当到有关时代的经济中去寻找。"[②] 但是,无论是作为一门学科还是一种实践活动,思想政治教育的发展又有其独特性,作为一种带有强烈政治性、意识形态性的学科或实践活动,思想政治教育的发展理念既要符合社会发展的客观要求,又要有助于促进人的全面发展。面对百年未有之大变局,如何提升新时代思想政治教育的亲和力、针对性、实效性,许多思想政治教育者正在作出新的探索和系统思考。思想政治教育主体是思想政治教育活动的发动者、组织者、实施者,党和国家思想政治教育的要求和实施,主要是通过思想政治教育主体来执行的,因此,思想政治教育主体的思想政治素质和价值理念如何,对思想政治教育的发展至关重要,本章对新时代思想政治教育发展理念变革的研究,主要从思想政治教育主体的维度切入,具体来说,主

[①] 《习近平谈治国理政》(第2卷),外文出版社2017年版,第197页。
[②] 《马克思恩格斯选集》(第3卷),人民出版社2012年版,第654—655页。

要从教育主体的价值引领意识、人文关怀意识、责任担当意识、互联网思维等方面展开阐述，希望对提升新时代思想政治教育的亲和力、针对性、实效性作出新的探索。

第一节　新时代思想政治教育主体的价值引领意识[1]

《中共中央 国务院印发〈关于加强和改进新形势下高校思想政治工作的意见〉》中多次强调"价值引领"的重要性，明确要求"把思想价值引领贯穿教育教学全过程和各环节"[2]，这对解决高校"培养什么样的人、如何培养人以及为谁培养人"的根本问题至关重要。要强化价值引领，关键在思想政治教育主体。习近平指出："传道者自己首先要明道、信道。高校教师要坚持教育者先受教育，努力成为先进思想文化的传播者、党执政的坚定支持者，更好地担起学生健康成长指导者和引路人的责任。"[3] 这段论述一方面深刻地阐明了思想政治教育主体强化价值引领意识的极端重要性，另一方面，也从坚定党性修养和提升思想文化素质方面对思想政治教育主体培养良好的价值引领意识提出了具体要求，从而为其"更好地担起学生健康成长指导者和引路人的责任"指明了方向。

一　思想政治教育主体价值引领意识的逻辑内涵

一谈到思想政治教育主体，不少学者都会陷入"单主体""双主体""主体间性"等话语的争论之中。本书需要强调指出的是，这里的思想政治教育主体是指"思想政治教育活动中以教为职责的承担者。思想政治教育者的'教'，主要教'做人'，促进'做事'。"[4] 在一定意义上说，思想政治教育主体是思想政治教育实践活动中思想观念、政治

---

[1] 参见张国启《论思想政治教育主体的价值引领意识及其强化维度》，《思想理论教育》2017年第4期。

[2] 《中共中央 国务院印发〈关于加强和改进新形势下高校思想政治工作的意见〉》，《光明日报》2017年2月28日第1版。

[3] 《习近平谈治国理政》（第2卷），外文出版社2017年版，第379页。

[4] 《思想政治教育学原理》编写组：《思想政治教育学原理》，高等教育出版社2016年版，第15页。

观点和道德规范的供给者，他们的素质结构和价值引领意识在一定意义上影响和制约着思想政治教育的价值实现和实际效果。思想政治教育主体的价值引领意识本质上是一种政治意识、动力意识和质量意识，是建立在优化思想政治教育的资源投入与产出之比基础上的思维方式和教育理念。它要求思想政治教育主体具有持续提供"理想意图"的政治意识、不断提供"理想力量"的动力意识和努力形成"理想效果"的质量意识。换句话来说，教育主体的价值引领意识要为思想政治教育活动"保证方向、提供动力、增强活力与凝聚力"[①]，它应当是一种遵循思想政治教育规律和学生成长规律基础之上并着眼大学生未来发展的思维方式和教育理念。

第一，思想政治教育主体的价值引领意识是一种持续提供"理想意图"的政治意识。恩格斯曾经指出："外部世界对人的影响表现在人的头脑中，反映在人的头脑中，成为感觉、思想、动机、意志，总之，成为'理想的意图'，并且以这种形态变成'理想的力量'。"[②] 思想政治教育主体作为思想政治教育实践活动的发动者、组织者和实施者，无论是思想观念、政治观点和道德规范的"供给"，还是引领大学生"做人"和促进他们"做事"，本质上所从事的工作都是以科学的理论武装人、以正确的舆论引导人、以高尚的精神塑造人。在思想政治教育实践活动中，思想政治教育主体必须具有为大学生健康成长持续提供"理想意图"的政治意识，既要保证他们的发展与中国特色社会主义现代化建设的要求相一致，又要积极为他们解决成长中面临的思想问题和现实问题，否则，其所提供的教育内容很难解决大学生价值变迁中出现的"精神饥渴"和"思想骚动"问题，更谈不上对大学生健康成长的指导和引领。思想政治教育主体要确立和践行的价值引领意识，既要关注社会发展的客观现实和大学生健康成长面临的现实课题，更要关注这些现实问题的解决及大学生的未来发展，是一种真正为大学生健康成长持续提供"理想意图"的政治意识，能够引领大学生在自身发展和社会进步

---

① 郑永廷：《把高校思想政治工作贯穿教育教学全过程的若干思考——学习习近平总书记在全国高校思想政治工作会议上的讲话》，《思想理论教育》2017年第1期。

② 《马克思恩格斯选集》（第4卷），人民出版社2012年版，第238页。

的动态实践中形成科学的世界观、人生观和价值观,"自觉做共产主义远大理想和中国特色社会主义共同理想的坚定信仰者、忠实实践者,在全面建成小康社会、实现中华民族伟大复兴中国梦的历史进程中充分发挥先锋模范作用"①。

第二,思想政治教育主体的价值引领意识是一种持续提供"理想力量"的动力意识。思想政治教育主体价值引领意识的确立及其外化,不仅仅在于保证大学生的发展不会偏离中国特色社会主义的发展要求,关键还在于它能够持续不断地为大学生的健康成长提供"理想的力量",使他们产生崇高的价值追求和健康生活的精神动力,愿意把自己的发展和国家的前途命运以及社会的发展进步紧密联系在一起。为此,思想政治教育主体所确立的价值引领意识及其外化,能够真正"用社会主义核心价值观凝魂聚力,更好构筑中国精神、中国价值、中国力量,为中国特色社会主义事业提供源源不断的精神动力和道德滋养"②,能够真正激励大学生秉承信仰自觉追求健康向上的成长成才目标。教育主体的价值引领意识不仅仅在知识体系的传承和社会主流意识形态传播过程中得以体现,更要体现在对大学生日常生活的影响和塑造,通过引领大学生积极参与各类校园文化活动和社会实践活动,引领大学生进行自我选择、自觉成长。显然,这一活动开展之前思想政治教育主体就应当在脑海中形成这样的"图景"和"影像",形成自觉引领、超前引领、科学引领的价值意识,而这一切仅仅依靠经验积累和书本知识传递是远远不够的,思想政治教育主体必须在学习和实践中确立为大学生健康成长提供"理想力量"的动力意识,并在思想政治教育实践活动中将这种动力意识持续外化,将社会主流意识形态以渗透和融合的方式渗透于大学生所接触的现实环境之中,使思想政治教育价值传播内容回归生活世界,通过理论供给与实践引领提升教育实效,切实保障教育内容适应和"接轨"大学生健康成长的需求变化,从而更好地为大学生的健康成长提供源源不断的"理想力量"。

第三,思想政治教育主体的价值引领意识是一种努力形成"理想效

---

① 《习近平谈治国理政》(第2卷),外文出版社2017年版,第35页。
② 《习近平总书记系列重要讲话读本》,学习出版社、人民出版社2016年版,第190页。

果"的质量意识。近些年来，思想政治教育的实效性问题一直成为人们关注的焦点问题，也是广大思想政治教育工作者关心的核心问题。在思想政治教育实践活动中，教育主体往往投入大量的人力、物力、时间、和精力，思想政治教育的实效性仍得不到显著提升，思想政治教育主体要确立科学的价值引领意识，就必须形成一种努力实现"理想效果"的质量意识。这里所说的质量意识，就是要重视投入产出之比的效率意识，思想政治教育实践活动不能被视为没有"技术含量"的"劳动密集型"或"资源密集型"活动，而是一种充满"技术含量"并且要努力实现"理想效果"的意识形态实践活动。在这一实践活动开展之前，思想政治教育主体将自身所掌握的精神文化、思想意识和观念习俗等资源与即将开展的实践活动紧密结合进行思考，形成努力实现"理想效果"的基本蓝图和质量意识，并将其尽可能地付诸实施，走出一条充满"科技含量"的思想政治教育实践之路。同时，从社会发展的客观现实和大学生发展的现实状况出发，积极寻求现实生活对大学生健康成长激励和引领的价值元素。马克思就曾经明确指出："光是思想力求成为现实是不够的，现实本身应当力求趋向思想。"[1] 思想政治教育要实现"理论武装"大学生的理想效果，必须从提升思想政治教育价值引领质量出发，努力形成一种实现"理想效果"的质量意识，持续优化思想政治教育主体的素质结构和思想政治教育资源的要素配置，从而真正实现思想政治教育内容的有效供给，进而实现思想政治教育价值的最大化、最优化。

二 思想政治教育主体确立价值引领意识的历史境遇

思想政治教育主体必须确立并强化科学的价值引领意识，这关系到我国社会主流意识形态的建设与传播，关系到一代代又红又专、德才兼备、全面发展的中国特色社会主义合格建设者和可靠接班人的培养。可以说，科学的价值引领意识是教育主体作为思想政治教育实践活动发动者、组织者和实施者应当具有的基本理念和思维方式。在思想政治教育实践活动中，教育主体的价值引领意识应当立足于社会发

---

[1] 《马克思恩格斯选集》（第1卷），人民出版社2012年版，第11页。

展的客观现实，着眼于为大学生描绘未来发展的"理想图景"，着眼于为大学生的健康成长提供"理想力量"，着眼于努力实现马克思主义理论武装学生的"理想效果"，使大学生们能够正确运用"这些理论将事物的现状与其可能的状态联系在一起。它们不仅描述了这个世界的现状，并且同时改变了人们理解世界的方式，而这将有助于人们改变现实。"① 从历史境遇来看，思想政治教育主体确立并践行科学的价值引领意识，是教育主体适应当代中国社会发展的客观要求，是教育主体开展思想政治教育活动的现实要求，更体现了教育主体自身素质结构优化的内在要求。

第一，确立并践行科学的价值引领意识是教育主体适应当代中国社会发展的客观要求。马克思曾经指出："物质生活的生产方式制约着整个社会生活、政治生活和精神生活的过程。不是人们的意识决定人们的存在，相反，是人们的社会存在决定人们的意识。"② 思想政治教育主体确立并践行科学的价值引领意识，是由当代中国社会发展的客观现实决定的。虽然中国特色社会主义现代化建设取得了举世瞩目的成就，但是，"我国社会主要矛盾的变化，没有改变我们对我国社会主义所处历史阶段的判断，我国仍处于并将长期处于社会主义初级阶段的基本国情没有变，我国是世界最大发展中国家的国际地位没有变。"③ 这意味着我国社会主义制度的优越性尚不能充分发挥出来，在世界多极化、经济全球化、文化多样化和生活信息化深入发展的今天，我国社会主义意识形态的管理权、主导权和话语权仍面临诸多挑战，思想政治教育主体作为肩负建设和传播社会主义主流意识形态、培养和提升大学生思想政治素质历史重任的特殊人群，必须确立并践行科学的价值引领意识，用社会主义核心价值观引领大学生树立正确的世界观、人生观、价值观，"牢固树立政治意识、大局意识、核心意识、看齐意识，坚定不移维护党中央权威和党中央集中统一领导，为实现'两个一百年'奋斗目标、

---

① ［英］特里·伊格尔顿：《马克思为什么是对的》，李杨、任文科、郑义译，新星出版社2012年版，第146页。
② 《马克思恩格斯选集》（第2卷），人民出版社2012年版，第2页。
③ 《党的十九大报告辅导读本》编写组：《党的十九大报告辅导读本》，人民出版社2017年版，第12页。

实现中华民族伟大复兴的中国梦，培养又红又专、德才兼备、全面发展的中国特色社会主义合格建设者和可靠接班人。"①

第二，确立并践行科学的价值引领意识是教育主体开展思想政治教育活动的现实要求。思想政治教育是"理论武装群众"的意识形态实践活动，确立并践行科学的价值引领意识是教育主体开展思想政治教育活动、提升思想政治教育实效、促进大学生健康成长的应有之义和现实要求。在思想政治教育活动中，教育主体将思想政治教育的有机内容和价值理念广泛渗透到教育教学全过程，使各种教育内容和需要传播的价值理念通过榜样示范、情境创设、氛围营造和投身实践等方式"逻辑根植"和"系统营造"于大学生的生活世界，以系统化、隐喻化的形式贴近大学生的现实生活，并通过指导和引领大学生将所接受的教育内容内化为自己的思想观念、外化为自身的行为方式，从而实现其作为大学生健康成长指导者和引路人的责任和价值。从新时代思想政治教育的发展维度看，教育主体的价值引领意识主要是在遵循思想政治教育规律和学生成长规律的基础上，通过思想政治教育实践活动传导给大学生并在其思想品德形成发展过程中持续得以外化。思想政治教育主体的价值引领意识是有效开展思想政治教育实践活动、提升思想政治教育实践效果和促进大学生健康成长的理念前提，没有教育主体的价值引领意识，思想政治教育的实践效果就会无效、失效乃至产生负效应，因此，从开展思想政治教育实践活动的时代要求来看，思想政治教育主体也必须确立科学的价值引领意识。

第三，确立并践行科学的价值引领意识是教育主体自身素质结构优化的内在要求。一段时期以来，受社会环境变迁与人的发展方式变化的综合影响，思想政治教育主体的价值引领效果一直受到人们的质疑，不少人把这一问题的根源归结为思想政治教育主体的素质问题，虽然这一指责有失偏颇，但优化思想政治教育主体的素质结构以适应新时代思想政治教育是社会的共识。正如我们所熟知，全球化进程的深入和网络虚拟社会的形成，使思想政治教育主体的工作空间由封闭的校园、固定的

---

① 《中共中央 国务院印发〈关于加强和改进新形势下高校思想政治工作的意见〉》，《光明日报》2017年2月28日第1版。

教室转向没有边界的网络虚拟空间和海量信息与多元价值充斥的现实社会空间，工作方式也由传统的自上而下的、线性的、教师主导的教育转向自下而上的、非线性的、去中心化的教育，教育主体对思想政治教育过程的主导性、对思想政治教育对象的权威性、对思想政治教育环境的可控性大大弱化，如果教育主体不能及时提升自身的综合素质尤其是思想政治素质和信息素养，其素质结构很难和新时代思想政治教育的发展要求相匹配、相适应。科学的价值引领意识不仅仅是强调教育主体在思想政治教育过程中指导和引领学生的发展方向，更重要的是引领时代和社会风气之先，"要有逢山开路、遇河架桥的意志，为了创新创造而百折不挠、勇往直前。要有探索真知、求真务实的态度，在立足本职的创新创造中不断积累经验、取得成果。"① 为了更好地适应现代社会生活并确立与社会发展要求相一致的价值引领意识，思想政治教育主体自身的素质结构优化问题已提上日程。

三 思想政治教育主体价值引领意识的强化维度

马克思恩格斯曾经指出："意识在任何时候都只能是被意识到了的存在，而人们的存在就是他们的现实生活过程。"② 思想政治教育主体的价值引领意识来源于现实存在，是教育主体结合自身理论素养对现实存在抽象、升华、内化后的观念反映，它在教育主体的学习和生活中形成，并通过作用于现实生活而被实践所检验，要提升思想政治教育的实效性，必须持续强化思想政治教育主体的价值引领意识。研究和把握思想政治教育主体价值引领意识的强化维度，应当以理想信念教育为核心，以提升思想政治素质为目标，重视先进人物的示范引领，最终为培养又红又专、德才兼备、全面发展的中国特色社会主义合格建设者和可靠接班人服务。

第一，思想政治教育主体价值引领意识的强化，应当以理想信念教育为核心。崇高的理想信念既构成人们奋斗的共同目标，也为人的现实生活提供强大的精神动力。思想政治教育主体肩负着建设和传播社会主

---

① 《习近平谈治国理政》，外文出版社2014年版，第52页。
② 《马克思恩格斯选集》（第1卷），人民出版社2012年版，第152页。

义意识形态、提升大学生的思想政治素质的历史重任,要完成指导人、引领人的神圣职责,没有坚定的理想信念很难在思想政治教育实践活动中长期坚持价值引领意识。习近平指出:"坚定理想信念,坚守共产党人精神追求,始终是共产党人安身立命的根本。对马克思主义的信仰,对社会主义和共产主义的信念,是共产党人的政治灵魂,是共产党人经受住任何考验的精神支柱。形象地说,理想信念就是共产党人精神上的'钙',没有理想信念,理想信念不坚定,精神上就会'缺钙',就会得'软骨病'。"① 理想信念既是行动的先导,又对人的实践活动具有现实指导和引领作用,思想政治教育主体强化价值引领意识,必然要加强理想信念教育,以社会主义核心价值观为引领,努力为自身和他人的思想政治素质提升持续提供"理想意图"和源源不断的精神动力,并在精神家园塑造和崇高价值追求过程中切实提升自身从事思想政治教育实践活动的素质和水平。忽视理想信念教育,容易导致政治立场丧失、思想道德滑坡和精神生活空虚的现象,更谈不上在思想政治教育实践活动中确立并践行价值引领意识。

第二,思想政治教育主体价值引领意识的强化,必须以提升思想政治素质为目标。江泽民曾经指出:"要说素质,思想政治素质是最重要的素质。不断增强学生和群众的爱国主义、集体主义、社会主义思想,是素质教育的灵魂。"② 思想政治教育是一种带有强烈意识形态性的实践活动,教育主体开展思想政治教育实践活动的基本价值目标,就是提升学生的思想政治素质,因此,思想政治教育主体价值引领意识的强化,也必须以提升教育主体自身和学生的思想政治素质为目标。这既是教育主体开展思想政治教育实践活动的基本出发点,也是思想政治教育实践活动存在的价值性归属。在思想政治教育实践活动中,教育主体的价值引领意识的确立及其外化主要通过其理论说服力、精神凝聚力和实践引领力得以体现。思想政治教育主体价值引领意识的强化是一种积极主动、自觉自愿的先导性行为,它应当服从并服务于思想政治教育实践活动的功能性要求,在提升自身思想政治素质的过程中为顺利开展思想

---

① 《习近平谈治国理政》,外文出版社 2014 年版,第 15 页。
② 《江泽民文选》(第 2 卷),人民出版社 2006 年版,第 332 页。

政治教育实践、提升大学生的思想政治素质积蓄力量，并在说服人、凝聚人、引领人的过程中实现其职业理想和人生价值。

第三，思想政治教育主体价值引领意识的强化，应当重视先进人物的示范引领。一般而言，示范引领是反映教育主体对所传播的价值理念践行状况的基本范畴，它能对行为者自身和他人形成心理暗示和引领效应。正如有学者所指出："人的行为方式及思想意识既受自己的心理行为习惯影响，也受他人的或社会的意识及行为左右"[1]，思想政治教育主体也不例外。在强化教育主体价值引领意识的过程中，先进人物的示范引领会对教育主体的思想意识、心理习惯乃至价值取向产生影响和制约，同时，自身对所传播的价值理念的理解、认同和践行也会持续强化其在思想政治教育过程中的价值引领意识。在一定意义上说，思想政治教育主体价值引领意识的强化，既依赖于先进人物的示范引领效应，也离不开教育主体自身的反复践行。这种示范引领在潜移默化中形塑大学生的价值认同和行为方式，易于形成"桃李不言，下自成蹊"的教育效果。同时，先进人物的示范引领为大学生进行价值选择、情感体验和精神追求提供了参照物，在一定程度上为教育主体价值引领意识的强化注入了新的动力和意义感，也有助于引领大学生对"做人"和"做事"形成新的认识，逐渐把他们培养成又红又专、德才兼备、全面发展的中国特色社会主义合格建设者和可靠接班人。

总之，思想政治教育是一种具有价值引领意义的意识形态实践活动，思想政治教育发展中的价值引领意识对于提升思想政治教育实效具有重要意义。价值引领意识本质上是一种政治意识、动力意识和质量意识，是建立在优化思想政治教育的资源投入与产出之比基础上的思维方式和教育理念。它要求思想政治教育主体具有持续提供"理想意图"的政治意识、不断提供"理想力量"的动力意识和努力形成"理想效果"的质量意识。思想政治教育发展中价值引领意识的强化，应当以理想信念教育为核心、以提升思想政治素质为目标，重视先进人物的示范引领，最终为培养又红又专、德才兼备、全面发展的中国特色社会主义合格建设者和可靠接班人服务。

---

[1] 陈进华：《大数据时代社会道德治理创新的伦理形态》，《新华文摘》2016年第12期。

第二节　新时代思想政治教育主体的人文关怀意识[①]

人文关怀是反映肯定人性、人的价值和尊重人的主体性的基本范畴，新时代思想政治教育发展中的人文关怀意识，主要研究教育主体在思想政治教育过程中如何贯彻执行尊重大学生的主体性、赋予大学生人生意义和价值关怀以便更好地促进大学生健康成长的教育理念和教育意识的问题。在当代中国，提升思想政治教育主体的人文关怀意识，对于实现以立德树人为中心环节、以全面提高人才培养能力为核心点的思想政治教育活动而言意义重大，必须将思想政治教育主体的人文关怀意识贯穿思想政治教育全过程，以提升思想政治教育的亲和力和针对性，努力实现全程育人、全方位育人。为此，《中共中央 国务院印发〈关于加强和改进新形势下高校思想政治工作的意见〉》中明确提出"加强人文关怀和心理疏导，促进大学生身心和人格健康发展"[②]的教育要求，这为新时期开展思想政治教育主体的人文关怀意识研究提供了理论依据、指明了研究方向。

一　思想政治教育主体人文关怀意识的逻辑内涵

一般而言，人文关怀的理念可以追溯到文艺复兴时期资产阶级为了反对宗教神学对人性的束缚和压制而倡导的人文理念。它发端于西方人文主义的社会思潮，通过肯定人性和人的价值来否定和批判宗教神学思想对人的束缚。早期的人文关怀理念以资产阶级人性论为出发点，通过呼吁和宣传抽象的"人的解放"理念企图为推进资本主义进程寻求更多的"自由"劳动力。马克思主义经典作家非常重视人文关怀理论研究，但基本立足点是"现实的个人"，基本价值旨趣在于揭示人类的生存状况并努力促进人类的解放，强调"只有在现实的世界中并使用现实

[①] 参见张国启《论思想政治教育主体的人文关怀意识及其外化理路》，《学校党建与思想教育》2018年第4期。
[②] 《中共中央 国务院印发〈关于加强和改进新形势下高校思想政治工作的意见〉》，《光明日报》2017年2月28日第8版。

的手段才能实现真正的解放"①。在一定意义上说，马克思主义的人文关怀理论主要"通过揭示自由对必然的超越以及这种超越的实现手段和现实条件为自己的理论开辟道路，因此它一定要为人类生存状况的改变和实现人类的最终解放提供批判的武器。"② 思想政治教育主体的人文关怀意识是一种"不仅是对人类生存的终极关怀，更是立足现实，尊重社会转型中每个人的物质、精神和政治的要求，尊重人的情感"③ 的价值意识、教育理念和思维方式。在当代中国，思想政治教育主体的人文关怀意识是思想政治教育亲和力产生的基本前提，它意味着教育主体必须树立人性关怀、文化关怀和情感关怀的意识，在引导大学生形成自尊自信、理性平和、积极向上的社会心态的过程中，不断促进大学生的健康成长。

第一，思想政治教育主体的人文关怀意识是思想政治教育亲和力产生的基本前提。亲和力是源于化学领域的一个概念，本意是指原子之间的相互关联性。在社会科学领域，亲和力主要指人和组织所产生的容易令人接近的力量，亲和力的产生源于人们之间的相互尊重和价值认同。习近平明确指出："要用好课堂教学这个主渠道，思想政治理论课要坚持在改进中加强，提升思想政治教育亲和力和针对性，满足学生成长发展需求和期待，其他各门课都要守好一段渠、种好责任田，使各类课程与思想政治理论课同向同行，形成协同效应。"④ 这段论述明确提出要提升思想政治教育的亲和力和针对性，以"满足学生成长发展需求和期待"，而亲和力的产生既依赖于真理的力量，更依赖于思想政治教育主体的人格魅力。真理的力量意味着思想政治教育必须"遵循思想政治工作规律，遵循教书育人规律，遵循学生成长规律"，但这建立在思想政治教育主体不断提高思想政治教育工作能力和水平的基础之上。思想政治教育主体的人格魅力在一定程度上代表着思想政治教育的亲和力、可接受性，"亲其师而信其道"是思想政治教育亲和力的重要体现，也是思想政治教育主体独特人格魅力的反映。思想政治教育主体强烈的人文

---

① 《马克思恩格斯选集》（第1卷），人民出版社2012年版，第154页。
② 孙麾：《当代学术思潮的前提批判》，《马克思主义研究》2008年第3期。
③ 童世骏：《意识形态新论》，上海人民出版社2006年版，第120页。
④ 《习近平谈治国理政》（第2卷），外文出版社2017年版，第378页。

关怀意识是使真理的力量和主体的人格魅力在思想政治教育过程中充分得以彰显的重要因素,是思想政治教育亲和力产生的基本前提。

第二,思想政治教育主体的人文关怀意识是一种充满着人性关怀的价值意识。马克思主义人性观首先揭示的是人区别于动物的类特性,即"一个种的整体特性、种的类特性就在于生命活动的性质,而自由的有意识的活动恰恰就是人的类特性。"[①] 基于此基础上谈论的人性关怀意识也不是抽象地谈论人的思想、理性和意识的关怀,而是在揭示人与动物本质区别的基础上肯定和张扬人的主体个性。思想政治教育主体的人性关怀意识,是"人的类特性在人的道德精神中表现出来的、有利于个人的一系列优秀品质和完美特性……它所规定的不是人性的现实状况,而是对美好人性的向往,是一种被精神净化、美化了的人性范畴。"[②] 在思想政治教育活动中,教育主体为大学生健康成长持续提供充满人性关怀的教育理念,使他们在日常生活中体会和感悟人生的美好、人性的善良,并愿意在今后的社会生活中把这种美好和善良践行下去、传递下去,并在享受人间温情、品评世间美好的过程中不断产生向真、向善、向美的精神力量,从而不断实现对大学生健康成长的指导和引领。思想政治教育主体确立的人文关怀意识,既要关注大学生天真浪漫的理想和成长成才的渴望,更要在现实生活中激发大学生的"潜在善端"和"爱的能力",引领大学生在成长过程中处处闪耀着人性的光辉,在科学世界观、人生观、价值观的确立中不断实现健康成长的人生愿景。

第三,思想政治教育主体的人文关怀意识是一种浸透着文化关怀的教育理念。人是文化的创造者,也是文化性的存在物,文化本身为人的生命存在过程提供解释系统,引领人们为摆脱生存困境付出努力。在纷繁复杂的文化体系和构成要素中,价值观构成了文化的坚硬内核,也构成了塑造人的思维方式和生活方式的原初动力。思想政治教育主体确立并外化人文关怀意识,本质上就是在思想政治教育过程中坚持文化自信,引领大学生培育和践行社会主义核心价值观。习近平指出:"人类社会发展的历史表明,对一个民族、一个国家来说,最持久、最深层的

---

① 《马克思恩格斯选集》(第1卷),人民出版社2012年版,第56页。
② 黄楠森:《人学原理》,广西人民出版社2000年版,第170页。

力量是全社会共同认可的核心价值观。核心价值观，承载着一个民族、一个国家的精神追求，体现着一个社会评判是非曲直的价值标准。"① 思想政治教育主体确立文化关怀的教育理念，既要为大学生健康成长提供良好的精神文化氛围，将反映中华文化精髓、反映当代中国人审美情趣、反映当代中国价值观念、符合世界进步潮流的优秀文化理念融入大学生的日常生活世界，又要以社会主义核心价值观引领大学生的思维方式与行为方式，引领和帮助大学生创设和建构"意义世界"，使他们产生崇高的价值追求和健康生活的精神动力，自觉把自身的发展与国家的前途、民族的命运以及社会的进步紧密联系在一起，从而为大学生健康成长持续营造和创设良好的精神文化氛围并提供源源不断的发展动力。

第四，思想政治教育主体的人文关怀意识是一种浸润着情感关怀的思维方式。人是一种情感性的生命存在，生活中的喜怒哀乐都会对大学生的成长质量产生影响，亲情、友情和爱情也会在不同时期构成大学生现实生活的主要内容。思想政治教育主体的人文关怀意识确立及其外化，也应当科学引领大学生形成阳光心态和积极高尚的情感。列宁曾经明确指出："没有人的情感，就从来没有也不可能有人对真理的追求。"② 大学生正处于人生的黄金年龄阶段，情感世界丰富而浓烈、脆弱而敏感，如果不对他们的情感表达和释放进行积极健康的引导，个别大学生把情感寄托在游山玩水、放纵自我、渴求性爱甚至空虚无聊之中，还有一些大学生因为家庭或其他原因，正常的情感需求得不到满足，从而导致一些负面情绪的发生乃至对生命的漠视。在当代中国，思想政治教育是一种以人为本的教育实践活动，既要关注大学生的生活质量，更要重视对其进行生命的教育与引导。教育主体人文关怀意识的确立和外化，应当自始至终充满情感关怀，用积极健康的生命情怀引导大学生的学习、生活和工作，倾听他们发自心灵深处的呼唤，为他们的情感困扰提供专业意见，做大学生的人生导师和知心朋友，将人文关怀意识融入大学生的日常生活，使大学生在日常工作、学习和生活中处处能

---

① 《习近平谈治国理政》，外文出版社2014年版，第168页。
② 《列宁全集》（第20卷），人民出版社1958年版，第255页。

够感知到思想政治教育主体的人文关怀意识，最终必然会对其产生情感认同、价值认同，并在塑造大学生的思维方式、行为方式的过程中引领大学生的健康成长。

二 思想政治教育主体人文关怀意识确立的基本前提

这里所强调的思想政治教育主体人文关怀意识，是中国特色社会主义的人文关怀，而不是西方资产阶级以人性关怀为幌子的虚假关怀。习近平指出："中国特色社会主义是改革开放以来党的全部理论和实践的主题，全党必须高举中国特色社会主义伟大旗帜，牢固树立中国特色社会主义道路自信、理论自信、制度自信、文化自信，确保党和国家事业始终沿着正确方向胜利前进。我们要牢牢把握我国发展的阶段性特征，牢牢把握人民群众对美好生活的向往。"[1] 思想政治教育主体肩负着学习研究宣传马克思主义、培养中国特色社会主义合格建设者和可靠接班人的历史重任，其人文关怀意识的确立，必须反映中国特色社会主义的正确方向，必须反映大学生健康成长的美好诉求。具体来说，思想政治教育主体必须以高度负责的态度，率先垂范、言传身教，以良好的思想、道德、品质和人格给大学生以潜移默化的影响，使大学生在学习、生活和工作中能够真切感受到教育主体对他们的殷切期望和真情实感，愿意接受和践行教育主体所传播的价值理念和道德规范。在思想政治教育活动中，传统的思想政治教育主体一般将人文关怀意识寓于有形的教育手段和教育资源之中，新时代思想政治教育主体一般比较重视无形的教育手段和教育资源。相比较而言，前者主要体现在对教材和教具的精挑细选，让大学生有一个比较可靠的思想品德知识来源，人文关怀意识的确立和外化一般通过理论的讲授和生活的关心来体现；后者则主要通过教育主体或先进人物的率先垂范和榜样示范去影响和感染大学生，让他们产生直观感受和心理共鸣，从而使其思想和行为朝着与社会发展要求相一致的方向发展。

第一，思想政治教育主体人文关怀意识的确立，必须反映中国特

---

[1] 习近平：《高举中国特色社会主义伟大旗帜　为决胜全面小康社会实现中国梦而奋斗》，《光明日报》2017年7月28日第1版。

色社会主义的正确方向。人文关怀意识是人道主义的重要内容之一，一提到人文关怀意识，不少人就会想到西方的人道主义。邓小平曾经明确指出："人道主义作为一个理论问题和道德问题，当然是可以和需要研究讨论的。但是人道主义有各式各样，我们应当进行马克思主义的分析，宣传和实行社会主义的人道主义（在革命年代我们叫革命人道主义），批评资产阶级的人道主义。"[①] 邓小平这段论述，既清晰地界定了社会主义人道主义和资产阶级人道主义的区别，又明确指出我们必须宣传和实行社会主义的人道主义。思想政治教育主体的人文关怀意识是其在思想政治教育过程中宣传和实行社会主义人道主义的主观前提，必须予以提倡和鼓励。人文关怀意识的社会主义属性的生成，依赖于教育主体正确的方向感和坚定的政治立场，并能够在思想政治教育过程中形成正确的判断力和坚定的执行力。新时代思想政治教育是在开放环境和复杂多变的情况下展开的，思想政治教育主体人文关怀意识的确立必须反映中国特色社会主义的正确方向，牢牢把握住"培养什么样的人，如何培养人以及为谁培养人"的思想政治教育主题，在思想政治教育实践中不断增强政治意识、大局意识、核心意识、看齐意识，使人文关怀意识的生成与外化始终反映中国特色社会主义的发展要求，在思想政治教育过程中对大学生作出积极的思想引领、正确的价值判断和科学的方法选择，在大学生的健康成长中持续实现思想政治教育的独特价值。

第二，思想政治教育主体人文关怀意识的确立，必须与大学生成长成才的目标相适应。立德树人是思想政治教育的出发点和落脚点，思想政治教育主体所从事的是培养人的工作，其人文关怀意识的确立"必须围绕学生、关照学生、服务学生，不断提高学生思想水平、政治觉悟、道德品质、文化素养，让学生成为德才兼备、全面发展的人才"[②] 的目标来展开，要把大学生思想政治素质的提升放在人才培养的首要位置和中心地位，通过思想理论教育和价值引领，不断促使大学生向德才兼备、全面发展的目标迈进。大学生是充满朝气的年轻群体，是有血有

---

① 《邓小平文选》（第3卷），人民出版社1993年版，第41页。
② 《习近平谈治国理政》（第2卷），外文出版社2017年版，第377页。

肉、活生生的一个个"现实的个人","但不是处在某种虚幻的离群索居和固定不变状态中的人,而是处在现实的、可以通过经验观察到的、在一定条件下进行的发展过程中的人"①。这些作为人文关怀对象的"现实的个人",由于生活阅历、实践方式、成长环境不同,他们的思想品德以及对思想政治教育内容的理解、认同、接受和践行状况迥异,要把他们培养成中国特色社会主义合格建设者和可靠接班人,教育主体自身必须有坚定的理想信念、高尚的道德情操、扎实的学识和仁爱之心,才能去教育、熏陶、感染、激励大学生,使其按照社会发展要求增长才干、强化责任、塑造品德、完善人格,逐步自觉成长为符合社会发展要求的高素质创造性人才。

第三,思想政治教育主体人文关怀意识的确立,必须与大学生成长成才的过程相匹配。思想政治教育主体的人文关怀意识主要通过思想政治教育活动的开展来彰显,教育主体根据思想政治工作规律、教书育人规律和大学生成长规律,对大学生施加人性关怀、文化关怀和情感关怀,促使大学生逐步理解、认同、接受和践行教育主体所传播的思想体系和价值理念,以期促使他们形成符合中国特色社会主义发展需要的综合素质。思想政治教育主体在发动、组织和实施思想政治教育的过程中,必须将人文关怀的价值理念与大学生精神世界发展的需求及其思想实际与所确定的思想政治教育目标紧密结合起来,紧紧抓住人才培养能力提升这个核心点,不断调动大学生成长成才的主观能动性,使教育主体和大学生共同参与到思想政治教育的目标实现和大学生健康成长的过程中来。思想政治教育主体人文关怀意识的外化过程是对大学生健康成长施加影响的过程,也是教育主体从外部对大学生进行人文关怀和情感沟通的过程,也是为了大学生健康成长而将思想政治教育内容社会化的过程。在一定意义上说,思想政治教育内容的社会化过程是大学生健康成长的重要外部因素,情感的沟通和人文关怀潜移默化的渗透则构成了大学生健康成长的内在动力。

第四,思想政治教育主体人文关怀意识的确立,必须与大学生成长成才的效果相一致。思想政治教育主体人文关怀意识确立的基本目

---

① 《马克思恩格斯选集》(第1卷),人民出版社2012年版,第153页。

标是培养中国特色社会主义合格建设者与可靠接班人。大学生群体成长的结果不允许出现"废品"或"次品",它要求思想政治教育主体必须倾注全部的心血以促进大学生成长成才,对教育主体自身而言,人文关怀意识意味着强烈的责任意识和担当精神。由于受多元文化思潮和市场经济发展的负面因素影响,个别大学生在成长过程中容易受到多元文化交汇所带来的负面因素的影响,甚至个别学生形成了享乐主义、功利主义、虚无主义的价值取向,思想政治教育主体作为思想政治教育活动的发动者、组织者、实施者,要"分析思想文化的性质,把握思想文化的渊源,揭示思想文化的价值,引导人们选择正确的、先进的思想文化,抵制、批判腐朽落后的思想文化,做中华民族优秀文化的传承者"[1],其人文关怀意识的确立不仅仅在于对大学生进行人性关怀、文化关怀和情感关怀,还要切实担负起思想理论教育和价值引领的神圣职责,将优秀传统文化逐渐内化为积极健康的人文关怀意识,使人文关怀意识的外化与大学生成长成才的实际效果相一致,否则会影响中国特色社会主义合格建设者与可靠接班人的培养质量。思想政治教育主体所肩负的独特历史使命及其职业责任的独特性,决定了思想政治教育者主体的人文关怀意识具有显著的政治性和人本性特征,除了加强思想理论教育和价值引领之外,还必须引领大学生形成自尊自信、理性平和、积极向上的社会心态,成为具有责任担当和家国情怀的优秀人才。

三 思想政治教育主体人文关怀意识的外化理路

思想政治教育主体的人文关怀意识,本质上也是一种"被意识到了的存在",它必须通过对大学生进行思想政治教育的外化形式展示其独特价值。外化本质上是将一定的思想意识转化为行为表现和行为方式的过程,是思想政治教育主体将思想意识和教育理念对外呈现和对大学生开展思想政治教育的过程。从思想政治教育过程来看,教育主体的人文关怀意识只有外化出来才能对大学生产生亲和力、针对性和实效性,它

---

[1] 郑永廷、田雪梅:《社会治理与思想政治教育的发展》,《思想理论教育》2017 年第 6 期。

意味着教育主体要将"内化"的思想意识和价值理念转化为客观的行为方式。思想政治教育主体人文关怀意识的外化，必须遵循相应的外化规律。习近平指出："做好高校思想政治工作，要因事而化、因时而进、因势而新。要遵循思想政治工作规律，遵循教书育人规律，遵循学生成长规律，不断提高工作能力和水平。"① 这为思想政治教育主体人文关怀意识的外化阐明了规律、指明了方向，思想政治教育必须随着"事""时""势"的发展变化而发展变化。

第一，思想政治教育主体人文关怀意识的外化，不是为了束缚学生，而是为了学生自由个性的解放和发展。在传统的思想政治教育实践活动中，一些教育主体心怀良好初衷和美丽愿景对学生开展各项人文关怀活动，将其所理解的人文关怀意识呈现在大学生的日常生活世界，但是由于对大学生健康成长的理解不同，在无形之中会为了保护学生成长而人为设置出许多条条框框，从而在一定程度上束缚了学生自由个性的培育与张扬。思想政治教育是以马克思主义为指导的社会实践活动，最终目标是实现"每个人的自由发展是一切人的自由发展的条件"②，马克思主义理论的基本精神在于解放人，但这种解放的立足点是"现实的个人"，将"现实个人"的发展状况与未来可能紧密地联系在一起，不仅仅为其提供解释世界、认识世界的理论指南，关键是要为人类改变世界提供"批判的武器"。因此，思想政治教育主体人文关怀意识的外化，应当着眼于为大学生"提供一种超越现状，从而迈向更理想状态的方法"，从客观的社会存在和大学生成长的现实状况出发，引导大学生正确认识健康成长的"理想图景"，从而使他们能够以批判的眼光和开放的胸怀看待自身所处的现实境况。思想政治教育主体人文关怀意识的外化要能够帮助学生自觉改变生存现状，重新定义积极向上的发展目标和发展方向，真正在促进大学生健康成长的过程中不断解放大学生的天性、张扬大学生的自由个性，实现人文关怀的本真价值。

第二，思想政治教育主体人文关怀意识的外化，不是为了规范学

---

① 《习近平谈治国理政》（第2卷），外文出版社2017年版，第378页。
② 《马克思恩格斯选集》（第1卷），人民出版社2012年版，第422页。

生，而是为了示范引领学生的思想和行为。习近平指出："高校教师要坚持教育者先受教育，努力成为先进思想文化的传播者、党执政的坚定支持者，更好地担起学生健康成长指导者和引路人的责任。"① 思想政治教育主体人文关怀意识的外化，必须符合指导者和引路人的神圣职责，自觉地传播先进的思想文化，自觉地树立政治意识、大局意识、核心意识、看齐意识，做党执政的坚定支持者，这需要教育主体将人文关怀意识转化为大学生健康成长的"指路灯"而不是"遥控器"。教育主体通过人文关怀意识的外化自觉为学生作出榜样示范，在频繁的实践和交往中对大学生形成心理暗示和示范效应，在潜移默化中完成对大学生的思想理论教育和价值引领，激励大学生认同和践行教育主体传播的价值理念，在价值选择和情感体验中提升大学生健康成长的动力源和获得感。因此，思想政治教育主体人文关怀意识的外化，基本的出发点不在于规范学生，而在于为学生发展作出示范和引领，规范学生往往束缚学生的健康发展，与社会主义高校的"立德树人"的育人目标背道而驰，而示范引领则反映了人文关怀意识的逻辑内涵，易于学生理解、认同、接受和践行教育主体传播的价值理念和思想政治教育内容，客观上有利于把他们培养成又红又专、德才兼备、全面发展的中国特色社会主义合格建设者和可靠接班人。

第三，思想政治教育主体人文关怀意识的外化，不仅仅是出于职业需要，更是为了学生的健康成长。思想政治教育主体的人文关怀意识来源于现实生活并将作用于现实生活，但是，作为"人类灵魂的工程师"和肩负历史重任的人民教师，教育主体要积极自觉地为大学生的健康成长创设富有活力的精神文化氛围，将自身的道德修养和思维能力系统全面而不是零碎地展示于校园的日常生活之中，所确立和外化的人文关怀意识不是出于职业的需要而练就的高超技艺，而是发自心灵深处、凝铸于天地之间的浩然正气和精神个性，它体现为描绘和建构"意义世界"的超越性。马克思在《青年在选择职业时的考虑》一文中阐释了人文关怀意识的价值旨趣："如果我们选择了最能为人类而工作的职业，那么，重担就不能把我们压倒，因为这是为大家作出的牺牲；那时我们所

---

① 《习近平谈治国理政》（第 2 卷），外文出版社 2017 年版，第 379 页。

感到的就不是可怜的、有限的、自私的乐趣，我们的幸福将属于千百万人。我们的事业将悄然无声地存在下去，但是它会永远发挥作用，而面对我们的骨灰，高尚的人们将洒下热泪。"① 教育主体人文关怀意识的确立与外化不是源于狭隘的职业需要，而是出于对事业的执着追求和对大学生健康成长的真心关爱。因此，思想政治教育主体人文关怀意识的外化不是囿于"有限的、自私的乐趣"，而是要通过学生成长成才的质量得以衡量和体现。

第四，思想政治教育主体人文关怀意识的外化，必须消除弥漫于思想政治教育过程中的"伪乐观"情绪。强化和优化思想政治教育主体的人文关怀意识一直是社会主义思想政治教育的特色和优势，然而，近些年来，由于西方消费主义的渗透和影响，过度喧嚣的市场化、过度泛滥的商业化及其广告包装容易营造出思想政治教育过程一定会体现人文关怀意识的"伪乐观"情绪。有学者指出："现代人的品味、审美、欲望、道德都受到广告的左右。广告制造了一种伪乐观情感：在广告的世界里，某种减肥药可以让人尽情吃喝而不担心肥胖，某种服饰可以让人瞬间进入精英阶层。……伪乐观情绪一旦得不到满足，又会转化为悲观情绪，使人备受挫折，丧失漫长复杂的努力所需要的耐心和信心。"② 在一定意义上说，思想政治教育主体人文关怀意识的外化，必须消除弥漫于思想政治教育过程中的"伪乐观"情绪。思想政治教育实效性的提升和人文关怀意识的深化，不可能一蹴而就地轻易实现，它需要思想政治教育主体确立强烈的责任意识。思想政治教育主体要努力消除思想政治教育过程中出现的"伪乐观"情绪，以强烈的责任意识和担当精神开展大学生思想政治教育，抓住全面提高人才培养能力这个核心点，将人文关怀意识落细、落小、落实，努力营造充满人文关怀的教育情景和社会氛围，将人文关怀的影响像空气一样充盈在大学生的生活场景和社会氛围之中，真正实现思想政治教育的全程育人、全方位育人。

总之，思想政治教育主体人文关怀意识的外化，是教育主体将思想

---

① 《马克思恩格斯全集》（第1卷），人民出版社1995年版，第459—460页。
② 范勇鹏：《这个世界会好吗？——中国式保守主义的省思》，《读书》2016年第6期。

政治教育"理想的意图"转化为学生"理想的力量"的过程。思想政治教育主体人文关怀意识的生成和外化，是教育主体在"遵循思想政治工作规律，遵循教书育人规律，遵循学生成长规律"的前提下，将思想政治教育发展的客观要求与教育主体自身独特的人格魅力及其综合素质有机结合的集中体现，也是思想政治教育过程中的主体人格、价值追求和实践能力的动态呈现。教育主体人文关怀意识的外化，有助于打破社会上流行的所谓"市场逻辑"影响下的利益观、价值观，对大学生的成长予以深刻而宏大的人性关怀、文化关怀和情感关怀，避免或抑制所谓的"理想主义情怀消退"现象，使大学生一直生活在充满人文关怀的社会氛围和生活环境之中，在实践中不断品味和体验思想政治教育主体的人格魅力和价值追求，在思想政治教育主体引领的思想理论教育和社会实践活动中感受真理的力量和主体的人格魅力，不断激发大学生向真、向善、向美的价值追求，从而使教育主体人文关怀意识的外化过程转化为大学生不断生成"理想的力量"从而逐步实现自身发展的"理想的意图"的过程。

在当代中国，思想政治教育主体的人文关怀意识作为一种精神理念，它"注重的是对人格的尊重和塑造，是人的生存境遇、生命价值和社会理想的统一，是人的全面发展，是人与人、人与社会、人与自然的和谐。"[1] 从思想政治教育过程来看，思想政治教育主体的人文关怀意识是一种充满人性关怀、文化关怀、情感关怀的价值意识、教育理念和思维方式。思想政治教育主体既要深入研究大学生成长发展需求和期待，更要努力营造充满亲和力的教育情景，让大学生切实感受到教育主体的人文关怀意识源于他们心灵深处的人性关怀、文化关怀和情感关怀。思想政治教育必须随着"事""时""势"的发展变化而发展变化，思想政治教育主体人文关怀意识的外化不是为了束缚学生，而是为了学生自由个性的解放与发展；不是为了规范学生，而是为了示范引领学生的思想和行为；不仅仅是出于职业需要，更是为了学生的健康成长。

---

[1] 童世骏：《意识形态新论》，上海人民出版社2006年版，第142页。

第三节　新时代思想政治教育主体的责任担当意识①

《中共中央 国务院印发〈关于加强和改进新形势下高校思想政治工作的意见〉》中明确提出了"推进高校思想政治工作改革创新"的命题，为新时代思想政治教育的改革创新指明了方向。思想政治教育改革创新是个系统工程，必须进行全面把握和顶层设计，尤其是要高度重视思想政治教育改革创新过程中主体作用的发挥，强化主体的责任担当意识。但是，一提到思想政治教育改革创新的责任担当意识，许多人都会自然而然地把关注的目光转向学校党政领导、转向马克思主义学院、转向思想政治理论课教师、转向辅导员队伍，因为他们在巩固马克思主义在高校意识形态领域指导地位和全面贯彻落实党的教育方针过程中起着至关重要的作用。如果离开了思想政治教育主体的责任担当，贯彻落实高校立德树人根本任务的效果就会受到影响，新时期推进思想政治教育改革创新，必须高度重视主体的责任担当意识研究。

一　思想政治教育改革创新过程中主体责任担当意识的逻辑内涵

一般而言，主体的责任担当意识主要是强调作为主体的个体或群体能够自觉意识到自己应该担负的责任，主动把该扛的责任扛在肩上的思维方式和价值理念。思想政治教育改革创新中主体的责任担当意识，主要是强调思想政治教育主体在推进思想政治教育改革创新过程中自觉担负起主体责任的思维方式和价值理念。新时代思想政治教育改革创新，必须着力解决好"培养什么样的人、如何培养人以及为谁培养人这个根本问题。"② 它要求教育主体在开展思想政治教育的过程中必须发挥责任担当精神，必须牢牢抓住全面提高人才培养能力这个核心进行改革创新，使思想政治教育的方式方法真正接地气、入人心，从而持续提升思想政治教育的亲和力、针对性、实效性。研究思想政治教育改革创新过

---

① 参见张国启《论高校思想政治工作改革创新中辅导员的主体担当》，《高校辅导员》2018 年第 1 期。

② 《习近平谈治国理政》（第 2 卷），外文出版社 2017 年版，第 376 页。

程中主体的责任担当意识,一般应当理解并把握三个基本问题,即:"思想政治教育改革创新过程中主体的责任担当意识的基本内涵是什么?""思想政治教育改革创新过程中主体确立责任担当意识的基本要求有哪些?""当前,思想政治教育改革创新过程中强化主体责任担当意识的路径是什么?"从思想政治教育改革创新过程来看,教育主体必须使自身"努力成为先进思想文化的传播者、党执政的坚定支持者,更好担起学生健康成长指导者和引路人的责任"①,努力推动思想政治教育质量变革、效率变革、动力变革。

第一,从静态状况来看,教育主体的责任担当意识意味着其在思想政治教育改革创新过程中自觉承担起质量变革的主体责任。相对于青年学生健康成长的客观需求而言,教育主体在思想政治教育过程中基本上属于供给侧,在一定意义上讲,强化思想政治教育改革创新过程中主体的责任担当意识,可以借鉴经济领域的供给侧结构性改革。从新时代思想政治教育发展的现实状况来看,教育主体是和大学生接触较多并承担着对他们进行思想理论教育和价值引领的基本职责,其工作内容的繁杂性、琐碎性、经验性、重复性,在一定程度上严重影响和束缚了其工作方法和工作思路的创新性。虽然教育主体的责任担当意识、奉献精神和服务意识是大家公认的、有目共睹的,但面对"保姆式""立体全覆盖式"的工作领域和工作内容的客观要求,不少教育主体经常忙于应付琐碎的日常工作而无法自拔,很少有时间静下心来思考思想政治教育的改革创新问题,这在一定程度上影响和阻碍了教育主体在思想政治教育中改革创新精神的培育和践行。因此,静态地研究思想政治教育改革创新过程中主体的责任担当意识,就要科学界定教育主体的工作领域、工作内容,将教育主体从琐碎繁杂的事务性工作中解放出来,使他们有精力、有能力思考思想政治教育改革创新的质量标准究竟是什么?自觉参照思想政治教育质量变革的内在逻辑和客观标准,把责任扛在肩上,以改革创新的精神状态努力践行教书育人的神圣使命,使思想政治教育真正活起来、强起来,为国家发展、社会进步、民族振兴、人民幸福培养出一批批又红又专、德才兼备、全面发展的中国特色社会主义合格建设

---

① 《习近平谈治国理政》(第2卷),外文出版社2017年版,第379页。

者和可靠接班人。

第二，从动态过程来看，教育主体的责任担当意识意味着其在思想政治教育改革创新过程中自觉承担起效率变革的主体责任。习近平指出："思想政治工作从根本上说是做人的工作，必须围绕学生、关照学生、服务学生，不断提高学生思想水平、政治觉悟、道德品质、文化素养，让学生成为德才兼备、全面发展的人才。"[①] 这一论述科学阐释了教育主体在思想政治教育改革创新过程中应具有的责任担当问题，教育主体作为和学生接触较多、对学生成长影响较大的人，其自身的理想信念、价值理念、道德观念及其对思想政治教育改革创新的责任担当意识，对提高高校思想政治工作的亲和力、针对性、实效性具有至关重要的作用。习近平这里运用的"不断提高"的词语，本身就反映了思想政治教育的效率变革是一个循序渐进的过程，教育主体要推进思想政治教育改革创新，最根本的还是要发挥自身的主体性、自觉性、能动性、创造性，在增强政治意识、大局意识、核心意识、看齐意识的过程中，持续优化配置思想政治教育中人力、物力、时间、空间和其他资源，持续提升自身开展思想政治教育的创造力、凝聚力、战斗力，在坚持"打铁必须自身硬"的价值理念指导下，持续提升思想政治教育的效率。

第三，从价值彰显来看，教育主体的责任担当意识意味着其在思想政治教育改革创新过程中自觉承担起动力变革的主体责任。习近平指出："创新是引领发展的第一动力。发展动力决定发展速度、效能、可持续性。"[②] 思想政治教育的改革创新，既要保证思想政治教育"既不走封闭僵化的老路，也不走改旗易帜的邪路"，同时又要持续"推进理念思路、内容形式、方法手段创新，增强工作时代感和实效性"[③]，教育主体一直处于思想政治教育改革创新的第一线，其自身的理想信念、价值理念、道德观念、言行举止在无形之中都会对青年学生产生思想理论教育和价值引领作用，成为青年学生奋发有为、健康向上的精神动力，进而对思想政治教育的改革创新产生不可被低估的价值和作用。因

---

① 《习近平谈治国理政》（第 2 卷），外文出版社 2017 年版，第 377 页。
② 同上书，第 201 页。
③ 《中共中央 国务院印发〈关于加强和改进新形势下高校思想政治工作的意见〉》，《光明日报》2017 年 2 月 28 日第 1 版。

此，教育主体在强化责任担当意识的过程中，逐步会成为学生成长成才的人生导师和健康生活的知心朋友，逐步营造思想政治教育的良好氛围，逐步优化思想政治教育的生态环境。同时，强调思想政治教育改革创新过程中主体的责任担当意识，"不仅仅在于保证大学生的发展不会偏离中国特色社会主义的发展要求，关键还在于它能够持续不断地为大学生的健康成长提供'理想的力量'，使他们产生崇高的价值追求和健康生活的精神动力，愿意把自己的发展和国家的前途命运、社会的发展进步紧密联系在一起。"① 在一定意义上说，教育主体的责任担当意识，本身就意味着其在思想政治教育改革创新过程中自觉承担起动力变革的主体责任。

二 思想政治教育改革创新过程中主体责任担当意识确立的基本要求

第一，推进思想政治教育改革创新的过程，要求教育主体自觉履行工作职责。教育主体的职业要求和工作性质，要求其应当自觉成为"社会主义核心价值观的坚定信仰者、积极传播者、模范践行者"②。在思想政治教育改革创新过程中，教育主体的首要任务，就是要以社会主义核心价值观教育青年学生、引领青年学生，因为"社会主义核心价值观是当代中国精神的集中体现，凝结着全体人民共同的价值追求。"③ 这一过程不是自然而然就发生的，它需要教育主体在开展思想政治教育的过程中因事而化、因时而进、因势而新，既遵循思想政治工作规律、教书育人规律、学生成长规律，又在实践中不断提高开展思想政治教育的能力和水平。因此，思想政治教育改革创新的过程，既是教育主体完成思想政治教育要求、履行思想政治教育职责、强化责任担当意识的过程，也是其作为思想政治教育主体以社会主义核心价值观教育青年学生、引领青年学生的过程，并期望青年学生基于社会主义核心价值观来

---

① 张国启：《论思想政治教育主体的价值引领意识及其强化维度》，《思想理论教育》2017年第4期。

② 《习近平谈治国理政》（第2卷），外文出版社2017年版，第377页。

③ 《党的十九大报告辅导读本》编写组：《党的十九大报告辅导读本》，人民出版社2017年版，第41页。

认识和处理自身发展、社会发展过程中的各种矛盾和冲突，从而阐明并践行自身在社会发展中的价值态度和价值立场。当下，习近平新时代中国特色社会主义思想"从理论和实践结合上系统回答新时代坚持和发展什么样的中国特色社会主义、怎样坚持和发展中国特色社会主义"的重大理论和实践问题，教育主体在思想政治教育改革创新过程中的责任担当意识，既要强调自身对习近平新时代中国特色社会主义思想的理解、认同和践行，更需要其采取灵活多样的方法和手段，引领青年学生对这一理论"真学""真信""真懂""真用"，在培养担当民族复兴大任的时代新人的过程中，成为习近平新时代中国特色社会主义思想的宣传者、发展者、维护者、实践者。

第二，推进思想政治教育改革创新的过程，要求教育主体自觉承担主体责任。中国特色社会主义进入新时代，思想政治教育一定要有新气象新作为。改革创新是时代发展的最强音，教育主体要在思想政治教育改革创新的过程中承担起自己应负的历史责任。在一定意义上说，改革创新的历史任务确定以后，教育主体的所作所为就会成为影响和制约中国特色社会主义建设者和接班人培养的关键性因素，这就要求教育主体要不断增强改革创新本领，善于贯彻新发展理念，不断开创发展新局面。这要求教育主体在塑造高尚品格、强化实干精神的过程中不断增强责任担当意识。习近平在谈到领导干部的素质时指出："既有老黄牛的品格，又有千里马的气势；既是一个有胆有识的战略家，又是一个脚踏实地的实干家。在党的工作机器上，不能当被动力，不能只是传动力，而是要当好原动力。每一个负责干部，都要做自己所在部门、单位的原动力，起到心脏和中枢的作用。"[①] 在思想政治教育改革创新过程中，教育主体应该是原动力，是思想政治教育改革创新的引领者、主导者，是其改革创新的"心脏和中枢"，而不是旁观者、被动力、传动力，"不能用鸵鸟心态面对新情况，动不动就搞简单封堵那一套。要顺势而为、因势利导。"[②] 每个教育主体在思想政治教育改革创新中都应当是一面旗帜，应当具有引领示范作用。同时，作为思想政治教育的一线人员，在

---

① 习近平：《知之深 爱之切》，河北人民出版社2015年版，第149页。
② 《十八大以来重要文献选编》（中），中央文献出版社2016年版，第205页。

自身积极参与改革创新的过程中，更要培养人、开发人、塑造人，要"积极营造鼓励大胆创新、勇于创新、包容创新的良好氛围，既要重视成功，更要宽容失败，完善好人才评价指挥棒作用，为人才发挥作用、施展才华提供更加广阔的天地。"① 因此，教育主体自觉强化责任担当意识，不是为了给青年学生提供教条化的活动方式，而是希望使其在适应中国特色社会主义发展过程中不断促进自身的自由全面发展。

第三，推进思想政治教育改革创新的过程，要求教育主体自觉涵养创新精神。习近平指出："创新是民族进步的灵魂，是一个国家兴旺发达的不竭源泉，也是中华民族最深沉的民族禀赋。"② 思想政治教育是培养人的工作，是塑造灵魂的活动，优秀思想政治教育主体必须涵养创新精神，在开展思想政治教育的过程中勇于打破陈规、从不因循守旧，积极开拓进取、勇于上下求索，既要探索真知、求真务实，又要开拓创新、止于至善。思想政治教育改革创新过程中主体的责任担当意识，要求教育主体必须自觉涵养创新精神，顺应时代要求、适应社会变化、回应时代主题，善于创造科学有效的方式方法提升思想政治教育的实效性，真正把立德树人的目标落到实处、贯穿于思想政治教育的全过程。涵养创新精神，必须以人才培养为核心，从理念创新、实践创新、制度创新等维度着手，持续提升思想政治教育的凝聚力、引领力、战斗力，真正把追求真理和价值引领相结合，持续提升教育主体自身以及所教育的青年学生自觉履行社会责任、强化主体担当。推进思想政治教育改革创新的过程，要求教育主体自觉涵养创新精神，它意味着一个负责任、有担当的教育主体，既能够坚持道德上的正确主张，又能够坚持实践过程中的创造、奉献和牺牲。教育主体所从事的是立德树人的工作，他们的责任担当意识不仅关系到其自身的行为和发展，更与培养担当民族复兴大任的时代新人息息相关。

三 思想政治教育改革创新过程中主体责任担当意识的强化路径

党的十九大报告指出："建设教育强国是中华民族伟大复兴的基础

---

① 《十八大以来重要文献选编》（中），中央文献出版社2016年版，第27页。
② 《习近平谈治国理政》，外文出版社2014年版，第51页。

工程，必须把教育事业放在优先位置，深化教育改革，加快教育现代化，办好人民满意的教育。要全面贯彻党的教育方针，落实立德树人根本任务，发展素质教育，推进教育公平，培养德智体美全面发展的社会主义建设者和接班人。"① 新时代思想政治教育必须将立德树人的根本任务放在首位，教育主体作为思想政治教育的主要参与者、组织者、发动者和实施者，必须具有强烈的主体担当意识。在逐步推进思想政治教育改革创新、实现立德树人根本任务的过程中，教育主体应当进一步强化责任担当意识，坚持在自我学习中滋养道德和确立信仰，坚持矛盾分析法来解析社会问题，坚持民族特色文化资源的主体创新能力涵养，使自身在崇高信仰、强烈担当和文化自信的确立过程中，真正能走进青年学生的心灵深处。

  第一，思想政治教育改革创新过程中强化主体的责任担当意识，应当坚持在自我学习中滋养道德和确立信仰。学习对教育主体提高思想政治素质和专业技能具有重要价值，有助于其陶冶情操、激发潜能、滋养道德和确立信仰。习近平指出："要以培养担当民族复兴大任的时代新人为着眼点，强化教育引导、实践养成、制度保障，发挥社会主义核心价值观对国民教育、精神文明创建、精神文化产品创作生产传播的引领作用，把社会主义核心价值观融入社会发展各方面，转化为人们的情感认同和行为习惯。"② 中国特色社会主义进入新时代，教育主体要在学习中滋养道德、确立信仰，关键是学习习近平新时代中国特色社会主义思想，因为它"是对马克思列宁主义、毛泽东思想、邓小平理论、'三个代表'重要思想、科学发展观的继承和发展，是马克思主义中国化最新成果，是党和人民实践经验和集体智慧的结晶，是中国特色社会主义理论体系的重要组成部分，是全党全国人民为实现中华民族伟大复兴而奋斗的行动指南，必须长期坚持并不断发展。全党要深刻领会新时代中国特色社会主义思想的精神实质和丰富内涵，在各项工作中全面准确贯彻落实。"③ 教育主体要在习近平新时代中国特色社会主义思想指导下，

---

  ① 《党的十九大报告辅导读本》编写组：《党的十九大报告辅导读本》，人民出版社2017年版，第45页。
  ② 同上书，第41—42页。
  ③ 同上书，第20页。

紧密结合自身发展实际与思想政治教育实际，不断充实丰富精神世界、陶养道德品质、感悟生命价值、强化责任担当意识。正如有学者所指出："马克思主义认为信仰不是心灵的自发需要，而是源于社会责任感，因此学习成为信仰的核心问题。"① 教育主体的学习，不只是学习书本知识，更重要的是它构成了现代社会培养马克思主义理论信仰者的基本路径。和平年代的信仰教育缺乏朴素自然的情感因素，但教育主体自觉结合思想政治教育实践、自觉用习近平新时代中国特色社会主义思想武装自己，并使之转化为积极的情感认同和行为习惯，这在一定意义上构成了确立马克思主义信仰的正确路径。

第二，思想政治教育改革创新过程中强化主体的责任担当意识，应当坚持矛盾分析法来解析社会问题。改革创新本身意味着要直面社会发展中的诸多现实问题，既不能走封闭僵化的老路，也不走改旗易帜的邪路，而是要采取"不走寻常路"的解决思路和方法始终坚持和发展中国特色社会主义。这就要求教育主体在推进思想政治教育改革创新的过程中，既要坚持问题意识和问题导向，立足于社会主义初级阶段的基本国情，又要从事物发展的矛盾与冲突中把握和了解事物的本来面貌，从纷繁复杂的社会现象中发现事物内部存在的本质的、必然的联系，不断实现在思想政治工作实践基础上的理论创新。习近平指出："坚持问题导向是马克思主义的鲜明特点。问题是创新的起点，也是创新的动力源。只有聆听时代的声音，回应时代的呼唤，认真研究解决重大而紧迫的问题，才能真正把握住历史脉络、找到发展规律，推动理论创新。"② 推进思想政治教育改革创新过程中强化主体的责任担当意识，必须坚持以问题为导向，运用矛盾分析法解析社会问题，这既体现了思想政治教育坚持以人民为中心的价值观，又彰显了思想政治教育主体强烈的责任担当意识，诠释了教育主体为促进思想政治教育效率提升所作出的历史性探索。

第三，思想政治教育改革创新过程中强化主体的责任担当意识，应当在民族特色文化资源挖掘中涵养主体创新能力。在民族特色文化资源

---

① 侯惠勤：《马克思的意识形态批判与当代中国》，中国社会科学出版社 2010 年版，第 474 页。

② 习近平：《在哲学社会科学工作座谈会上的讲话》，《人民日报》2016 年 5 月 19 日第 2 版。

挖掘中涵养主体创新能力，对思想政治教育运行机制的建构具有重要影响。在思想政治教育改革创新过程中，教育主体要强化责任担当意识，应当坚持对民族文化资源的创造性转化、创新性发展，充分利用民族文化资源在抵御外来文化中的价值影响，涵养自身内在文化心理结构，确立和强化文化自信、责任担当意识，从而涵养教育主体的创新能力。一般而言，传统文化的自在性和给定性既是人们进行实践活动的前提条件，又是人们追求理性高尚、能动创造的社会生活的动力源泉。思想政治教育改革创新过程中强化主体的责任担当意识，既要弘扬优秀的传统文化、革命文化、建设社会主义先进文化，又要正确处理传统文化本身所包含的内在的超越性与自在性的张力和矛盾，在追求超越性中消除文化自在性的消极意义，发挥其对个体内在心理结构与社会文化氛围塑造的积极意义。在思想政治教育改革创新过程中强化主体的责任担当意识，在民族特色文化资源的挖掘过程中涵养主体创新能力，主要包括规范化的社会教化和非规范性的文化渗透两种基本路径。前者主要体现社会文化的强制性与个体自我发展的自觉性，民族特色文化资源对个体的教化主要是通过个体的社会化来完成的。个体在社会生活中不断加工各种民族特色文化资源信息，并逐步把它转变为自己内在的稳定的心理品质和生活方式，并对自我的发展作出不断地调整，从而保证自身处于本真性存在的状态，从这个视角上看，教育主体的责任担当意识强化本身属于文化的社会教化内容。后者是民族特色文化资源的弥散性与个体自我生成的自发性的体现，个体生命本身就是社会文化的产物。教育主体的责任担当意识不是与生俱来的，而是镌刻着民族特色文化的印记，传承着民族特色的文化基因，并通过文化发展的自发性和个体发展的自觉性来共同构造人的心理结构，从而实现民族特色文化资源对人创新能力的涵养价值。正如斯宾格勒所说："每一种文化都有其特有的一种爱——我们可随意称之为天上的或形而上的——这一文化可以根据这种爱来沉思、理解、并将神性纳入自身之中，可是这种爱对其他一切文化来说却是无法接近而又毫无意义的。"[①] 思想政治教育改革创新过程中

---

① [德] 斯宾格勒：《西方的没落》（下册），齐世荣等译，商务印书馆2001年版，第458页。

强化主体的责任担当意识,强调坚持民族特色文化资源的主体创新能力涵养,教育主体的发展形式如果以民族文化的形式出现,在思想和情感上容易为人们所接受,同时也保持了民族文化的延续性、特色性,因此,它比较容易真正进入人的现实生活,对社会成员的生活方式和精神境界能真正起到作用。我们必须大力弘扬优秀的中国文化传统以保持我们的民族特色,研究和坚持对民族文化资源的创造性转化、创新性发展,在鲜活的社会生活中呈现出民族精神的特有内涵,在促进人的本真性存在中弘扬民族文化,在弘扬民族文化中促进人的秩序理性塑造和自由个性发展。

总之,思想政治教育改革创新中主体的责任担当意识,主要强调教育主体在推进思想政治教育改革创新过程中自觉担负主体责任的思维方式和价值理念,即教育主体自觉要成为先进思想文化的传播者、党执政的坚定支持者,更好地担负起学生健康成长指导者和引路人的责任。思想政治教育改革创新过程中强化主体的责任担当意识,意味着教育主体应当坚持在自我学习中滋养道德和确立信仰,应当坚持矛盾分析法来解析社会问题,应当在民族特色文化资源挖掘中涵养主体创新能力,使教育主体在崇高信仰、强烈担当和文化自信的确立过程中,真正能走进青年学生的心灵深处。

第四节　新时代思想政治教育主体的互联网思维

恩格斯曾经指出:"每一个时代的理论思维,包括我们这个时代的理论思维,都是一种历史的产物。"[①] 互联网思维的形成与发展也不例外,它是科学技术发展与人类社会生活变迁的必然结果。随着以互联网为代表的新兴媒体的诞生与广泛应用,我国的社会结构与社会关系发生了深刻的变化,人的网络化生存已成为"新常态",思想政治教育也逐渐形成了网络空间与现实生活两大场域,这对思想政治教育的价值传播模式提出了新的适应性要求。习近平指出:"推动传统媒体和新兴媒体融合发展,要遵循新闻传播规律和新兴媒体发展规律,强化互联网思

---

① 《马克思恩格斯选集》(第3卷),人民出版社2012年版,第873页。

维……形成立体多样、融合发展的现代传播体系。"① 这一论述深刻地阐明了互联网思维在现代价值传播体系建构中的独特价值,思想政治教育作为传播马克思主义理论、引领现代人确立科学世界观、人生观、价值观的基本途径,在传统媒体与新兴媒体融合发展的历史境遇下,教育主体必须强化互联网思维,增强阵地意识,不断提升思想政治教育的质量和水平。

一 思想政治教育价值传播中主体互联网思维的逻辑内涵

"互联网思维"是近些年来商业领域中经常使用的一个概念,主要指"在(移动)互联网+、大数据、云计算等科技不断发展的背景下,对市场、用户、产品、企业价值链乃至对整个商业生态进行重新审视的思考方式。"② 从本质上讲,商业领域中强调的互联网思维,主要是通过用户至上的开放理念、简约极致的流量服务、同享共赢的数据平台,从而达到吸引广大客户、扩大市场份额、提升商业利润的经济目的。随着以互联网为代表的新兴媒体的广泛应用,"互联网思维"这一概念逐渐为人们所熟知,并广泛应用到各个学科领域。思想政治教育价值传播中主体的互联网思维,主要是指教育主体在开展思想政治教育的过程中对教育客体、教育介体、教育环体乃至整个思想政治教育价值传播生态具有的网络化思考方式。在一定意义上说,思想政治教育价值传播中主体的互联网思维,是一种迭代更新思维、社会化思维与跨界思维,能够较好地实现教育主体与教育客体的平等参与和良性互动,进而形成平等交流的思想政治教育价值传播模式。客观地说,互联网的裂变式发展打破了传统思想政治教育自上而下的单向价值传播方式,所有网络参与方都有可能成为信息发布方或价值辐射源,这在一定程度上影响和制约了教育客体认同和践行思想政治教育价值传播的效果。因此,思想政治教育价值传播中主体的互联网思维,既要思考与探究思想政治教育过程中如何发挥以互联网为代表的新兴媒体的价值传播优势,更要对其价值传

---

① 习近平:《共同为改革想招一起为改革发力 群策群力把各项改革工作抓到位》,《光明日报》2014年8月19日第1版。

② 《互联网思维——360百科》(http://baike.so.com/doc/7488708.html)。

播所造成的负面影响保持清醒的认识。

第一，互联网思维是一种迭代更新思维，凸显了思想政治教育价值传播的创新性。有学者指出："在移动互联网时代，人们会发现，智能手机上的一个个客户端会不断要求你更新，反而这种更新本身就会给人们好的体验，因为客户端设计者会不断提醒做了什么更新和完善。这被称为迭代更新。"① 从某种意义上说，迭代更新思维是新时期思想政治教育价值传播主体应当具有的基本生存思维，它意味着教育主体组织和实施思想政治教育的过程中，教育情境的营造、教育内容的构思和教育方式的选取，既要符合网络信息发布与价值传播的基本规律，也要贴近教育客体的生活实际、符合教育客体的健康成长规律，使教育客体每一次接受思想政治教育的网络信息与价值传播总能产生新感觉，进而形成崭新的思想政治教育理论感知模式。在互联网技术迅猛发展过程中，面对网络化生存成为"新常态"的客观事实，思想政治教育价值传播过程中主体必须强化互联网思维，在充分发挥传统思想政治教育价值传播机制优势的同时，必须与时俱进地创新思想政治教育的价值传播机制，使思想政治教育的主导性内容以富有感染力的情景氛围、富有吸引力的话语体系、富有战斗力的传播模式走出书斋、走进教育客体的心灵深处。

第二，互联网思维是一种社会化思维，彰显了思想政治教育价值传播的流变性。社会化思维在一定意义上体现的就是网状思维，思想政治教育价值传播中主体的互联网思维，既突出了互联网作为媒介网络把教育客体从空间距离隔离中解放出来的网络特性，又在一定程度上引领了教育客体在现实生活中因人际交往而形成的社会化"网络"，正如马克思所指出："人的本质不是单个人所固有的抽象物，在其现实性上，它是一切社会关系的总和。"② 新时期思想政治教育的价值传播，必须兼顾网络空间与现实生活两大场域，既要充分发挥传统思想政治教育价值传播优势，又要科学面对以互联网为代表的新兴媒体构成的新型阵地，

---

① 陆小华：《传媒产业链变革：再组织化、再专业化及再服务化》，《新华文摘》2014年第16期。

② 《马克思恩格斯选集》（第1卷），人民出版社2012年版，第135页。

将教育主体、教育客体以及其他网络行为参与者有机结合起来,这改变了传统思想政治教育过程中教育主体与教育客体通过教育介体(主要是教育内容和教育方法)形成的单向价值传播模式,形成了三元并进的思想政治教育工作新格局。换句话来说,新时代的思想政治教育不仅仅是教育主体与教育客体之间的单向价值传播模式,而是时刻都会有似乎不相干的"第三方"提供相关的教育内容与教育方法来"搅局",教育主体要想把思想政治教育的价值顺利传递给教育客体并促使他们认同、接受与践行的话,不仅仅要关注教育客体的接受状况,还要时刻警惕和研究第三方"搅局"对思想政治教育价值传播可能造成的负面影响。新时代思想政治教育价值传播中主体的互联网思维,要深入研究以互联网为代表的新兴媒体给思想政治教育价值传播工作格局带来的深刻变化,从系统论和网络化的维度加强与改进思想政治教育价值的传播模式。

第三,互联网思维是一种跨界思维,强化了思想政治教育价值传播的公共性。以互联网为代表的新兴媒体构成了思想政治教育价值传播的新场域,打破了传统思想政治教育价值传播的时空界限,将思想政治教育价值传播活动引向更为广阔的公共领域,而不是仅仅局限于学校、课堂,甚至不仅仅是现实生活空间,还渗透进网络虚拟空间。正如有的学者所指出:"基于互联网平台,人们拥有了超出想象的信息获取与分享渠道,也拥有了具有极大发现、聚集能力的合作平台。通过专业论坛和网站,借助微信等移动社交平台,形成了无数新的社群,其活跃程度不亚于传统社团。基于互联网平台,形成了多种商业性的内容生产组织,比如最近引人注目的自媒体人组成的各种社群。这样的社群以及个人工作室都可以借此对接市场。"[①] 因此,新时代思想政治教育价值传播中强化主体的互联网思维,就是要教育主体转变传统的时空观念,不断消除传统思想政治教育价值传播的壁垒空间,在跨界思维中深入研究思想政治教育资源优化组合的方法论维度,充分研究借助以互联网为代表的新兴媒体对教育客体进行价值引领与行为优化的科学路径,既要消除思想政治教育价值的隐蔽性与排他性,又要通过广泛的思想交流与讨论对

---

① 陆小华:《传媒产业链变革:再组织化、再专业化及再服务化》,《新华文摘》2014年第16期。

话不断提升思想政治教育主导性价值的话语权与引领力，从而不断塑造教育客体的思维方式与行为方式，在强化思想政治教育公共性过程中优化思想政治教育的生态环境，进而持续实现思想政治教育的价值。

二 互联网思维给思想政治教育价值传播带来的主要挑战

思想政治教育系统是由教育主体、教育客体、教育介体和教育环体等要素相互联系、相互作用构成的。以互联网为代表的新兴媒体的迅猛发展，在形塑现代人生存方式的同时，作为思想政治教育的新型介体，冲击了传统的思想政治教育生态系统与发展秩序，在一定程度上优化了教育主体的教育理念，改变了教育客体的心理习惯，拓展了教育环体的传播空间，一句话，它完善与重构了整个思想政治教育价值传播系统。有学者指出："有了电视直播与互联网的即时提供，人们改变了对时效的期待与体验标准，因而，报纸失去了曾经快速信息源的地位。微信的兴起，人与人的关系重新进行了构建，使得几乎每一个人都可以在微信平台上构建虚拟组织，都可以一对一或一对多地传播思想、表达观点，从而使每一个人都有着更便利、更高效、更强大的社会活动能力。"[1]这段话语较为形象生动地阐述了以互联网为代表的新兴媒体给现代人的社会生活带来的新变化，从思想政治教育价值传播系统来看，无论是思想政治教育的主体还是客体，还是没有明确目的的"第三方"，都必须直面互联网为代表的新兴媒体给思想政治教育价值传播带来的新挑战，确立与时代相适应的互联网思维。

第一，互联网思维要求思想政治教育主体必须不断优化教育理念。与传统思想政治教育系统中各要素的存在状态相比，新时代的思想政治教育的主体与客体几乎都是在互联网的广泛使用中度过的，互联网即时通讯、全时在线、即时消费的特点，使他们随时可以捕捉自己认为有价值的信息，而这些信息既形塑着他们的生活方式与行为习惯，也对思想政治教育主体与客体的思维方式与行为方式提出了新的要求。因此，广大思想政治教育主体既要熟悉网络文化所特有的生动性、平等参与性特

---

[1] 陆小华：《传媒产业链变革：再组织化、再专业化及再服务化》，《新华文摘》2014年第16期。

征，其教育理念又要凸显对教育客体的吸引力和亲和力，并且能够对他们的日常生活形成全面的渗透和影响。因此，教育主体必须摒弃"前喻文化"的教育理念，深入研究教育客体的需求行为、需求心理，从而将社会主流价值观以最优化的方式切入到教育客体的网络化生存中去。正如有学者所指出："在移动互联网时代，真正被改变的，是需求，是人的需求行为与需求心理，不是一般意义上观众群的转移，也不是一般意义上的观众从电视终端转移到移动终端。"① 因此，思想政治教育主体要强化互联网思维，就是要清晰、系统地判断教育客体的精神发展与成长需求，积极引领和强化他们的兴趣交集点、行为与心理发展的科学化方向，进而在这个瞬息万变的互联网时代，寻找到促进教育客体健康发展的科学方向。教育主体忽视互联网思维对教育理念变革提出的新要求，就很难把握教育客体的需求行为与需求心理，也就很难对教育客体的健康发展真正起到价值引领与行为引导作用。

第二，互联网思维要求思想政治教育客体调整心理习惯。在现实社会生活，由于"文化的交流、交融、交锋无时不在，软实力的竞争和价值观的较量愈演愈烈。不少国家竭力抢占价值观的制高点，鼓吹自己价值观的普世意义；不少文化体系着力于话语权之争，意图掌控价值观领域相应核心概念、范畴的定义权；不少具有鲜明意识形态色彩的理论学说纷纷假以学术的面目行销全球。"② 社会思潮的多元化传播，难免给人的精神生活带来喧嚣与困惑，思想政治教育客体在网络化生存与现实生活中难免会产生一定程度的浮躁与焦虑，思想政治教育价值传播中主体的互联网思维，就是要借助以互联网为代表的新兴媒体不断阐述社会主流价值观对教育客体追求健康发展的科学意义，帮助他们纠正思想和行为中的"傲慢与偏见"，科学回应网络中出现的所谓"物化生存、精神懈怠"现象，在马克思主义指导下以科学的价值理念引导与重构教育客体的精神家园，为教育客体在网络空间和现实生活的健康发展提供丰富的精神营养与理念支撑，进而不断调整与优化教育主体与教育客体之

---

① 陆小华：《传媒产业链变革：再组织化、再专业化及再服务化》，《新华文摘》2014年第16期。

② 沈壮海：《文化自信之核是价值观自信》，《求是》2014年第18期。

间的关系，不断对思想政治教育的科学性、价值性进行新的解读。从教育客体的维度看，"移动互联网显然不止是一种新的传播工具、传播平台，一定还包括新的影响逻辑与生存逻辑，正在形成新的生存规则。"[①] 思想政治教育客体在理解、认同与接受社会主流价值观的同时，也要在学习与生活中关注以互联网为代表的新兴媒体的科学运用，在网络化生存中努力提升思维方式与行为方式的科学性，并把它外化为良好的心理习惯。

第三，互联网思维要求思想政治教育环体持续改变介入方式。以互联网为代表的新兴媒体的迅猛发展，拓展与创新了思想政治教育环体介入价值传播的方式，为运用新的科学技术开展思想政治教育奠定了良好的物质基础。与思想政治教育的传统环体相比，新时期的思想政治教育主要是借助以互联网为代表的新兴媒体平台，公开传播正能量以实现教育价值。它欢迎所有网络参与方进行讨论与对话，并通过系统梳理将思想政治教育的主导性内容与最新理论成果在网络空间持续产品化、资源化，不断实现价值传播、行为引领的个体化、针对性。这样的思想政治教育环体再也不是壁垒森严的"独幕剧舞台"，而是所有网络空间参与者的"大合唱平台"，它一方面有利于激发教育主体更加积极地创造与开发新的思想政治教育内容，创新传播形式，从而不断向实现思想政治教育全员育人、全程育人、全方位育人的工作格局迈进；另一方面，教育客体是以平等身份参与以互联网为代表的新兴媒体平台上的思想政治教育活动的，在某种意义上说，每个网络参与者都是一个信息发布方与价值辐射源，可以充分吸收、利用与传播自己认同的价值理念，甚至不受传统权威思想的约束与控制，而传统意义上的信息"把关人"或者"价值观过滤者"失去了应有的切入平台。新时代思想政治教育的环体建设，要求教育主体必须高度重视以互联网为代表的新兴媒体在思想政治教育价值传播中的独特影响，不断推进思想政治教育的内容共享与协同创新，不断提升大学生心理与行为需求的满足感与幸福感，通过积极传播正能量来实现"东风压倒西风"，使教育客体在网络空间与现实生

---

① 陆小华：《传媒产业链变革：再组织化、再专业化及再服务化》，《新华文摘》2014年第16期。

活中不断进行价值比较与行为鉴别,在比较鉴别的基础上促进理性高尚的思维方式与行为方式的不断生成。

三 思想政治教育价值传播中主体互联网思维的强化理路

习近平指出:"当今时代,以信息技术为核心的新一轮科技革命正在孕育兴起,互联网日益成为创新驱动发展的先导力量,深刻改变着人们的生产生活,有力推动着社会发展。"① 在网络舆论工作格局调整与社会舆论生态发生重大变化的社会历史境遇下,思想政治教育活动的开展,既要高度重视传统思想政治教育的价值传播优势,也必须强化教育主体的互联网思维,以符合教育客体健康成长规律的网络传播手段强化思想政治教育主导性内容的引领与贯彻落实,用社会主流价值观去引领与整合受教育者的思维方式与行为方式,而且这种引领与整合应当是系统的、全面的、权威的,使受教育者在接受思想教育主导性内容和价值传播的过程中,不断将其内化为科学的理想信念和价值判断,外化为良好的行为方式,从而实现思想政治教育的育人价值。当前,思想政治教育价值传播中强化主体的互联网思维,就是要强化其在网络价值传播中的资源意识,持续营造积极健康的议题话语,清晰界定与规范网络传播的底线,在优化网络参与者的信息素养与净化网络传播内容的过程中持续实现思想政治教育的价值。

第一,思想政治教育价值传播中主体的互联网思维,必须强化网络资源意识。"所谓资源意识,就是价值意识或财富意识。"② 由于网络信息的海量性、开放性和即时性,许多网络活动参与者没有网络开发与战略整合意识,导致在以互联网为代表的新兴媒体的传播空间与传播平台中,大量的思想政治教育资源得不到有效开发,浪费了大量的人力物力,思想政治教育的价值传播效果得不到有效提升。思想政治教育不仅仅需要将马克思主义中国化的最新理论成果借助以互联网为代表的新兴媒体融入教育内容之中,更重要的是融入的形式、结构、理念要符合思

---

① 习近平:《共同构建和平、安全、开放、合作的网络空间 建立多边、民主、透明的国际互联网治理体系》,《光明日报》2014年11月20日第1版。

② 郑永廷:《现代思想道德教育理论与方法》,广东高等教育出版社2000年版,第70页。

想政治教育的价值传播规律与受教育者的心理接受规律。因此，思想政治教育价值传播中主体的互联网思维，强调利用以互联网为代表的新兴媒体进一步增强思想政治教育资源开发意识，把马克思主义中国化的最新理论成果与新媒体应用技术手段以及受教育者的发展需求有机结合起来，以新的价值传播方式与服务理念激起广大受众的情感体验与生活实践，进而引导教育客体对所传播的价值理念的理解、认同和践行。因此，思想政治教育价值传播中主体的互联网思维，就是教育主体要在以互联网为代表的新兴媒体的传播空间与传播平台中，紧密围绕"培养什么人，如何培养人"的战略任务，深入研究传统载体与新兴载体的融合、受教育者的发展需求，对思想政治教育资源开展"战略性整合"，持续强化价值传播的资源意识，不断提高思想政治教育资源的投入产出之比，从而在改变受教育者的思维方式和行为方式的过程中，不断实现思想政治教育的独特价值。

第二，思想政治教育价值传播中主体的互联网思维，必须体现营造积极健康议题的意识。传统思想政治教育的价值传播模式主要依靠教育主体在课堂、教材以及其他纸质媒体、平面媒体上传播社会主流价值观，这种价值传播模式是典型的自上而下的单向价值传播模式，受教育者由于缺乏反馈与发声的机会，渐渐地对这种价值传播模式失去兴趣，进而导致这种价值传播模式的魅力正逐渐弱化、淡化。思想政治教育价值传播中主体的互联网思维，则强调教育主体利用声音、符号、文字、图像等综合方式传播社会主流价值观，是一种双向互动的价值传播过程，教育主体与教育客体以及其他受众可以互为主客体，通过以互联网为代表的新兴媒体进行双向互动，在积极参与对话与讨论中形成强大的凝聚力和"舆论场"，毫无疑问，这种价值传播模式在现代社会是受欢迎的。但是，思想政治教育借助以互联网为代表的新兴媒体进行价值传播的过程中，每个人都是信息发布方与价值辐射源，难免会出现传播内容良莠不齐、价值观念碎片多元的现象。因此，思想政治教育主体必须时刻关注网络舆论生态的发展变化，利用以互联网为代表的新兴媒体积极传播社会主流价值观，不断设置积极健康议题与主流话语，不断生成、扩展与传播社会主义主流价值观的"红段子"，将社会主流意识形态话语多维嵌入新兴媒体传播平台中，用积极健康的议题话语引导受教育者的价值取向，不断传播正能量。

第三，思想政治教育价值传播中主体的互联网思维，必须清晰界定与规范网络传播的底线。以互联网为代表的新兴媒体的广泛使用，一方面意味着思想政治教育主体的话语权面临持续被削弱、甚至被消解的境况，另一方面也意味着教育客体对思想政治教育实践活动的高度参与。为了提升教育客体利用以互联网为代表的新兴媒体积极参与传播社会主流价值观，思想政治教育价值传播中主体的互联网思维，有必要通过清晰界定与规范网络传播的基本底线体现出来。有学者指出："随着全球化、符号经济及现代传媒技术的进一步发展，大众文化消费在整个社会生活中的地位会更加突出，在意识形态方面发挥的作用也会越来越大。"[①] 以互联网为代表的新兴媒体在意识形态方面的功能越来越大，甚至影响到思想政治教育价值传播的主流渠道，因此，有必要对以互联网为代表的新兴媒体的传播空间与传播平台进行规范管理，清晰界定其价值传播的基本底线。同时，思想政治教育主体要通过以互联网为代表的新兴媒体，积极引导广大受众自觉坚守社会主义意识形态底线，不断增强网络自律意识和责任意识，抵制各种庸俗、媚俗与恶俗的价值理念，不断净化网络环境，优化网络秩序，不断强化思想政治教育价值传播的学理支撑和精神凝聚力量，在网络空间积极弘扬真善美、鞭挞假丑恶，积极引导受教育者培育和践行社会主义核心价值观，形成科学、健康的网络舆论氛围。同时，思想政治教育主体与广大受众一起深入研究思想政治教育的网络风险预警与干预机制，鼓励广大受众对舆论暗流与信息风险进行预防遏制，不断增强受教育者对非马克思主义乃至反马克思主义价值观的免疫力，降低思想政治教育的价值传播风险，从而在以互联网为代表的新兴媒体的科学运用中守住价值传播的基本底线。

总之，思想政治教育价值传播中主体的互联网思维，强调教育主体在开展思想政治教育过程中对思想政治教育价值传播生态具有的网络化思考方式。作为一种迭代更新思维、社会化思维和跨界思维，它是适应现代人网络化生存的"新常态"的必然要求，凸显了思想政治教育价值传播的创新性、流变性和公共性特征，在一定程度上重构了思想政治

---

① 党圣元：《消费主义思潮对文艺创作的冲击及其应对》，《求是》2014 年第 18 期。

教育的价值传播系统。新时代思想政治教育价值传播中强化主体的互联网思维，就是要强化其网络价值传播的资源意识，持续营造积极健康的议题话语，清晰界定与规范网络传播的底线，在优化网络参与者的信息素养与净化网络传播内容的过程中持续实现思想政治教育的价值。

第四章

新时代思想政治教育发展的学科形态

思想政治教育发展的学科形态，主要指"思想政治教育运行方式和整体特征的转换"① 过程中形成的分支学科。它是基于特定的时空境遇与人的发展诉求的回应，是思想政治教育发展的具体表征。随着马克思主义理论一级学科的设立和思想政治教育研究领域的不断拓展，尤其是中国特色社会主义进入新时代，探索新时代思想政治教育的学科形态发展问题被提上日程。毫无疑问，思想政治教育学科形态的发展要始终把"培养什么样的人、如何培养人以及为谁培养人"这一重大课题摆在重要位置，围绕这一中心问题不断推进学科发展。具体说来，就是要紧密围绕"教育引导学生正确认识世界和中国发展大势，从我们党探索中国特色社会主义历史发展和伟大实践中，认识和把握人类社会发展的历史必然性，认识和把握中国特色社会主义的历史必然性，不断树立为共产主义远大理想和中国特色社会主义共同理想而奋斗的信念和信心；正确认识中国特色和国际比较，全面客观认识当代中国、看待外部世界；正确认识时代责任和历史使命，用中国梦激扬青春梦，为学生点亮理想的灯、照亮前行的路，激励学生自觉把个人的理想追求融入国家和民族的事业中，勇做走在时代前列的奋进者、开拓者；正确认识远大抱负和脚踏实地，珍惜韶华、脚踏实地，把远大抱负落实到实际行动中，让勤奋学习成为青春飞扬的动力，让增长本领成为青春搏击的能量"② 开展学

---

① 张耀灿、郑永廷等：《现代思想政治教育学》，人民出版社2006年版，第95页。
② 《习近平谈治国理政》（第2卷），外文出版社2017年版，第377—378页。

科建设，探索思想政治教育发展的新的学科形态。在马克思主义理论指导下的思想政治教育学科形态发展，目前主要呈现出主体式、主导式、生活化和网络化的思想政治教育转换，因此，主体性思想政治教育、主导性思想政治教育、生活化思想政治教育和网络思想政治教育的研究，也就成了推进思想政治教育科学形态发展的必然。

第一节 主体性思想政治教育[①]

思想政治教育的对象是人，促进人的自由而全面发展是新时代思想政治教育发展的根本出发点。郑永廷教授指出："思想政治教育学科，从人的层面讲，就是促进人的全面发展的学科，而人的全面发展就是人的主体性增强。人的主体性，包括人的独立性、自主性与创造性。不断增强人的主体性，是适应并促进开放社会、竞争社会、信息社会的需要，是衡量人解放和发展程度的尺度。"[②] 因此，思想政治教育学科形态发展应当关注和研究主体性思想政治教育。主体性思想政治教育正是以主体性哲学为基础，围绕人的自由全面发展这一中心问题进行研究的教育观念或教育哲学思想。在马克思主义理论一级学科设立的同时，研究并建立主体性思想政治教育分支学科，有利于克服依附性教育或客体教育的弊端，对建设中国特色社会主义和促进人的自由全面发展具有重要意义。总的来看，主体性思想政治教育是一种引导人们学会选择的教育形态，是一种体现人本精神的创新型教育形态，也是一种寻求人与社会和谐发展的教育形态。

一 主体性思想政治教育内涵的时代阐释

主体性思想政治教育，是一种区别于传统依赖性思想政治教育的现代教育形态。它除了要实现培养、提高受教育者主体性的目的外，还要在教育过程中充分尊重、发挥教育者与受教育者的自主性与积极性，使

---

① 参见王忠桥、张国启《从学科建设的视野看主体性思想政治教育的价值》，《思想理论教育》2006 年第 7/8 期。

② 郑永廷、张国启：《论思想政治教育学科建设与发展》，《思想教育研究》2006 年第 2 期。

教育、自我教育活动成为人们自觉的活动方式。因此，主体性思想政治教育的研究与形成，就是对传统教育的改革与扬弃，就是思想政治教育的发展。

第一，主体性思想政治教育是一种以主体性哲学为基础的教育理念或教育哲学思想，这一概念的提出是相对于客体性思想政治教育或依附性思想政治教育而言的。关于主体性的解释，学术界大多认为所谓主体性就是指人的主体性，"人的主体性是人作为活动主体的质的规定性，是在与客体相互作用中得到发展的人的自觉、自主、能动和创造的特性。"[1] 研究主体性问题，归根结底是为了实现人的自由全面发展，即实现"人以一种全面的方式，就是说，作为一个完整的人，占有自己的全面的本质。"[2] 毫无疑问，人的主体性不是天生的、先验的存在，而是在人的实践和认识活动中生成的本质，是后天获得的人的本质力量。因此，主体性思想政治教育的研究，必须有利于增强人的自觉性、自主性、选择性和创造性，有利于人的主体性的生成和发展。

第二，主体性思想政治教育是一个以受教育者为主体的双向互动、平等交流的过程，是针对传统思想政治教育把受教育者作为被动接受的"道德客体"与"思想容器"而言的。在传统思想政治教育过程中，受教育者的主体性长期受到忽视、压抑甚至被泯灭，制约了人的思想政治素质的自我发展。本研究认为，所谓主体性思想政治教育，就是要在思想政治教育过程中，尊重受教育者的主体地位，通过创设情景和激励引导等途径，促进受教育者主体性的生成与发挥，以实现其主体性人格的形成及良好道德行为的践履，最终为人的自由全面发展服务。研究主体性思想政治教育，必须从建设中国特色社会主义的基本社会现实出发，强调以人为本的基本价值理念，不断增强人的主体性，这既是适应新时代我国社会发展的需要，也是衡量人的解放和发展的重要尺度。思想政治教育学科的建设和发展，应加强对主体性思想政治教育这一重要分支学科的研究。

---

[1] 郭湛：《主体性哲学：人的存在及其意义》，云南人民出版社2002年版，第30—31页。

[2] 《马克思恩格斯文集》（第1卷），人民出版社2009年版，第189页。

第三，主体性思想政治教育是一种提高受教育者思想政治素质的社会实践活动，是针对前社会主义时代思想政治教育成为统治阶级推行愚民政策的工具而言的。主体性思想政治教育只有在社会主义社会才能真正存在，前社会主义时代的所谓主体性发展都是一种片面的、畸形的主体性发展，这是由阶级社会的性质和客观社会现实决定的。自从阶级社会诞生以来，思想政治教育作为维护阶级统治的重要工具而普遍存在，它的基本内涵也深深地打上了阶级统治的烙印。因此，"思想政治教育是指一定的阶级、政党、社会群体遵循人们思想品德形成发展规律，用一定的思想观念、政治观点、道德规范，对其成员施加有目的、有计划、有组织的影响，使他们形成符合一定社会、一定阶级所需要的思想品德的社会实践活动。"[1] 在前社会主义时代，尽管不同的阶级先后统治人类社会，但都是少数人对多数人的统治，思想政治教育成为统治阶级推行愚民政策的工具，其为阶级统治服务的本质没有发生根本性的改变。社会主义社会的建立，在人类历史上第一次实现了大多数人对极少数人的统治，尽管在这里"统治阶级的思想在每一时代都是占统治地位的思想"[2] 的马克思主义的基本原理依然适用，然而由于广大人民当家做了主人，社会主义的思想政治教育已经成为广大人民提升精神生活质量、开发内在潜能和培养实际能力的重要途径，成为引导人们确立崇高的理想信念和实现自由全面发展的自觉的社会实践活动，从而引起思想政治教育性质发生根本性的变化。

二 主体性思想政治教育是一种体现人本精神的创新型教育形态

主体性思想政治教育之所以是一种新的学科形态，是它真正体现了以人为本的精神，能够实现开放式、民主化、参与式、互动性与创造性教育。这种教育，比起传统的"施加性""受动性""被动性"教育来说，是一个进步。当然，应当看到，传统思想政治教育的改革有一个过程，主体性思想政治教育的研究与形成也有一个过程，思想政治教育学科建设与发展就是要加快推进这一过程。

---

[1] 张耀灿、郑永廷等：《现代思想政治教育学》，人民出版社2006年版，第50页。
[2] 《马克思恩格斯选集》（第1卷），人民出版社2012年版，第178页。

第一，主体性思想政治教育实现了思想政治教育模式的创新。传统的思想政治教育模式，大多强调对受教育者的制约与控制，试图通过系统的思想道德理论与相关知识体系的讲解与灌输，来引导或强迫受教育者形成社会所要求的思想政治素质。这是典型的外塑式、改造式的思想政治教育模式，这种模式由于知行脱节和受教育者主体性受到压抑实效性较差，易导致主体性发展的片面化、抽象化，它违背了人的身心健康成长规律，对人的发展形成制约和束缚，属于典型的客体化思想政治教育。而主体性思想政治教育是一种自主式、生成式的思想政治教育模式，贯彻以人为本即以受教育者为本的原则，强调尊重他们的主体个性，能够倾听他们发自心灵深处的呼唤，在思维方式上体现了理论理性与实践理性的统一，贴近群众、贴近实际、贴近生活，有利于克服依附性、片面化，有利于人的主体性发挥，从而形成积极性、主动性和创造性，是一种促进人的全面发展的教育形态。

第二，主体性思想政治教育过程是不断克服思想权威的过程。传统思想政治教育过程中，教育主体具有特定的身份，主要是指主导思想政治教育过程的教育者，他们对思想政治教育活动具有主动权、主导权、话语权，在一定意义上说，他们就是权威，"这里所说的权威，是指把别人的意志强加于我们；另一方面，权威又是以服从为前提的。"[1] 他们的主要职责是对学生进行思想理论灌输，在事实上成为了学生"思想的监护人"。互联网等新型载体的广泛应用以及人们生活方式日益受全球化的影响，虚拟世界里大量制造和广泛传播的信息，对学生的影响是不言而喻的，教育主体地位受到前所未有的冲击，他们很难成为学生思想的"把关人"，只有以实际行为成为学生思想观念的引导者。而主体性思想政治教育恰恰重视教师和学生之间的平等交流、心灵沟通，把思想政治教育过程从教育者独白的舞台变成学生与教育者合演的舞台剧，学生的自觉能动意识在无形之中迸发，有利于克服思想权威的羁绊，自觉把自己培养成具有创新精神和实践能力的人才。这一过程中的教育主体不具有特定的身份，甚至可以不被称为教育者，他们具有非主体性的特点，不进行说服，而提供选择和引导。师生之间的地位也是平等的，

---

[1] 《马克思恩格斯选集》（第3卷），人民出版社2012年版，第274页。

因而这种教育模式更具有人情味、亲和力，也更具有良好的教育效果。

第三，主体性思想政治教育是一种着眼未来的创新型教育。大学生是十分宝贵的人才资源，是民族的希望，是祖国的未来。他们的成长状况如何，直接关系到中国特色社会主义事业的兴旺发达和中华民族的伟大复兴，因此，唤起学生的主体意向，激发学生主体的自主性、能动性和创造性，是大学生主体发展的内在要求和思想政治教育学科建设的内在需要。传统的思想政治教育以把学生培养成为符合一定社会需要的人为目的，是根据一定社会的政治、经济、文化和科学技术的发展，要求学生的身心发展与之相适应。它反映了一定社会对学生的要求，并以此确定教育内容、选择教育方法、检查和评价教育效果的根据，培养的人保守性有余而创新不足。主体性思想政治教育是一种把学生当成主体的自主建构的实践活动，根据不同个体的身心成长特点实行有针对性地引导和启发，有利于他们克服从众心理和保守状态而张扬个性，有利于人的潜能开发，这里既包括智能开发和实际能力的培养，也包括能动性开发，即自主性和创造性地增强。"人的主体性发展在很大程度上依靠教育，包括思想政治教育。"[①] 因此，主体性思想政治教育作为一种着眼未来的创新型教育，是通过传递文化而不是用权威模式去压抑人的个性，刺激并鼓励受教育者发挥他的天才、能力和表达方式，而不助长他的个人主义；密切注意每一个人的独特性，而不忽视创造也是一种集体生活，最终促使人们在现实生活中形成创新精神和实践能力。

三 主体性思想政治教育是一种引导人们学会选择的教育形态

现代社会是一个高度竞争性的风险社会，学会选择对人的发展非常重要。主体性思想政治教育是一种引导人们学会选择的教育形态，它不提供现成的模式和固定的答案，而是鼓励人们去认识社会、参与竞争，在社会实践中比较鉴别，随着个人的主体性的发挥，良好的人际关系得以构建，人们自觉自主地去选择健康、进步的价值观念和行为方式。大学生社会阅历较浅、实践经验不足，正处在长知识、长身体的关键时期，世界观、人生观和价值观尚未定型，可塑性强，面对社会生活中的

[①] 张耀灿、郑永廷等：《现代思想政治教育学》，人民出版社2001年版，第62页。

机遇与风险、权利与义务、顺境与逆境、消极与积极因素,很难在比较与竞争中选择适合自己健康成长的思想道德素质和行为方式。西方消费主义思潮的影响与社会主义市场经济发展中的负面因素,在一定程度上使一些人的选择越来越呈现出物质化、功利化的趋势,"物的依赖关系"的历史局限性依然束缚着人的发展。为了避免人们在追逐物质利益的同时迷失自我,克服成长的困惑与生活的盲目性、片面性、自发性,就要引导人们重视对自身发展的自觉性意识,通过陶冶情操来提高他们的幸福感、满意度,进而作出对社会环境的适应性选择,促进个体发展与社会发展的协调性与一致性,从而增强社会的凝聚力,这种引导和选择在很大程度上要依赖主体性思想政治教育才能实现。

思想政治素质,无论是作为潜在的理想信念还是现实的行为方式,都带有强烈的个体特征和选择性。马克思指出:"全部人类历史的第一个前提无疑是有生命的个人的存在"①,思想政治素质发展的主体是个体,而不是集体和社会,只有通过个体的行为选择才能实现增强思想政治素质的目的,否则,思想政治教育就失去其存在的意义。当然,"首先应当避免重新把'社会'当做抽象的东西同个体对立起来。个体是社会存在物。因此,他的生命表现,即使不采取共同的、同他人一起完成的生命表现这种直接形式,也是社会生活的表现和确证。"② 社会主义的思想政治教育不是消极的社会防范力量,更不是社会套在个体身上的枷锁,而是人类肯定自己、发展自己的一种方式。主体性思想政治教育是为了增强人的自主性、选择性和能动性,决不是为了约束和钳制人的自由发展而存在。个体只有对自己的价值观念和行为方式具有自主性、选择性和创造性,才能有助于提高个人思想政治素质和提升人的精神生活质量,不至于使思想政治教育沦为社会奴役个体的工具。从人的本质来讲,"一个种的整体特性、种的类特性就在于生命活动的性质,而自由的有意识的活动恰恰就是人的类特性。"③ 人不是被动的接受物,而是能动的反应者,主体性思想政治教育的价值体现在引导人们对自身

---

① 《马克思恩格斯选集》(第1卷),人民出版社2012年版,第146页。
② 《马克思恩格斯文集》(第1卷),人民出版社2009年版,第188页。
③ 《马克思恩格斯选集》(第1卷),人民出版社2012年版,第56页。

意识和行为方式的自由选择之中。

主体性思想政治教育要引导个体学会选择，这里主要是指引导受教育者个体主体正确处理自身与对象性世界的关系问题。学会选择，首先意味着自身生理与心理的平衡发展，把自身作为改造客体，在对客观世界的认识和实践活动中，所体现出的自觉性、自主性、积极性和创造性。人们要想形成符合社会历史发展的价值理念，就必须把高尚的道德要求和价值理念进行内化，并在自身的社会实践活动中进行自我调控、自我激励、自我评价，真正唤醒自身的主体性。个体是思想政治教育的主体，个体思想政治素质的提高是思想政治教育的直接目标，增强个体自身的主体性是学会选择的根本动因，因此，主体性思想政治教育要引导人们学会选择，就应把侧重点放在如何促进主体性的生成上，使人们能够独立或理性地反思自己的目标，自由地作出选择，从而把思想政治素质的潜能发展成为现实的主体能力。从某种意义上说，主体性的实质在于选择，在各种现实可能性中选择最符合人的自由全面发展可能性的思想和行为。

四 主体性思想政治教育是一种寻求人与社会和谐发展的教育形态

主体性思想政治教育是以培养主体为核心的思想政治教育，是以主体性的方式培养个体主体性的活动，是主体性的教育目的和主体性的教育方式的结合。毫无疑问，个体主体性的和谐发展是社会和谐发展的前提，然而，"随着物欲的膨胀和工具理性的强化与扩张，个别人本身逐渐失去了主体性而被对象化，神圣的情感世界和心灵家园受到物欲的玷污和无情的漠视，对大学生的健康成长造成了极为恶劣的影响，严重影响大学生思想政治教育价值的实现。"[①] 因此，在遵照社会理性规范的前提下，发掘和培养学生的个体主体性是主体性思想政治教育的首要任务和基本目的。在教育方式上，要科学合理地引导和鼓励大学生自觉、自主地展开生命活动，自觉调节控制自身行为和心理状态，进行自我教育、自我锻炼、自我修养，把思想政治教育活动变成他们自主性创造活

---

① 王忠桥、张国启：《新时期大学生思想政治教育发展的理路选择》，《湖北社会科学》2006 年第 4 期。

动的源泉，使他们在生理和心理的和谐发展中实现个体的自我发展，并为社会主义和谐社会的发展建构提供了坚实的主体基础，因为"每个人的自由发展是一切人的自由发展的条件。"①

新时代建设中国特色社会主义，客观上要求主体性思想政治教育要为人与社会的和谐发展服务。主体性思想政治教育既要最大限度发掘人的主体性，又要努力抑制主体性的异化所导致的"人类中心论""自我中心主义"。近代以来，科学技术的迅猛发展和人类理性的高扬，人类对外部世界的征服、占有和改造规模空前，虽然凸现了个体的意志力量，张扬了人的主体性，"但是我们不要过分陶醉于我们人类对自然界的胜利。对于每一次这样的胜利，自然界都对我们进行报复。"② 人类在征服世界的同时忘却了对世界的关怀，形成一种占有和支配的思维方式和行为习惯，导致了人类生存环境的恶化，引发了哲学界"主体性正在走向黄昏"的争论。因此，主体性思想政治教育要培养的人的主体性，再也不是过去时代的片面性、依附性的主体性，而应当是促使个体精神生活、创新能力、心理世界等多方面的和谐发展的主体性，是促进人与人、人与社会、人与自然和谐发展的人的主体性。

人类的自由全面发展的目标，也要求主体性思想政治教育必须是一种人与社会和谐发展的教育形态。马克思主义认为，人类社会实践活动的最终目标是"人终于成为自己的社会结合的主人，从而也就成为自然界的主人，成为自身的主人——自由的人。"③ 人的存在既是一种个体性存在，又是一种社会性存在、类存在，思想政治教育既要重视每一个真实具体的个体，又要把个人主体性的张扬置于人类社会发展的宏观背景之中，要合理引导学生为了形成良好的思想道德品质而自觉进行思想转化和控制的活动，又要重视人与人之间的共同利益，重视主体与主体之间以交往和对话为手段，以理解为目的所达成的一致性和共识。卡西尔指出："人只有以社会生活为中介才能发现他自己，才能意识到他的个体性。"④ 主体性思想政治教育的学科建设与研究必须关注科学技术

---

① 《马克思恩格斯选集》（第1卷），人民出版社2012年版，第422页。
② 《马克思恩格斯选集》（第3卷），人民出版社2012年版，第998页。
③ 同上书，第817页。
④ ［德］恩斯特·卡西尔：《人论》，甘阳译，上海译文出版社1985年版，第282页。

的发展和社会的全面进步，在人类社会发展的伟大历史进程中，不断增强人的主体性。开发人的主体性是新时代我国社会发展的基本要求，主体性思想政治教育的价值必须通过开发人的潜能来实现，因此，要用富有时代特征的先进精神文化以及人类传承下来的优秀文化塑造人、开发人、发掘人的内在潜能，促进人与社会的和谐发展。

第二节 主导性思想政治教育

毛泽东指出："研究任何过程，如果是存在着两个以上矛盾的复杂过程的话，就要用全力找出它的主要矛盾。捉住了这个主要矛盾，一切问题就迎刃而解了。"① 思想政治教育是由思想政治教育的主体、客体、环体和介体等要素构成的复杂系统，其学科形态发展必然要抓思想政治教育领域的主要矛盾及矛盾的主要方面，才能保证思想政治教育的发展始终为人的自由全面发展服务。历史表明，任何国家和社会的思想政治教育，无不具有明确的主导性。巩固马克思主义在意识形态领域的指导地位，巩固全党全国人民团结奋斗的共同思想基础，是新时代思想政治教育学科发展的本质要求，也是主导性思想政治教育分支学科得以确立的理论基础。

一 主导性思想政治教育内涵的时代阐释

郑永廷教授指出："所谓主导，就是引导选择的主要方向、方面及重点"，"思想道德教育主导就是思想道德教育引导、选择的主要方向、内容及重点。"② 主导性思想政治教育是一种坚持重点引导前提下强调主导性与多样性相统一的思想政治教育形态。石书臣教授认为："思想政治教育主导性应包括两个层面的主导性：就其本质层面而言，是指思想政治教育要坚持引导、选择的主要方向、方面和重点的特性，主要表现为具有主导目标、主导内容与主导方法等；就其功能层面而言，是指

---

① 《毛泽东选集》（第1卷），人民出版社1991年版，第322页。
② 郑永廷：《现代思想道德教育理论与方法》，广东高等教育出版社2000年版，第111页。

思想政治教育居于主导地位、发挥主导作用的特性，主要表现为个体发展和社会发展的方向保证作用、价值导向作用、目标激励作用等。"①主体性思想政治教育作为思想政治教育发展的学科形态，它是一个系统的理论体系，具有丰富而独特的内涵和要求，体现了思想政治教育本质主导性与功能主导性的有机统一。

1. 主导性思想政治教育的本质属性，表现为社会主义意识形态的兼容性

思想政治教育学科，从社会层面讲，就是要发挥马克思主义作为先进意识形态的主导作用，维护社会稳定，推进社会全面、协调发展。因此，思想政治教育的主导性，要在三个方面体现思想政治教育的本质属性：一是用马克思主义指导人们的思想与行为；二是用社会主义意识形态去主导社会思潮与各种文化；三是用正确的价值观主导经济与业务工作。增强思想政治教育主导性，是适应并促进多样化、复杂化、多变性社会的需要，是衡量发挥思想政治教育生命线、中心环节作用的尺度，是维护社会主义意识形态安全的思想保证。强调社会主义意识形态的主导性，本身意味着社会主义意识形态是一个开放的思想体系，它允许其他各种意识形态的存在，并通过不断展示自己的优越性来引导人们进行思想行为与价值选择。主导性思想政治教育学科的发展，应当在增强马克思主义的战斗力、吸引力和说服力上下功夫，能够使更多的社会成员更加坚定对共产主义的信仰、对社会主义的信念、对改革开放和现代化建设的信心、对党和政府的信任。

随着对外开放不断扩大、社会主义市场经济的深入发展，我国社会经济成分、组织形式、就业方式、利益关系和分配方式日益多样化，人们思想活动的独立性、选择性、多变性和差异性日益增强。这有利于现代人树立自强意识、创新意识、成才意识、创业意识，同时也带来一些不容忽视的负面影响。一些人不同程度地存在政治信仰迷茫、理想信念模糊、价值取向扭曲、诚信意识淡薄、社会责任感缺乏、艰苦奋斗精神淡化、团结协作观念较差、心理素质欠佳等问题。因此，建立主导性思想政治教育学科就显得日益迫切。新时代思想政治教育发展的现实环境

---

① 石书臣：《现代思想政治教育主导性研究》，学林出版社2004年版，第15页。

要求，以马克思主义为指导的思想政治教育，其意识形态性日益表现为一种兼容性的意识形态性，也就是既坚持马克思主义意识形态的主导地位，又要尊重、包容非意识形态性，借鉴其他意识形态中的合理性、普遍性内容。其中马克思主义的意识形态性在思想政治教育体系中始终要起主导作用，它体现了思想政治教育的本质。同时，主导性思想政治教育"要把弘扬主旋律和提倡多样化统一起来，大力发展先进文化，支持健康有益文化，努力改造落后文化，坚决抵制腐朽文化。大力倡导一切有利于发扬爱国主义、集体主义、社会主义的思想和精神，大力倡导一切有利于改革开放和现代化建设的思想和精神，大力倡导一切有利于民族团结、社会进步、人民幸福的思想和精神，大力倡导一切用诚实劳动去争取美好生活的思想和精神。"[1] 面对世界范围内各种思想文化思潮相互激荡的局面，主导性思想政治教育要突出马克思主义对各种社会思潮的引领作用，并努力引导人们在多元的价值选择中走向马克思主义。

主导性思想政治教育，强调马克思主义意识形态在整个思想文化运行中的指导地位，它应当在引导人的精神生活和促进人的全面发展中起主导作用。马克思、恩格斯在《德意志意识形态》中指出："统治阶级的思想在每一时代都是占统治地位的思想。这就是说，一个阶级是社会上占统治地位的物质力量，同时也是社会上占统治地位的精神力量。支配着物质生产资料的阶级，同时也支配着精神生产资料"，所以，"占统治地位的思想不过是占统治地位的物质关系在观念上的表现，不过是以思想的形式表现出来的占统治地位的物质关系"[2]。主导性思想政治教育的发展过程，也是新时代社会现代性、人的现代性和教育现代性的综合发展的反映过程。我国社会意识形态领域多样性相互激荡的事实表明，资产阶级意识形态、封建主义意识形态的残余以及各种宗教思想、哲学思想等非马克思主义的思想体系，正在以理论、观念等各种方式及渠道在社会中传播、留存，影响着人们的价值导向、道德观念、信仰信念，客观地影响与阻碍着现代人的全面发展与健康生活，因此，加强主

---

[1] 中共中央宣传部：《"三个代表"重要思想学习纲要》，学习出版社2003年版，第66页。

[2] 《马克思恩格斯选集》（第1卷），人民出版社2012年版，第178页。

导性思想政治教育的研究及相关学科建设刻不容缓。

2. 主导性思想政治教育的功能属性，表现为社会主义意识形态的秩序诉求

提起秩序，许多人会马上联想到具有强制特色的政治规范和法制规范。我国传统观念中往往把秩序等同于等级（Hierarchy）概念，即等级秩序，似乎秩序必须以一种命令与服从的关系为基础，或者以整个社会的等级结构为基础。这本身是对秩序内涵的片面理解，有些秩序是非等级秩序，比如哈耶克等人所言的"catallaxy"，即"通功易事秩序"，或译"偶合秩序"①。实际上，秩序就是"有条理、不紊乱的情况"②，在《英汉大词典》中，作为名词形式的 order 的含义被归纳为 31 种，概括起来有三种基本的含义：顺序；命令；常规或法则。它不仅仅包括外在的秩序，即由各种外在规范和社会制度安排来确立和界定的社会秩序，还包括人的精神性活动所建构的心灵秩序。外在的秩序主要"表示的是一种在服从或遵从基础上形成的稳定状态或情势"③，而内在的秩序则是人的心理机制作用的结果。外在的秩序是由具象的制度、规则、安排等形成的一系列关系的总和，内在的秩序则是人的性格、气质和心理的综合体现。对于一个社会共同体来说，外在的秩序是总体意义上的，并非局部意义上的，而内在的秩序则个体性特征明显。对于个体来讲，内在秩序与外在秩序的协调程度决定了他的生活方式和生活态度，秩序本身就是人的存在方式的体现。

主导性思想政治教育的功能属性，从个体层面来说，主要通过个体的心灵秩序建构得以体现。个体心灵秩序的建构路径，其一是理想信念导向。理想信念对人们的认识活动和实践活动具有指向性和规定性。它

---

① "catallaxy"，即"通功易事秩序"，或译"偶合秩序"。它是指那种在一个市场中由无数单个经济（即企业和家户）间的彼此适应所促成的秩序。这是一种特殊类型的自发秩序，是市场通过人们在财产法、侵权法和合同法的规则范围内行事而形成的那种自发秩序。哈耶克指出，秩序是指"这样一种事态，其间，无数且各种各样的要素之间的相互关系是极为密切的，所以我们可以从我们对整体中的某个空间部分或某个时间部分（some spatial or temporal part）所作的了解中学会对其余部分作出正确的预期，或者至少是学会作出颇有希望被证明为正确的预期"。参见哈耶克的《法律、立法与自由》一书。

② 中国社会科学院语言研究所词典编辑室：《现代汉语词典》，商务印书馆 1995 年版，第 1493 页。

③ 杨雪冬：《论作为公共品的秩序》，《新华文摘》2006 年第 4 期。

是通过占主导地位的思想政治教育帮助人们树立并形成正确的理想信念，并通过理想信念来凝聚社会、激发动力、指导行为，它是一个民族奋力前行的向导，也是个体奋发向上的动力。其二是奋斗目标驱动。思想政治教育的目标驱动主要是运用社会发展目标和人的发展目标引导个体的精神生活。新时代，人的基本发展目标是培养"有理想、有本领、有担当"的"时代新人"，思想政治教育功能属性的基本诉求是通过人的思想政治素质提升得以实现的。其三是行为规范导向。它是按照一定的法规和准则要求对人们的行为规范进行导向。为了规范个体的行为，思想政治教育采取与外在的制度建设相结合的方式，以引导人自觉遵守爱国守法、明礼诚信、团结友善、勤俭自强、敬业奉献的公民道德要求，养成良好的道德品质和文明行为，培育和践行社会主义核心价值观，为人们的思想意识发展指明了方向。主导性思想政治教育对个体心灵秩序的建构，主要是通过对人的发展起指导、引导、领导、统领的作用，为人的精神生活与思想发展指明性质、方向。

主导性思想政治教育的功能属性，从社会层面来说，主要通过良好的社会秩序建构得以体现。它强调思想政治教育必须服从和服务于社会发展规律的需要。从积极的方面来说，思想政治教育对社会秩序的建构主要是通过人们的共识性来实现的，它包括政治共识性、思想一致性与行为统一性。政治共识性就是要结合社会发展和人们发展的目标取向和根本利益，通过教育、讨论等方式，使人们在政治方向、政治目标、政治原则上达成一致，消除政治上的分歧与偏向；思想一致性是联系思想和工作实际，在思想动机、思想方法上取得一致，克服思想认识上的片面性和偏执性；行为统一性是在政治共识、思想一致的前提下，明确人的行为规范，达到使行为符合社会发展的需要。社会主义意识形态共识性的形成，最终是为了在促进持久和谐的社会秩序形成的基础上，为人的发展及社会发展创设良好的政治思想氛围。从消极的方面来说，思想政治教育对社会秩序的建构主要是通过社会控制来实现的。主导性思想政治教育中的社会控制，主要指人按照一定的方式、运用一定的手段对社会各方面施加作用和影响，从而协调社会各个部分，协调人与社会的关系，保证社会协调有序地发展。一般来说，社会控制主要有两种方式和手段："一种是靠强力即暴力进行强制性控制，一种是靠舆论宣传和教育，坚持思想政治教育的主导性，进行意识形态方面的引导，即进行非强制性控制。"[1] 这里所说的社会控制，显然是通过舆论宣传和教育达到思想政治教育的目的，使社会的良性秩序得以保障。这种所谓的控制主要靠感化、说服与感染。主导性思想政治教育的功能属性，主要依赖于社会主义意识形态的战斗力、吸引力和说服力。

3. 主导性思想政治教育的社会属性，体现了社会主义意识形态的产生基础

主导性思想政治教育作为观念形态属于社会意识范畴，它的存在依赖于社会存在，主要是依赖物质资料的生产方式。恩格斯指出："每一历史时代的经济生产以及必然由此产生的社会结构，是该时代政治的和精神的历史的基础。"[2] 思想政治教育作为体现社会存在的一种社会意识活动，它必然是对社会存在的一种反映。我国社会的基本经济制度是公有制为主体、多种所有制共同发展，实行按劳分配为主体和多种分配方式并存的多样化的经济格局。这就决定了我国社会的意识形态性质，必然是社会主义意识形态居主导地位，但客观上存在多样化的思想体系。因此，新时代思想政治教育学科形态的发展，要有助于确立以马克思主义为指导思想和主要内容的主导性思想政治教育，这是保持社会主义意识形态先进性的根本要求，也是强化科学性、真理性高度统一的社会主义意识形态教育的基本体现，高举中国特色社会主义伟大旗帜，"要坚持不懈传播马克思主义科学理论，抓好马克思主义理论教育，为学生一生成长奠定科学的思想基础。要坚持不懈培育和弘扬社会主义核心价值观，引导广大师生做社会主义核心价值观的坚定信仰者、积极传播者、模范践行者。要坚持不懈促进高校和谐稳定，培育理性平和的健康心态，加强人文关怀和心理疏导，把高校建设成为安定团结的模范之地。要坚持不懈培育优良校风和学风，使高校发展做到治理有方、管理到位、风清气正"[3]，是主导性思想政治教育的基本任务。

社会意识是社会存在的反映，它必然要随着社会存在的变化而变

---

[1] 张耀灿、郑永廷等：《现代思想政治教育学》，人民出版社2006年版，第208页。
[2] 《马克思恩格斯选集》（第1卷），人民出版社2012年版，第380页。
[3] 《习近平谈治国理政》（第2卷），外文出版社2017年版，第377页。

化。马克思、恩格斯指出:"人们的观念、观点和概念,一句话,人们的意识,随着人们的生活条件、人们的社会关系、人们的社会存在的改变而改变。"① 坚持以马克思主义为核心内容的思想政治教育的主导性,必然要随着社会的发展以及马克思主义理论的发展而发展。在当代中国,主导性思想政治教育的基本任务是以马克思主义中国化的最新理论成果为指导思想和具体内容,来武装人的头脑,引导社会成员的思想和行为方式。当然,主导性思想政治教育作为思想政治教育的分支学科,必然具有鲜明的阶级性。判断一种思想政治教育的主导性是否具有客观性,是否与科学性相容,取决于这种思想政治教育所反映的社会群体的利益是否与历史发展的客观趋势相一致。社会主义意识形态所包括的政治思想、法律思想、道德思想以及哲学思想,代表了中国最广大人民的根本利益,代表了中国先进文化的前进方向,反映了先进生产力发展的客观要求,是一种坚持了科学性与价值性相统一的意识形态。主导性思想政治教育以这种意识形态为基本内容,其科学性和价值性是毋庸置疑的。

主导性思想政治教育的发展,必须坚持中国特色社会主义的基本价值取向。在当代中国,坚持中国特色社会主义理论体系,就是真正坚持马克思主义。党的十九大报告则指出,"新时代中国特色社会主义思想,是对马克思列宁主义、毛泽东思想、邓小平理论、'三个代表'重要思想、科学发展观的继承和发展,是马克思主义中国化最新成果,是党和人民实践经验和集体智慧的结晶,是中国特色社会主义理论体系的重要组成部分。"② 这一论述指明,新时代中国特色社会主义理论体系又增加了习近平新时代中国特色社会主义思想这一新的内容。主导性思想政治教育必须以中国特色社会主义理论体系为指导,坚持不懈地用社会主义核心价值体系武装全党、教育人民。具体说来,就是要用中国特色社会主义共同理想凝聚力量,用以爱国主义为核心的民族精神和以改革创新为核心的时代精神鼓舞斗志,用社会主义核心价值观引领风尚,巩固

---

① 《马克思恩格斯选集》(第1卷),人民出版社2012年版,第419—420页。
② 《党的十九大报告辅导读本》编写组:《党的十九大报告辅导读本》,人民出版社2017年版,第20页。

全党全国各族人民团结奋斗的共同理想基础。

二 主导性思想政治教育的基本特点

主导性思想政治教育，是一种区别于传统单一性思想政治教育的现代教育形态。它除了要坚持马克思主义的指导和社会主义意识形态的主导之外，还要继承、借鉴古代和国外优秀思想文化成果，保证和促进人们精神生活的多样化发展；除了坚持先进性教育目标之外，还要针对不同实际的人群，按照不同层次要求进行教育与引导。因此，主导性思想政治教育，是一种目标具有多层次性，内容和方法具有多样性的教育，比起传统教育在目标上"一刀切"，在教育内容和方法上"一律化"更符合社会实际和人们的需要。因此，主导性思想政治教育研究，实际上是多样性思想政治教育研究，是思想政治教育学科的丰富与发展。

1. 主导性与多样性的统一

主导性与多样性是客观事物发展过程中两个不同的侧面。任何事物的存在都具有主导性，否则该事物就难以以特有的属性而存在，它反映了事物的本质性。多样性是指事物的种类和表现方式的多种多样，它反映的是现象。主导性与多样性的矛盾是现代思想政治教育发展过程中的基本矛盾。这里的主导性是指在思想政治教育中的主旋律教育，它弘扬的是主流文化与主流意识形态。主导性的思想意识形态代表这个社会的核心意识形态，是这个社会同其他社会不同的社会标志，它标示着社会主义思想政治教育的性质。思想政治教育的多样性就其主要方面来说，主要包括思想政治教育主体的多样性、思想政治教育目标的多样性、思想政治教育内容的多样性、思想政治教育途径的多样性、思想政治教育考评的多样性等内容，思想政治教育必须抓住主导性才能进行良好的教育活动，但这种主导性决不是整齐划一，而是在多样性与主导性统一基础上的主导性。

思想政治教育的主导性与多样性是辩证统一的。思想政治教育的主导性与多样性是相互联结、不可分割的。思想政治教育主导性体现的是事物矛盾的普遍性，是思想政治教育发展过程中的共性和绝对性。思想政治教育的多样性体现的是事物矛盾的特殊性，是思想政治教育发展过程中的个性和相对性。主导性不能离开多样性而存在，主导性存在于多样性之中。郑永廷教授认为:"主导性思想政治教育在对象上是对社会多样化以及多样性思想政治教育的概括、超越,没有对多样性的抽象就没有主导性;在功能上就是形成共同理想、核心价值观,没有对多样性取向的规范就不可能有共同目标;在性质上就是维护社会主义意识的安全,没有对多样性文化的合理选择、吸纳、鉴别、批判就不能发挥社会主义意识的主导作用。"[①] 思想政治教育的主导性只能存在于多样性之中,并通过多样性而存在。当然,多样性也不能离开主导性,多样性又总是和主导性相联系而存在。在现实的社会活动中,各种社会实践活动之间都是相互联系、相互制约的,没有任何一个事物不与其同类事物具有共同的本质。思想政治教育的主导性和多样性相互作用、相互影响。它既要求主导性决定多样性,又要求多样性能够反作用于主导性。主导性处于支配地位起决定作用,多样性处于被支配地位,为主导性服务。主导性思想政治教育的形式变化取决于思想政治教育主导性内容的变化。而思想政治教育内容的多样性是由思想政治教育的具有主导性的本质内容决定的,当多样性适合和体现主导性的要求时,就会促进主导性的发展;当多样性不适合或不能体现主导性的要求时,就会阻碍主导性的发展。

思想政治教育的主导性和多样性的统一总是处在动态过程中的辩证统一。既不能只强调主导性内容反对抹杀多样性作用的形式虚无主义,也不能只强调多样性,反对抹杀主导性作用。在新的历史条件下,要不断进行理论创新和形式创新。坚持主导性和多样性具体的历史的统一,实现二者的有机结合,体现主导性思想政治教育的特点。改革开放以来,多种文化的渗透与激荡推动社会多样化发展,也影响着人们的思想,思想政治教育发展中也曾经出现了对主导性和多样性的辩证统一关系认识不清的问题,主要表现在:"一方面表现为否定集体主义原则性和指导思想的统一性,主张个人中心和指导思想的多元化的理论体系,也就是从理论上否定社会主义意识形态的主导性;另一方面表现为为求得发展而背离政治与法律原则,甚至越轨犯规,也就是在实践上冲击社

---

① 郑永廷:《思想政治教育学科研究重点与难点辨析》,《思想教育研究》2007年第5期。

会主义制度的主导性。"① 因此，面对复杂的形势，必须坚持思想政治教育主导性与多样性的统一，在总的指导思想上，既要坚持意识领域的主导性，防止在意识形态领域指导思想的"多元化"倾向，同时，在思想政治教育工作的对象和内容上，要区分层次，明确不同要求，做到教育要求的先进性与广泛性的统一，既要弘扬主旋律，又要提倡多样性。

2. 创新性与开放性的统一

坚持创新性和开放性的统一，是思想政治教育学科建设与发展的生命。创新是思想政治教育发展的动力，没有创新就没有发展。思想政治教育学科建设的创新是一种全面的创新，是对学科新的发展实际给予合规律性和合目的性的驾驭，既包括物质层面的创新，如课程体系设置、教材建设、教育载体的现代化等，又包括思维层面的创新，这主要体现在教育理念和指导思想的与时俱进，从而更好地解决现代社会人的主体性发展和社会和谐发展之间的矛盾。开放性应从两个方面来理解，第一，指人的存在是一种开放性的存在，一种不断超越的创造性存在，人的自由全面发展是一个开放的过程，思想政治教育是以人的思想品德形成发展和对人们进行思想政治教育的规律为研究对象的学科，学科建设具有明显的开放性；第二，现代社会是一个开放性的社会，随着教育主体、教育客体、教育环体和教育介体的不断变化和发展，思想政治教育学科会不断得到创新。因此，思想政治教育学科建设本身就是开放性的建设。在人的活动结果的有限性和历史结局的开放性之中，恰好包含了人之创造活动本身的无限性，人的存在的开放性正是人的创造性的源泉。从这个意义上说，开放就意味着创新，创新本身体现了开放，二者是一个问题的两个方面。

主导性思想政治教育的内容和方法上都应当体现创新性与开放性的统一。思想政治教育的原则表述是主观的，它所反映的规律是客观的，要随着时代的发展对思想政治教育的原则作出符合科学性和价值性的概括和表述。在主导性思想政治教育的内容建构时，必须坚持马克思主义

---

① 王忠桥、张宏：《充分发挥思想政治教育的主导性作用》，《思想教育研究》2006年第11期。

和社会主义意识形态的主导作用，进行思想政治教育基础理论创新，也必须随着时代的发展而不断变化。中国共产党从诞生之日起，就把马克思列宁主义确立为自己的指导思想，这也是党的传统思想政治教育的主要内容。毛泽东思想把马克思列宁主义与中国实际相结合，创造性地继承和发展了马克思主义。邓小平理论是把马克思列宁主义、毛泽东思想与当代中国的实际相结合，形成新的科学体系，是马克思主义在中国发展的新阶段。"三个代表"重要思想是对马克思列宁主义、毛泽东思想、邓小平理论的继承发展，反映了当代世界和中国发展变化对党和国家工作的新要求，是面向21世纪的中国化的马克思主义，是指导全党全国人民为实现新世纪新阶段的发展目标和宏伟蓝图而奋斗的根本指引。科学发展观是同马克思列宁主义、毛泽东思想、邓小平理论、"三个代表"重要思想，既一脉相承又与时俱进的科学理论，它是新时期我国经济社会发展的重要指导方针，是发展中国特色社会主义必须坚持和贯彻的重大战略思想。习近平新时代中国特色社会主义思想，是对马克思列宁主义、毛泽东思想、邓小平理论、"三个代表"重要思想、科学发展观的继承和发展，是新时代马克思主义中国化的最新成果，是党和人民实践经验和集体智慧的结晶，是中国特色社会主义理论体系的重要组成部分，是全党全国人民为实现中华民族伟大复兴而奋斗的行动指南。这些理论本身都是一脉相承的，体现了创新性与开放性的统一。要把党的思想政治教育的优良传统在新时代的发扬作为主要内容，它集中反映思想政治教育的本质和特点，是思想政治教育根本规律的体现，同时还要批判地吸收国内外的最新科研成果。

在主导方法上，既要吸收西方思想政治教育在方法研究上取得的积极成果，又要重视中国传统文化中丰富的教育方法资源。党的十九大报告指出，要"推动中华优秀传统文化创造性转化、创新性发展，继承革命文化，发展社会主义先进文化，不忘本来、吸收外来、面向未来，更好构筑中国精神、中国价值、中国力量，为人民提供精神指引"[①]，要"深入挖掘中华优秀传统文化蕴含的思想观念、人文精神、道德规范，

[①] 《党的十九大报告辅导读本》编写组：《党的十九大报告辅导读本》，人民出版社2017年版，第23页。

结合时代要求继承创新，让中华文化展现出永久魅力和时代风采。"①中国传统文化中有许多方法可供现代思想政治教育发展借鉴，如身教示范、教育灌输、自我修养等方法，这些方法作为民族文化的重要基因，已经深深地熔铸在中华民族的精神血脉之中，对新时代思想政治教育发展的意义不言而喻。同时，对西方社会发展中所探索出的有借鉴意义的思想政治教育方法，如实践渗透法、环境熏陶法、民主的方法、隐性教育方法、道德认知法、价值澄清法等，要在主导性思想政治教育发展中得以体现。

3. 先进性和广泛性的统一

坚持先进性和广泛性的统一，不仅是思想政治教育学科建设的基本要求，也是学科发展问题的基本表现。主导性思想政治教育发展要求的先进性，是指学科建设要体现进步性和崇高的价值追求，意味着思想政治教育实践将引导现代人追求共产主义的世界观、人生观和价值观，通过教育教学活动形成的人的理性能力将克服愚昧、迷信和宗教对人的压抑，使人获得追求真善美的自由和幸福。广泛性是思想政治教育学科建设的一般性、普遍性要求，它是根据多数人的表现需要所提出的建设要求，是应当达到而且容易达到的要求。从教育目标上讲，先进性是培养中国特色社会主义的接班人，广泛性是培养中国特色社会主义的建设者。人们思想政治素质的形成，同其他物质的形成一样，需要一个积累的过程，这是一个客观存在，它决定了人们在实践中的现实表现。思想政治教育学科建设就是要从人的现实表现出发，根据社会现实提出相应的建设要求，力求贴近实际、贴近群众、贴近生活，既不能太高，高了容易走形式主义、脱离实际，容易引起反感；又不能太低，低了容易保护、迁就落后，缺乏引导力度。

马克思主义是我们立党立国的根本指导思想，习近平新时代中国特色社会主义思想是当代中国的马克思主义，高校思想政治教育必须用它来武装大学生，这是党的教育方针的具体体现，是社会主义大学的本质特征，也是大学生健康成长的内在需求。学科建设要敢于坚持先进性，

---

① 《党的十九大报告辅导读本》编写组：《党的十九大报告辅导读本》，人民出版社2017年版，第42页。

合理把握层次性,善于把握超越性。既为学生提供超越现实的价值追求,同时也要考虑到社会的现实状况和学生合理的现实需求,提供维持性追求。要建立适合我国新时代社会的思想政治教育学科体系,以思想政治教育学科建设为突破口,向人们展示崭新的思想政治教育理念。当然,这里的先进性和广泛性只是学科建设要求的差异性,而不是一种等级性。它要求高校思想政治教育认真贯彻育人为本、德育为先的思想,强调以理想信念教育为核心,深入进行树立正确的世界观、人生观和价值观教育;以爱国主义教育为重点,深入进行弘扬和培育民族精神的教育;以基本道德规范为基础,深入进行公民道德教育;以大学生全面发展为目标,深入进行素质教育。

主导性思想政治教育强调先进性和广泛性的统一。教育要求的先进性和广泛性是由教育对象的思想道德水平的层次性所决定的。教育要求的先进性是针对群众中的先进层次、先进人物、先进表现所提出的教育要求。先进性要求代表了思想政治教育的主导要求,它是教育和引导人们达到社会要求的主导价值取向。教育要求的广泛性是指教育要求的普遍性、一般性,它是根据多数单位、个人的思想道德基础、表现、需要所提出的应当达到或容易达到的要求。要以社会的先进意识为主导,逐步引导人们的思想不断升华和提高。2001年中共中央印发的《公民道德建设实施纲要》明确指出:坚持把先进性要求和广泛性要求结合起来。要从实际出发,区分层次,着眼多数,鼓励先进,循序渐进。积极鼓励一切有利于国家统一、民族团结、经济发展、社会进步的思想道德,大力提倡共产党员和各级干部带头实践社会主义、共产主义道德,引导人们在遵守基本道德规范的基础上,不断追求更高层次的道德目标。

三 主导性思想政治教育的研究现状及存在问题

主导性思想政治教育分支学科的建设与发展问题目前在学术界已引起广泛关注。但总的来说,"这种研究尚处于起步阶段,对思想政治教育主导性的生成根源、发展规律和现代思想政治教育主导性的本质、特征、要素构成、价值形态、发展趋势等问题还缺乏系统分析和理论概括,对中西方思想政治教育主导性的比较研究,特别是对于在现代社会条件下如何实现思想政治教育主导性的研究还有待于深入展开。"① 目前的研究成果和学术专著还不是很多,有代表性的著作是上海师范大学法政学院的石书臣教授的《现代思想政治教育主导性研究》(学林出版社 2004 年版),郑永廷教授在为该书作序时指出:该专著具有创新性,对思想政治教育主导性概念的界定具有独到之处,从本质性主导与功能性主导的有机统一理解主导性,更加贴近实际、贴近生活、贴近人的全面发展需要,因而更有利于充分发挥思想政治教育的主导作用。该书对现代思想政治教育诸要素的主导性进行了新的概括,增强了坚持思想政治教育主导性的针对性和可操作性等。此外,郑永廷教授、张耀灿教授等著名学者对这一问题也作了进一步研究,取得了不少研究成果,为主导性思想政治教育的发展做了奠基性工作。

主导性思想政治教育分支学科的发展,面临的一个基本问题就是思想政治教育的主导性作用在现实生活中有弱化的趋势。随着市场经济的发展,商品交换法则逐渐渗透与侵蚀到社会生活的各个领域,一些人的精神生活领域也难以幸免,社会上一些人受物本主义、器本主义的影响,见利忘义、权钱交易,导致国家意识、集体意识、互助精神与奉献精神减弱,在某种意义上造成思想政治教育的主导性价值失落。思想政治教育的主导性价值的弱化,在大学生思想政治教育中也出现了这种状况,这引起党和政府的高度关注。《中共中央 国务院关于加强和改进大学生思想政治教育的意见》,就是针对大学生思想政治教育主导性价值弱化的现象而出台的。该《意见》明确要求要以理想信念教育为核心,深入进行树立正确的世界观、人生观和价值观教育;以爱国主义教育为重点,深入进行弘扬和培育民族精神教育。《关于加强和改进新形势下高校思想政治工作的意见》则是十八大以来在深入学习贯彻习近平新时代中国特色社会主义思想,进一步加强大学生思想政治教育主导性价值基础上出台的,它提出要"以立德树人为根本,以理想信念教育为核心,以社会主义核心价值观为引领,""培养又红又专、德才兼备、全面发展的中国特色社会主义合格建设者和可靠接班人。"在开放多变、复杂多样的社会背景下,市场体制所形成的竞争压力与科技发展所形成

---

① 石书臣:《现代思想政治教育主导性研究述评》,《思想教育研究》2005 年第 7 期。

的信息压力，使一些缺乏社会生活经验、世界观、人生观和价值观尚未形成与稳定的大学生，容易产生种种迷惘和困惑。这种迷惘和困惑是思想领域的矛盾，其实质是一种精神需求、价值诉求和目标诉求。主导性思想政治教育分支学科的发展，就是要研究和解决思想政治教育的主导性价值与其现实效果之间产生的矛盾。

当然，思想政治教育主导性价值弱化问题的根源，从客观上来讲，是我国社会转型与世界发展变化的新特点所致。社会主义市场体制的确立和经济全球化进程的加快，对外开放所导致的多元文化激荡，科技发展所引起的社会生活信息化趋势，社会民主化以及社会成员的个性化发展，这些因素相互作用，广泛渗透在社会和个体生活的各个领域，对现代人的思想认识产生了广泛而深刻的影响，这些或许根本不是思想政治教育学科发展本身所能解决的。从主观上讲，人们对主导性思想政治教育缺乏全面、正确地认识，进而导致一些人在现实生活中主导能力欠缺。当然，也存在着思想政治教育者在实施思想政治教育过程中出现失误与方法不当的问题，以至于思想政治教育滞后于时代发展和实践发展的要求。总体来看，社会成员由于在价值取向上受经济主义、功利主义思想的影响，使价值认识与评价标准出现了偏差，是导致主导性思想政治教育功能失效、价值弱化的一个重要原因。因此，必须重视和研究主导性思想政治教育分支学科的建设与发展。

四 主导性思想政治教育发展的理路探究

主导性思想政治教育学科的建设与发展，必须坚持主导性和多样性的统一。主导性和多样性的关系问题，主要解决现代社会人们价值取向自发性和精神需求自觉性之间的矛盾，这主要是解决价值观问题，它是思想政治教育学科建设成败的主要标志。社会主义市场经济体制的建立和世界经济一体化的发展，引起世界范围内文化思潮的相互激荡与渗透，一些人由于受国内外各种非马克思主义乃至反马克思主义的思潮的影响，出现了政治信仰迷茫、理想信念模糊、价值取向呈现多元化的倾向。思想政治教育学科建设要克服对人的健康成长与幸福生活产生严重影响的价值取向，尤其是要克服主张个人中心和指导思想多元化的理论形态和为求发展背离政治与法律甚至道德的基本原则的实践行为。这实际上都背离了集体主义的原则，否定了马克思主义对人的全面发展的指导。它不仅导致了人的主体价值的进一步失落，而且削弱了社会的凝聚力。主导性思想政治教育学科建设，必须把当代中国特色社会主义理论的基本原则和指导思想灵活地运用到具体的、分散的、生动的手段和载体，润物无声、潜移默化地渗透到个体的业务中、生活中和头脑中，引导人们正确认识我国的国情和社会主义建设的客观规律，客观地分析社会主义建设中的成败得失，化解迷茫与困惑，把他们从多元化价值取向的社会中引向正确的导向，使人们逐步树立共产主义的理想和信念。要旗帜鲜明地坚持马克思主义的主导性，同时，根据人的生理和心理特征以及成长规律，尊重人的合理需求的多样性，把解决思想问题和解决实际问题结合起来，引导他们辩证地看待各种社会现象，在追求多样性的过程中始终坚持主导性，在主导性的指导下去发展多样性。

主导性思想政治教育学科的建设与发展，必须坚持显性教育和隐性教育相结合。显性教育主要是把课程教学内容对人的思想政治素质的影响，通过正式规范的教育活动，有组织、有计划地以明确的、外显的方式对人的思想政治素质发生的教育影响。思想政治理论课程内容本身的科学性、说理性、战斗性是思想政治理论课程显性作用的重要因素。它实质上是用主导性思想政治教育引导人、教育人，弘扬社会主义主旋律，坚持主渠道教育。隐性教育是指将意识形态、价值目标普遍隐藏在公民教育、职业教育、课程教学、课外活动等形式的教育活动和非教育活动中。用一些喜闻乐见的隐性或渗透性的内容和方法来加强思想政治教育的引导，将有助于提高思想政治教育的有效性。通过渗透方式感染人、影响人，包括校园生活、社会实践活动等。在日常生活中用"寓教于乐"形式开展思想政治教育，如"为您服务"活动、"十星文明户"活动、"讲文明树新风"活动、"五好家庭户"活动、"青年文明号"活动等，蕴涵着丰富的思想政治教育信息。对于学生教育应与社会紧密相连，采用环境熏陶、传媒渗透、隐性课堂等方式，将学校思想政治教育用非课程资源加以强化，使思想政治教育无处不在、无时不在，这体现了学校、社会一体化的特点，也是思想政治教育主导的方式。在课堂教学以外开展丰富多彩的实践活动，充分发挥学生的主体性，在潜移默化中培养良好的政治素质和品性修养。只有把显性教育和隐性教育结合起来，形成整体的教育合力，才能实现思想政治教育的效果，体现主导性思想政治教育的本质，也使思想政治教育的主导性价值得以更好更充分的体现。

主导性思想政治教育学科的建设与发展，必须坚持以人为本。马克思指出："全部人类历史的第一个前提无疑是有生命的个人的存在。"[1] 主导性思想政治教育学科的建设与发展，必须为人的主体性增强、主导能力发展服务。社会主义思想政治教育的学科发展，要集中体现马克思主义理论的根本宗旨，不断满足人民群众日益增长的美好生活需要，促进人的全面发展、社会全面进步。坚持以人为本促进主导性思想政治教育学科发展，要始终把实现好、维护好、发展好最广大人民的根本利益作为党和国家一切工作的出发点和落脚点，尊重人民主权地位，发挥人民首创精神，保障人民各项权益，走共同富裕道路，促进人的全面发展，做到发展为了人民、发展依靠人民、发展成果由人民共享。同时，要充分发挥思想政治教育的主导性价值，引导人们克服从众心理和依附心理的自发状态，重视对人进行以社会目的与社会规范为内容的社会化引导和以人的全面发展为内容的主体性引导，进一步消解人们封闭的心理和个人本位的影响，提高他们的社会化程度；引导他们正确处理好现实和未来的关系，鼓励他们追求植根于现实生活之上的有意义的生活，帮助他们克服新的历史条件下的自发倾向而走向现代自觉。只有坚持以人为本，立足于人的全面发展，主导性思想政治教育学科建设才能取得新的突破，才能真正体现社会主义意识形态的人文关怀价值。

第三节 生活化思想政治教育

生活化思想政治教育是相对于抽象性思想政治教育而言的，是以生活世界理论为基础的教育理念或教育哲学思想。它以现实生活为中心，强调思想政治教育要遵循理论性与生活化相统一的原则，是一种关注人

---

[1] 《马克思恩格斯选集》（第1卷），人民出版社2012年版，第146页。

的生活世界、提升人的生活质量、引导人确立良好生活方式的思想政治教育形态。生活化思想政治教育实现了思想政治教育理念由抽象性向现实性的转换，教育模式由课堂型向生活化的转移，教育过程由支配型向互动型的转变。

一 生活化思想政治教育内涵的时代阐释

马克思指出："我们的出发点是从事实际活动的人，而且从他们的现实生活过程中还可以描绘出这一生活过程在意识形态上的反射和反响的发展。"[1] 思想政治教育学科的建设与发展，必须贴近实际、贴近群众、贴近生活，只有关注人的生活世界，思想政治教育活动才能为提高人的生活质量服务，才能逐步引导人们确立良好的生活方式。20 世纪 80 年代末以来，关于生活世界问题的研究逐渐成为学术界讨论的热点问题，哲学、教育学、文化学、社会学等领域纷纷转向生活世界问题的探讨，思想政治教育学科也不例外。自 1984 年思想政治教育学科设立以来，一直比较关注生活世界问题的研究，尤其是马克思主义理论一级学科的设立，为思想政治教育学科的建设与发展提供了难得的历史机遇与发展平台，立足于生活世界理论基础之上的生活化思想政治教育研究被提上日程。

生活世界这一概念最早是由胡塞尔在 20 世纪 20 年代提出，并在其 1935—1936 年的著作《欧洲科学的危机与超越论的现象学》中对其世界问题进行了集中论述，但是并未对此概念作明确界定。在此书中，生活世界经常与周围世界、生活周围世界等作为同一概念使用。国内学者关于生活世界理论研究比较有代表性的观点是："生活世界是在自然态度中的世界，是指我们个人或各个社会团体生活于其中的现实而又具体的环境。"[2] 从此观点来看，生活世界既是一个非客体的直观性世界，又是一个具有主观性和相对性的奠基性世界。从思想政治教育学科建设的视野来看，生活世界实质上是指现实的人通过自己的生活实践，了解自己的本质，以自己的价值观衡量和调整一切生活关系（包括人与自

---

[1] 《马克思恩格斯选集》（第 1 卷），人民出版社 2012 年版，第 152 页。
[2] 倪梁康：《现象学及其效应》，生活·读书·新知三联书店 1996 年版，第 130—131 页。

然、人与人、人与自身的关系）而创造出来的感性世界；而所谓的生活世界理论，其真正的旨趣就在于通过揭示生活世界的起源、本质、内在要素和结构及其发展的基本规律，为人们建构自由和谐的理想生活世界提供科学的理论指导。

根据上面分析可以推断出，所谓生活化思想政治教育是相对于抽象性思想政治教育而言的，是以生活世界理论为基础的教育理念或教育哲学思想。它以生活为中心，强调思想政治教育活动要遵循理论性与生活化相统一的原则，是一种关注人的生活世界、提升人的生活质量、引导人确立良好生活方式的思想政治教育形态。陶行知先生指出："没有生活作中心的教育是死教育，没有生活作中心的学校是死学校，没有生活作中心的书本是死书本。"[①] 生活化思想政治教育作为新时代思想政治教育学科发展的重要形态，必须克服传统思想政治教育中严重脱离人的生活实际的状况，贴近实际、贴近群众、贴近生活，为现实生活服务。

第一，生活化思想政治教育具有整合性特征。整合是与分化相对应的一种理念，它是指把分门别类的一系列要素紧密联结在一起，构成具有整体效应的结构。生活化思想政治教育并不是再现现实生活或直接等同现实生活，而是重新整合思想政治教育的基本要素，达到实效最优化。它意味着思想政治教育内部基本要素的重组，并与现实生活相联系以促进人的生活质量提升，构成具有整体效应的生活化思想政治教育结构，形成思想政治教育的真正合力。生活化思想政治教育过程实质上是让人们体验生活的过程，其内容只能取自人们的当下生活。党的十九大报告中指出，"社会主义核心价值观是当代中国精神的集中体现，凝结着全体人民共同的价值追求。要以培养担当民族复兴大任的时代新人为着眼点，强化教育引导、实践养成、制度保障，发挥社会主义核心价值观对国民教育、精神文明创建、精神文化产品创作生产传播的引领作用，把社会主义核心价值观融入社会发展各方面，转化为人们的情感认同和行为习惯。"[②] 生活化思想政治教育利用生活中的各生活要素，通

---

① 陶行知：《陶行知全集》（第4卷），四川人民出版社1991年版，第65页。
② 《党的十九大报告辅导读本》编写组：《党的十九大报告辅导读本》，人民出版社2017年版，第41—42页。

过人际互动、主动参与、体验感悟等方式促进人们成为有道德的人。因此，思想政治教育更应着眼于满足人的现实生活需要，这正是生活化思想政治教育整合性的体现，它整合了人的现实生活和可能生活需要，使人成为具备独立人格的人。

第二，生活化思想政治教育具有弘扬人的主体精神的特征。主体性是人的本质特征，是个性的核心。生活化思想政治教育不仅关注受教育者的思想状况，也关注他们的衣食住行等日常生活，更关注他们的权力、尊严与能力的发展，通过顺应人的自然发展过程，激发人的主体性，引导人们主动去探索、去创造。它贴近生活，更能体现人文关怀，以激发人的内在创造力。生活化思想政治教育作为一种自主式思想政治教育模式，重视人在现实生活中的主体性地位，关注处于变化和生成中的人，把人作为主体置于现实生活之中，体现以人为本，与人的丰富生活相联系。它体现了人的主体性发展需要，真正走进受教育者的生活世界，贴近受教育者的心灵。习近平指出："一种价值观要真正发挥作用，必须融入社会生活，让人们在实践中感知它、领悟它。要注意把我们所提倡的与人们日常生活紧密联系起来，在落细、落小、落实上下功夫。"[1] 当然，生活化思想政治教育并不是使人与社会生活融为一体而失去其独立性，而是以价值主体的身份积极深入到现实生活中，体现其主体意识。生活化思想政治教育必须贯彻以人为本的原则，强调尊重人的主体个性，是一种促进人的全面发展的教育形态。它强调贴近学生、贴近实际、贴近生活，发挥他们的主体性，使他们形成积极性、主动性和创造性，因此，在某种意义上可以说，生活化思想政治教育实质上体现了对人的主体地位的认可和生命的尊重，体现了对人的生命历程的动态把握，即关照人的过去生活、现实生活和可能生活，真正对人生意义的生成具有终极意义。它要塑造的是能够充分享受和体验生活，能感受到生命的激情，有着丰富精神内涵和生活感觉的人，它注重在教育内容上与人自身生活经验相联系，有鲜活的人文气息和生动的感情色彩，能融入人的内在精神世界和促进健全人格的形成。

第三，生活化思想政治教育具有生长性特征。人的社会生活是主

---

[1] 《习近平谈治国理政》，外文出版社2014年版，第165页。

客体的统一,是不断生长和变化的。思想政治教育联系生活只是实现人的生长、发展的条件,而人自身的发展才是最终目的。杜威认为,生活即有机体与周围环境间的相互作用,人就是在生活过程中不断地积累经验、获得身心的发展。因此,思想政治教育内容只能取自当下的生活,其目的是为了让人们更好地适应生活、发展生活,让社会生活更好地延续。杜威提出"教育即生活""教育即生长。"所谓"教育即生长",就是"我们的最后结论是,生活就是发展;不断发展,不断成长,就是生活。"① 生活的特征是不断变化,不断发展,不断成长。生活就是一个朝着更高、更完善的方向不断发展和生长的过程,永远没有一个最终的终点。人在教育中的生长和发展,除了他们的生理生长之外,就是他们自身经验的不断改造、不断转化的过程。这个过程,一方面要不断增加经验的意义,另一方面又要增加指导或控制后来经验的能力,这说明教育没有终极固定的目标,教育的目的就是不断地生长,生长本身就是目的。教育的过程是一个继续不断的生长过程,在生长的每个阶段,都以增加生长的能力为其目的。因此,生活化思想政治教育不能脱离生活实际进行,它本质上就是生活的过程。生活化思想政治教育就是处于不断生长之中的,是为了更好地适应新环境和变化的生活实践。"生活的目的,不在于作为终极目标的尽善尽美,而在于永远持续的不断改善、不断成长、不断精炼的过程,……,生长自身才是唯一的道德的'目的'"。②

二 生活化思想政治教育是一种关注生活世界的教育形态

第一,生活化思想政治教育实现了思想政治教育理念由抽象性向现实性的转换。思想政治教育是一定的阶级、政党、社会群体遵循人们思想品德形成发展规律,用一定的思想观念、政治观点、道德规范,对其成员施加有目的、有计划、有组织的影响,使他们形成符合一定社会、一定阶级所需要的思想品德的社会实践活动。思想政治教育学科是一门

---

① [美]约翰·杜威:《民主主义与教育》,王承绪译,人民教育出版社1990年版,第54页。

② 赵祥麟、王承绪:《杜威教育论著选》,华东师范大学出版社1981年版,第248页。

具有强烈意识形态特色的学科，弘扬和传播社会主义社会的主流意识形态是新时代思想政治教育的基本功能之所在。但是，社会主义社会的意识形态教育之所以具有强大的生命力，不仅仅在于它所宣传的阶级性，更重要的是它具有科学性，它关注和贴近社会成员的现实生活。实践证明，脱离生活实际的思想政治教育很难取得相应的实效性，盲目、僵化地进行意识形态宣传教育不会取得理想效果。历史的经验教训告诉我们，思想政治教育活动及其学科形态发展，应当注重隐性教育与显性教育的有机结合，通过社会生活途径进行渗透式思想政治教育更能收到实效。因此，新时代思想政治教育发展理念应当避免抽象僵化的意识形态宣传，转变为面向生活世界的服务理念，寓思想政治教育于社会成员的生活实践之中，并在关注人的生活实际中实现其意识形态教育与引导的价值。

第二，生活化思想政治教育实现了思想政治教育模式由课堂型向生活化的转移。传统的思想政治教育强调理论灌输，集中的课堂学习和书本知识教育几乎承载了思想政治教育的全部负荷，关注理论、关注知识、关注权威成为思想政治教育的基本模式，在某种意义上说，这种思想政治教育模式是一种静态的教育、"死"的教育，往往是采取轰轰烈烈的形势、投入大量的人力物力、浪费了大量的时间，但教育效果并不很理想，因为人们是在动态的生活环境中培养和提升思想政治素质的，静态的理论宣传与教育往往具有滞后性。生活化思想政治教育强调思想政治教育活动必须紧密结合当代社会的现实生活，紧密结合学习主体的日常生活实际，以生活为中心进行思想政治教育。在中国特色社会主义建设的伟大历史进程中，人民对美好生活的需要日趋旺盛，人们思想活动的独立性、选择性、多变性、差异性明显增强，对发展社会主义先进文化提出了更高的要求，思想政治教育在传播主流意识形态的同时，必须立足于新时代人的思想活动发展现实，着眼于满足人民美好生活的实际需求，在关注人的现实生活中增强思想政治教育的实效性。

第三，生活化思想政治教育实现了思想政治教育过程由支配型向互动型的转变。传统的思想政治教育过程是教育主体支配教育客体的过程，教育主体垄断了思想政治教育的主导权，教育客体成了受动、被动的"知识容器"，不管教育客体是否愿意、是否感兴趣，教育主体的思想政治理论源源不断地输向教育客体，在这一过程中，教育客体成了"物"，而不是具有主观能动性的人，更不是"自由的有意识的存在物"，由于教育客体的能动性被压抑，在某种意义上，思想政治教育过程成了"对牛弹琴"，这种思想政治教育理论就是典型的"仓库理论"。在思想政治教育过程中，教育主体的"教"无法也不可能取代教育客体的"学"，更不能取代教育客体对生活的体验与感悟。生活化思想政治教育强调以学生为本，注重在生活实践中引导他们的价值取向与理想信念，把理性灌输与感性实践相结合，使受教育者在感性实践中体会理性价值的真理性，在理性思索中反馈和体验感性实践的目标与发展方向，最终确立科学的世界观、人生观和价值观。

三　生活化思想政治教育是一种提升生活质量的教育形态

党的十九大报告中明确指出："从二〇三五年到本世纪中叶，在基本实现现代化的基础上，再奋斗十五年，把我国建成富强民主文明和谐美丽的社会主义现代化强国。到那时，我国物质文明、政治文明、精神文明、社会文明、生态文明将全面提升，实现国家治理体系和治理能力现代化，成为综合国力和国际影响力领先的国家，全体人民共同富裕基本实现，我国人民将享有更加幸福安康的生活，中华民族将以更加昂扬的姿态屹立于世界民族之林。"[①] 思想政治教育作为体现社会主义特色和优越性的重要路径，其学科建设要为社会发展和人民的美好生活服务，而人民的美好生活的关键就是生活质量的提高。改革开放以来，社会主义现代化建设的不断推进，极大地提高了我国人民的物质文化生活水平，但是生活水平的提高并不必然意味着生活质量的提升。一般来说，生活水平回答的是为了满足物质、文化生活需要而消费的产品和劳务的多与少的问题，而生活质量（life quality）主要是解释居民较高的生活水平与满足社会的、精神的需求方面相对落后之间的矛盾现象，它回答的是生活得好不好的问题。生活质量必须以生活水平为基础，但其内涵具有更大的复杂性和广泛性，它更侧重于对人的精神文化等高级需

[①] 《党的十九大报告辅导读本》编写组：《党的十九大报告辅导读本》，人民出版社2017年版，第28—29页。

求满足程度和环境状况的评价。生活质量是一个全面评价生活优劣的概念，通常指社会政策与计划发展的一种结果，生活化思想政治教育是关注生活世界、提升生活质量的教育形态，它必然要在现代人生活质量提升的过程中发挥其应有功能。

生活化思想政治教育是一种重视人的精神生活的教育形态。思想政治教育具有导向和激励的基本功能，科学的价值导向和持久的精神激励是人的生活具有生机活力的源泉。生活化思想政治教育摒弃了传统思想政治教育抽象化、概念化的教育方式，把思想政治教育活动引向丰富多彩的生活世界，人们在社会生活实践中去体验和感悟生活的意义所在，生活实践既是思想政治教育的实施途径，也暗含着思想政治教育的目标归宿，是以人为本的具体体现，它把尊重人、理解人、关心人落实到具体生活中，使人们在积极健康的生活中形成社会发展需要的主导价值观，在这里生活水平的提高与生活质量的提升融为一体，感恩教育与思想政治教育融为一体，人们由自在自发的生活状态转变为自由自觉的生活状态。价值的导向性是如此，精神激励功能在这一过程中更容易得以体现，具体说来，社会成员对生活的满意度不断攀升的同时，其幸福感也会随之而上升，对社会生活和主流价值形态的认同度就会持续提升，个体容易激发出极大的生产与生活的积极性，并在社会生活中不断被社会肯定与认可，而新的肯定和认可在提升其幸福感和满意度的同时，又会在新的层面激发个体去勤奋工作、健康生活，从而使人的生活世界呈现出良性循环的态势，生活质量在这一循环中会不断得以提升。

生活化思想政治教育创设了新的思想政治教育情景。思想政治教育情景是"在思想政治教育过程中教育主体予以规定和把握的环境"[①]，是针对思想政治教育对象而言的，它既是影响思想政治教育效果的环境要素，也是思想政治教育活动得以顺利进行的现实场域。开放环境下的思想传播与价值引导活动，不仅仅体现在教学过程中，更多的是在日常生活世界中进行。家庭、社区等都是日常生活的空间，生活、娱乐、交往等都是日常生活的内容，由这些要素构成的生活世界对个体思想政治素质及价值取向的影响是潜移默化的，也是客观存在的，

[①] 李辉：《现代思想政治教育环境研究》，广东人民出版社2005年版，第248页。

重视挖掘日常生活实践及生活世界中的思想政治教育资源是学科建设的重要课题，也是生活化思想政治教育形态形成与发展的现实基础。马克思指出："既然人的性格是由环境造成的，那就必须使环境成为合乎人性发展的环境。"① 生活化思想政治教育首要任务就是要创设"合乎人性发展的环境"，注重生活氛围和人际关系对社会成员思想政治素质培养的价值，通过创设和谐的家庭气氛、良好的邻里关系、健康的校园文化、良好的生活态度等思想政治教育情景，使社会成员在生活实践中不断体验与感受生活世界中所蕴含的思想政治教育资源，不断引导自身去追求真善美，确立科学的世界观、人生观和价值观，从而达到新时代思想政治教育的目的。

四 生活化思想政治教育是引导人确立良好生活方式的教育形态

与传统的思想政治教育相比，新时代思想政治教育在突出其鲜明的意识形态性的同时，非常注意突出其科学性学科特色，因为它以马克思主义为指导，而"在人类思想史上，就科学性、真理性、影响力、传播面而言，没有一种思想理论能达到马克思主义的高度，也没有一种学说能像马克思主义那样对世界产生了如此巨大的影响。这体现了马克思主义的巨大真理威力和强大生命力，表明马克思主义对人类认识世界、改造世界、推动社会进步仍然具有不可替代的作用。"② 思想政治教育的科学性特点主要通过引导社会成员确立科学的生活方式、最终通过促进人的自由全面发展得以体现的。新时代的思想政治教育要"回应现实需要，以我们正在做的事情为中心，聆听人民心声，回应现实需要"③，以马克思主义尤其是马克思主义中国化的最新理论成果——习近平新时代中国特色社会主义思想为指导来解决思想政治学科建设与发展中的突出问题，必须与人民群众的现实生活实际相结合，生活化思想政治教育在这一过程中起着至关重要的作用。

生活化思想政治教育重视引导人们确立科学的生活方式。生活方式是

---

① 《马克思恩格斯全集》（第2卷），人民出版社1957年版，第167页。
② 《习近平谈治国理政》（第2卷），外文出版社2017年版，第65页。
③ 同上书，第66页。

由社会历史总体条件决定的人的现实社会行为模式，是"在一定社会客观条件的制约下，社会中的个人、群体或全体成员为一定的价值观念所指导的、满足自身生存发展需要的全部生活活动的稳定形式和行为特征。"[①] 开放的社会环境与现代电子媒介和互联网的发展，改变了人们传统的生活方式，铺天盖地的各种信息、各种价值理念和社会思潮都在影响和冲击着社会主导价值观。西方国家利用其发达的科学技术和强大的经济实力将他们的价值理念和制度、文化传播到世界各地，一些人在来不及辨别、判断、选择的前提下，成了西方文化的"顺民"，生活方式的浮躁化、随意化特征明显。生活化思想政治教育通过引导个体的生活实践，验证思想政治教育的必要性与科学性。它在传承中华民族特定价值体系、思维方式、社会观念、伦理观念和审美情趣等精神特质的同时，引导人们用宽广的眼界观察世界，促使个体培养与形成开放态度与合作精神，引导人们选择并确立与社会发展相适应的生活方式。当然，这里所说的生活方式不是一种预测式的生活方式，而是一种实践生成式的生活方式。

生活化思想政治教育的终极目的是为了促进人的自由全面发展，而不是为了在生活世界中加强对人民的思想钳制。因此，思想政治教育在原则上强调平等与和谐，方法上注重启发与引导，内容上强调理解与包容，从而突出其尊重人、理解人、关心人并最终促进人的自由全面发展的目的。郑永廷教授指出："思想政治教育学科，从人的层面讲，就是促进人的全面发展的学科，而人的全面发展就使人的主体性增强。"[②] 提升和增强人的主体性，既要在现实生活中充分尊重与发挥教育者与受教育者的自主性与积极性，又要使他们充分认识到在社会生活进行思想政治教育的必要性，促使人们在生活实践中形成自觉的活动方式，通过开放式、参与式、民主化与生活化的思想政治教育活动，不断提升其思想政治素质，其效果要远好于具有"强迫性""施加性""受动性"特征的传统思想政治教育方式。人们在社会生活实践中

---

① 王雅林：《生活方式概论》，黑龙江人民出版社1989年版，第2页。
② 郑永廷、张国启：《论思想政治教育学科建设与发展》，《思想教育研究》2006年第2期。

会自觉不自觉地接受生活化思想政治教育传播的价值理念,而社会主义意识形态的育人价值与导向价值在潜移默化中被社会成员内化为生活态度与生活方式,激励着人们提升自身的创造精神与实践能力,人们在健康向上、和谐有序的生活世界中不断促进自身的发展,最终向自由全面发展的目标迈进。

第四节 网络思想政治教育

网络空间的产生和信息化社会的到来,使网络思想政治教育分支学科的建设与发展被提上思想政治教育学科建设的日程。在网络领域这个新空间,人的虚拟实践与人的现实生活实践的关系,引起了人们越来越多的关注。习近平指出:"互联网已成为舆论斗争的主战场。……在互联网这个战场上,我们能否顶得住、打得赢,直接关系我国意识形态安全和政权安全。"[1] 在网络世界的虚拟实践,既是人的现实生活实践的延伸、优化和发展,在某种程度上与人的现实生活实践又存在着较大不一致性、差异性。人们在虚拟实践活动中形成的各种关系称之为虚拟关系,随着电脑的广泛应用以及互联网络的迅速扩大,虚拟关系对现代人的精神生活与价值引导的意义越来越重要。虚拟实践和虚拟关系构成了人们在网络空间的学习、工作、生活和交往方式,它拓展丰富了现代人的社会关系。正如安东尼·吉登斯所说的:"一个瞬时电子通讯的世界——即使是那些生活在最贫穷地区的人们也能参与到这个世界之中——正在瓦解各地的地方习惯和日常生活模式"[2],哪怕相距遥远的各国人民,都可能随时会感到互联网对人们现实生活的深刻影响。因此,网络空间的出现和信息化社会的到来,不仅为人们开辟了一个新的生存与发展空间,而且对人们现实的学习、工作、生活和思维方式产生了广泛而深刻的影响。这种新的空间与新的影响,成为思想政治教育学科必须面对和研究的新课题。

---

[1] 中共中央文献研究室编:《习近平关于社会主义文化建设摘编》,中央文献出版社2017年版,第28—29页。

[2] [英]安东尼·吉登斯著:《第三条道路——社会民主主义的复兴》,郑戈、渠敬东、黄平译,北京大学出版社2000年版,第34页。

一 网络思想政治教育内涵的时代阐释

目前,学术界关于网络与思想政治教育之间关系的研究非常热门。有的学者提出利用网络开展思想政治教育的活动及其学科形态,应当称之为"网络化思想政治教育",它是思想政治教育的一个分支学科。大部分学者都认为,反映人们利用互联网作为传播思想观念、政治观点和道德规范的思想政治教育形式应当成为"网络思想政治教育"。还有些学者提出相关的概念,如思想政治教育网络化、网络德育等。本研究比较赞同网络思想政治教育作为思想政治教育分支学科的提法。许多学者从不同的视角对网络思想政治教育的内涵和概念作出了界定,比较有影响的界定出自张耀灿、郑永廷等专家所著的《现代思想政治教育学》中:"网络思想政治教育是在互联网和信息技术迅速发展的时空境遇下,以认清网络本质和影响为前提,利用网络促使思想政治教育运行的虚拟实践活动。相对传统思想政治教育运行于现实的物理空间而言,网络思想政治教育运行于由网络所营造的虚拟空间中,因而在运行方式、对象、内容、效果等方面具有与传统思想政治教育不同的特性,成为思想政治教育当代发展的重要形态之一。"[1] 这段论述较好地揭示了网络思想政治教育的本质内涵。

第一,网络思想政治教育是一种存在于网络空间之中的思想政治教育活动形态。它是以计算机、移动终端、人工智能和信息技术为基础形成的数字化符号系统,以数字、图像、声音等抽象方式表达有形事物和现象,通过网络空间传播价值观念和思想意识,而网络世界本身就是一种虚拟环境,与现实世界中的思想政治教育活动相比,网络思想政治教育具有鲜明的虚拟性、多元性和丰富性。思想政治教育的主要目的在于让一定的社会成员掌握和接受一定的思想观念,形成一定的世界观、人生观和价值观,并最终在现实生活中确立良好的生活方式与生活态度。但网络思想政治教育中的教育主体、教育客体、教育环体与教育介体,与现实生活中的思想政治教育情景又有很大的差别,这里的思想政治教育主体所要面对的教育客体具有不确定性、虚拟性,思想政治教育环体

---

[1] 张耀灿、郑永廷等:《现代思想政治教育学》,人民出版社2006年版,第98页。

的虚拟性、不确定性主要基于网络的不断变更及其传播思想体系的复杂多变所构成的人的网络教育场景,而思想政治教育介体中渗透着虚拟化、多元化与诱惑性的网络信息,与传统思想政治教育以有形事物和现象为中介的现实空间相比,网络思想政治教育的价值与功能似乎很难找到合适的发挥途径,这种信息或符号空间具有鲜明的虚拟性,但虚拟不等于虚假,网络思想政治教育传播的价值体系与思想观念对网民的影响是实实在在的。尤其是一些大学生网民,生活阅历浅,对信息的选择辨认能力较差,最容易受到不良信息的影响,因此,他们应当是网络思想政治教育的主要客体群。

第二,网络思想政治教育的运行方式具有网状和去中心化特征。网络思想政治教育的空间是网络状的传播结构,思想政治教育内容和信息以一对一、一对多、多对多、多对一的方式在个体之间运行,与传统思想政治教育的一对一、一对多的直线和中心化运行方式相比,它具有明显的网状与去中心化特征。它是以传统思想政治教育为基础,在运行空间和方式上的网络化发展。这种特征使思想政治教育主体与思想政治教育客体之间的对话成为可能,因为在传统的思想政治教育中,思想政治教育的主体一般是以长者、师长的形象出现,似乎具有一种居高临下的优势,并容易在思想政治教育的过程中控制、支配思想政治教育客体的思想和行为。思想政治教育客体在传统思想政治教育中,由于年龄、生活阅历或者出于对思想政治教育主体的尊敬,往往在思想政治教育过程中居弱势地位。网络思想政治教育的发展,为思想政治教育主体与思想政治教育客体之间的平等对话搭建了平台,特别是在网络空间思想政治教育客体的身份具有虚拟性,所以思想政治教育客体可以大胆、直白地与思想政治教育主体开展交流式、探讨式的思想政治教育,思想政治教育的客体容易受到尊重。网络思想政治教育的发展,必须考虑和研究网络的特点,根据网络特点有针对性地开展思想政治教育。网络思想政治教育还应当研究和探索网络空间思想政治教育的新理论、新形式、新方法,真正把现实性教育与虚拟性教育结合起来等问题,是网络思想政治教育应当解决的主要问题。

第三,网络思想政治教育的海量信息传播,为思想政治教育由"前喻文化"教育模式转变为"后喻文化"教育模式提供了现实可能性。

传统的思想政治教育模式主要是前人对后人、成年人对未成年人通过经验式的途径进行教育，一般使思想政治教育主体以自身的经历和多年的经验来告诉思想政治教育客体，引导他们的思想和行为向思想政治教育主体所希冀的方向发展，这就是典型的"前喻文化"教育模式，通过"前人教育后人"的方式传播主流价值观和优秀传统文化来实现思想政治教育的目的。"前喻文化"的思想政治教育模式为"灌输"理论的发展提供了基本的文化机制，在传统社会中，无论是思想政治教育还是其他的教育形态，一般都是"前喻文化"教育模式。由此，列宁指出："工人本来也不可能有社会民主主义的意识。这种意识只能从外面灌输进去。"[①]"前喻文化"教育模式的一个基本前提预设是，教育主体是比较成熟的、具有较高理论水平的且体现社会发展要求的个体或群体。"后喻文化"教育模式则与之不同，思想政治教育的主体失去了权威性的光环，它甚至表达了一种后人教育前人、未成年人教育成年人的教育思想。在网络环境中，广大未成年人与年轻人是这里活跃着的主体，他们思维活跃、行为乖张、大胆前卫，对新知识与新技术的理解接受能力较强，而广大成年人在网络虚拟环境中似乎被边缘化，甚至成了被教育的对象。因此，网络思想政治教育中信息传播的海量性、新奇性、复杂性、中立性与隐蔽性等特征，容易使思想政治教育的主客体之间形成"后喻文化"教育模式。

二　网络信息的海量性与思想政治教育发展的阵地意识

网络信息的海量性是指"网络领域信息资源的无限丰富性和快速变更性，它突破了传统媒体如书刊、广播、电视等储存、传播信息的局限，实现了信息跨时空的交换与连接。网络信息的海量性不仅表现在信息的容量、信息的种类、信息的来源、信息的方式的多样性，而且表现在信息流变、传递、交换的快速性。"[②] 在海量信息与庞杂内容的冲击和渗透下，一些人的民族认同感、归属感和自豪感渐渐被所谓的"全球意识""世界公民"等理论所淹没和冲淡，他们开始在追求普世伦理的

[①]《列宁选集》（第1卷），人民出版社2012年版，第317页。
[②] 郑永廷:《人的现代化理论与实践》，人民出版社2006年版，第355页。

过程中迷失自我，要想使广大人民群众不至于在网络空间迷失自我，网络思想政治教育学科建设与发展必须增强阵地意识。阵地是意识形态工作的基本依托，也是思想政治教育学科建设与发展的基本依托，习近平指出："让互联网成为我们同群众交流沟通的新平台，成为了解群众、贴近群众、为群众排忧解难的新途径，成为发扬人民民主、接受人民监督的新渠道。"① 思想政治教育学科建设必须高度重视网络阵地建设，强化新时代思想政治教育发展的阵地意识非常重要。

第一，网络思想政治教育是根据传播学原理和思想宣传原理，利用互联网所进行的思想政治教育。这种思想政治教育形态是适应网络信息的传播应运而生的，它符合现代人自我发展与尊重个性的要求，引导人们在网络环境中科学应对各种社会思潮的渗透，引导人们在社会生活实践与网络实践行为中自觉提高思想道德素质。习近平指出："随着新媒体快速发展，国际国内、线上线下、虚拟现实、体制外体制内等界限愈益模糊，构成了越来越复杂的大舆论场，更具有自发性、突发性、公开性、多元性、冲突性、匿名性、无界性、难控性等特点。任何事物都有两面性，新媒体发展也为做好党的新闻舆论工作提供了机遇。要主动借助新媒体传播优势，完善运用体制机制，打通并用好同群众信息交流的新渠道。"② 在这里，习近平辩证地阐述了重视网络阵地建设的重要性，强调互联网在开展思想政治教育过程中的极端重要性，为思想政治教育学科建设指明了方向，新时代网络思想政治教育的建设与发展，必须增强阵地意识。

第二，强调网络思想政治教育发展的阵地意识，应当在互联网上积极建立红色网站，弘扬主旋律。习近平指出："网络空间是亿万民众共同的精神家园。网络空间天朗气清、生态良好，符合人民利益。网络空间乌烟瘴气、生态恶化，不符合人民利益。谁都不愿生活在一个充斥着虚假、诈骗、攻击、谩骂、恐怖、色情、暴力的空间。"③ 因此，思想政治教育学科的建设与发展，必须加强网络阵地建设，加强学生互动社

---

① 《习近平谈治国理政》（第2卷），外文出版社2017年版，第336页。
② 中共中央文献研究室编：《习近平关于社会主义文化建设摘编》，中央文献出版社2017年版，第45页。
③ 《习近平谈治国理政》（第2卷），外文出版社2017年版，第336页。

区、主题教育网站、专业学术网站和"两微一端"建设,运用大学生喜欢的表达方式开展思想政治教育。强化网络思想政治教育发展的阵地意识,必须"本着对社会负责、对人民负责的态度,依法加强网络空间治理,加强网络内容建设,做强网上正面宣传,培育积极健康、向上向善的网络文化,用社会主义核心价值观和人类优秀文明成果滋养人心、滋养社会,做到正能量充沛、主旋律高昂,为广大网民特别是青少年营造一个风清气正的网络空间。"① 面对"网络也是一把双刃剑"的现实问题,思想政治教育分支学科的建设与发展,尤其是网络思想政治教育的发展,必须加大红色网站的建设力度,弘扬主旋律,打好主动仗。一方面,网络思想政治教育要"创新改进网上宣传,运用网络传播规律,弘扬主旋律,激发正能量,大力培育和践行社会主义核心价值观,把握好网上舆论引导的时、度、效,使网络空间清朗起来。"② 这里的弘扬主旋律主要指用马克思主义特别是习近平新时代中国特色社会主义思想引领、主导和整合网络空间舆论,弘扬爱国主义、集体主义、社会主义,弘扬中华优秀文化传统和价值观。另一方面,要加强网络道德规范建设和网络道德建设。"要多一些包容和耐心,对建设性意见要及时吸纳,对困难要及时帮助,对不了解情况的要及时宣介,对模糊认识要及时廓清,对怨气怨言要及时化解,对错误看法要及时引导和纠正。"③ 同时,引导网民自觉约束和规范自己的网络行为,做遵纪守法的好网民。

  第三,强调网络思想政治教育发展的阵地意识,必须建立网络思想政治教育学分支学科。网络空间的产生和信息化社会的到来,要求思想政治教育学科必须建立以网络社会条件下人的虚拟存在为研究对象的分支学科——网络思想政治教育学。网络技术的迅猛发展和社会生活信息化,极大地延伸了人类社会的生活时空,使人类的社会生活由单纯的现实性存在形态走向与虚拟性存在相结合的时代,虚拟生存方式的产生使重视"现实的人"和"在其现实性上"研究人的生活方式的马克思主

---

  ① 《习近平谈治国理政》(第2卷),外文出版社2017年版,第337页。
  ② 中共中央文献研究室编:《习近平关于社会主义文化建设摘编》,中央文献出版社2017年版,第35页。
  ③ 《习近平谈治国理政》(第2卷),外文出版社2017年版,第336页。

义理论体系面临前所未有的挑战，以马克思主义为指导的思想政治教育学科建设不可避免地受到冲击和影响。传统的思想政治教育系统中，教育的主体、客体以及教育过程都处在现实确定的社会关系之中，然而网络的开放性、交互性、虚拟性、时空压缩等特点，使网络视景中的教育主体、客体具有虚拟性，教育过程也呈现出自由性、不确定性、风险性，并引起沟通方式和互动模式的巨大变革，针对网络空间中存在的个体如何开展思想政治教育，这是思想政治教育主体面临的新的艰巨任务。探讨网络环境中人们之间的社会关系、生存价值和存在意义具有重要价值，研究适合现代人发展的生活方式、行为规范、实践方式，构成了思想政治教育学科发展的新领域，但也使思想政治教育学科功效和价值实现陷入了新的困境。网络环境中主体和客体的二元化方式存在，彼此之间的信任感降低、不确定性增强，虚拟生活方式与现实生活方式之间、理想化生存与世俗性生存之间、人的类存在与民族性存在之间的矛盾空前突出，这些矛盾单靠传统的思想政治教育分支学科无法取得令人满意的教育实效，研究网络视景中的思想政治教育规律，建立网络思想政治教育学已提上日程，这有赖于广大思想政治教育者对此作出进一步的思考和探索。

三　网络领域的诱惑性与思想政治教育发展的反思意识

网络领域的诱惑性要求网络思想政治教育发展必须强化反思意识。互联网作为现代科学技术的产物，它必然随着科学技术的发展而不断得以改进与完善。随着网络传播信息的内容和形式不断翻新，这些内容和形式往往就对一些社会成员具有显著的吸引力，使他们对互联网产生依赖与迷恋，因此，网络领域的诱惑性非常明显，诚如郑永廷教授所指出："诱惑性是网络的一种特性，这种特性主要表现为新颖性、奇异性、成瘾性。"① 多元化的文化形态和价值观念以信息化、快捷化的互联网传播方式影响和塑造着人们的日常生活世界，对人们的文化形态辨别能力和价值观的选择能力提出了新要求，思想政治教育发展中的反思意识，就是要引导广大网民正确认识与科学对待网络社会的

---

① 郑永廷：《人的现代化理论与实践》，人民出版社 2006 年版，第 356 页。

诱惑性，引导他们确立与建构美好生活需要相适应的思维方式和生活方式。

第一，网络思想政治教育发展的反思意识，要求教育主体必须保持战略定力、站稳政治立场。思想政治教育由教育主体发动、组织和实施，教育主体的思想政治素质如何，对思想政治教育的价值实现意义重大。广大思想政治教育者"要增强看齐意识，自觉向党中央看齐，自觉向党的理论和路线方针政策看齐，自觉向党中央决策部署看齐。要增强战略定力、站稳政治立场，在'乱花渐欲迷人眼'的诱惑干扰面前，保持'乱云飞渡仍从容'的政治定力，决不能发表同中央不一致的声音，决不能为错误思想言论提供传播渠道。"[①] 现代人生活在网络社会与现实生活世界的互动之中，其价值判断和行为选择的场域更为广阔，各种思想观念、价值观点通过网络迅速传播与蔓延，价值的隐秘性和规范性也消失殆尽，人们大多凭着兴趣、爱好形成价值认同，缺乏对价值的理性反思和正确选择，人们"由此便出现了一种单向度的思想和行为模式"。马尔库赛所批判的工业化社会进程中人们由于缺乏批判与反思的维度所导致的"单向度的人"，在网络领域也开始出现，人们在眼花缭乱的信息传播中来不及思考便接受了大量信息，在信息成瘾中承受着信息压迫带来的"痛，并快乐的"生活模式，网络思想政治教育学科发展的一个重要课题，就是教育主体要保持战略定力、站稳政治立场，积极引导社会成员在理性的反思中正确区分"真正的丰富性"社会关系与虚假的、泡沫式的信息繁荣，从而引导社会成员选择和形成健康向上、能动创造的思维方式与生活方式。

第二，网络思想政治教育发展的反思意识，强调引导受教育者科学认识思想文化的交流、交融与交锋。个体只有在反思的基础上才能进行正确的价值判断与行为选择，才能促进自身的发展与社会的繁荣、进步，而网络思想政治教育也只有在不断提升受教育者的价值反思意识基础上才能实现其学科建设价值。马克思指出："历史向世界历史的转变，不是'自我意识'、世界精神或者某个形而上学幽灵的某种纯粹的抽象

---

① 中共中央文献研究室编：《习近平关于社会主义文化建设摘编》，中央文献出版社2017年版，第41页。

行动，而是完全物质的、可以通过经验证明的行动，每一个过着实际生活的、需要吃、喝、穿的个人都可以证明这种行动"①，日常生活的网络化进程不断提升个体生存的"世界意义"，尽管网络所构成的生活世界是虚拟世界，但也可以通过人们的日常生活感知和体验。诚如英国社会学家安东尼·吉登斯从时空伸延视角研究现代生活场域，指出"世界范围内的社会关系的强化，这种关系以这样一种方式将彼此相距遥远的地域连接起来，即此地所发生的事件可能是由许多英里以外的异地事件而引起，反之亦然。这是一个辩证的过程。因为有这种可能，即此地发生的桩桩事件却朝着引发它们的相距遥远的关系的相反方向发展。"②互联网所构成的虚拟环境加剧了民族国家间的相互作用，思想文化的相互渗透在一定意义上削弱了主导价值观的影响，以致文化之间的碰撞容易对人的世界观、人生观和价值观发生深刻影响。因此，网络思想政治教育分支学科的建设与发展，必须重视激发个体的反思意识，这样人们才不会在全球化、网络化的现代生活中迷失自我。

第三，网络思想政治教育发展的反思意识，强调引导广大网民避免因好奇而陷入"西方价值的圈套"。西方发达国家凭借发达的科学技术广泛传播其价值理念，对广大发展中国家的民众具有一定的迷惑性、诱导性，我国一些社会成员由于对这些价值理念充满好奇而陷入"西方价值的圈套"。随着信息技术的发展和互联网的广泛应用，人们在全球范围和虚拟世界通过象征标志和专家系统所形成的"脱域机制"而参与全球社会分工和形成人类的共同生活，"在现代，时空伸延的水平比任何一个前现代时期都高得多，发生在此地和异地的社会形式和事件之间的关系都相应地'延伸开来'。"③ 人们的联系与交往真正开始走向全世界，任何国家、民族和个人都不可能回避全球性的影响而把自己真正封闭起来，但是必须确立价值反思意识，高度重视民族精神的弘扬。马克思针对资本主义兴起时思想文化的相互渗透时指出："过去那种地方的和民族的自给自足和闭关自守状态，被各民族的各方面的互相往来和各

---

① 《马克思恩格斯选集》（第1卷），人民出版社2012年版，第169页。
② ［英］安东尼·吉登斯：《现代性的后果》，田禾译，译林出版社2000年版，第56—57页。
③ 同上书，第56页。

方面的互相依赖所代替了。物质的生产是如此，精神的生产也是如此。各民族的精神产品成了公共的财产。民族的片面性和局限性日益成为不可能，于是由许多种民族的和地方的文学形成了一种世界的文学。"①网络环境的发展使价值观念与思想观点也开始了所谓的"全球配置"，生活世界似乎成了没有边际和无法隔离的场域，现代人的思想和行为无不打上全球化的烙印，如果借用社会学的概念，互联网的广泛应用导致现代人生活的丰富性、敏感性的价值关联可以被生动地表述为"蝴蝶效应"②，这一效应在当今社会比以往任何一个时代都更具有真实的社会内涵。网络思想政治教育学科的发展必须具有反思意识，教育主体要"靠马克思主义真理的力量，靠深入细致的思想政治工作，用真理揭露谎言，让科学战胜谬误"③，避免使广大网民成为西方价值观的"顺民"与"羔羊"。

四　网络空间的虚拟性与思想政治教育发展的主体意识

现代社会许多人的大部分时间是在电脑桌前度过的，每天获取的信息也主要依赖互联网。"秀才不出门，能知天下事"的生活理想在全球化、网络化的今天真正得以实现了。网络空间构成的虚拟社会与现实社会的互动，形成了一种全新的生活方式和生活空间，尼葛洛庞帝将其定义为"数字化生存"④。但是互联网络所构成的是一个虚拟世界，它和现实生活是有差别的，很多人越来越习惯网络的交流方式和思维习惯，沉迷于网络生活不能自拔，忽视了生活的现实性，把网络里的虚拟生活现实化，这不仅不符合现实世界的生活规律，也严重影响了个体的生活

---

① 《马克思恩格斯选集》（第1卷），人民出版社2012年版，第404页。
② "蝴蝶效应"是美国麻省理工学院气象学家洛伦兹（Lorenz）于1963年提出来的，他在分析世界气候条件的相关性变化时谈到，一个蝴蝶在巴西亚马孙丛林轻拍翅膀，可能导致一个月后得克萨斯州的一场龙卷风。后来社会学界用"蝴蝶效应"指在一个动力系统中，初始条件下微小的变化能带动整个系统的长期的巨大的连锁反应。"蝴蝶效应"通常用于天气、股票市场等在一定时段难于预测的比较复杂的系统中，这里借用主要强调人们之间生活的关联紧密性。
③ 中共中央文献研究室编：《习近平关于社会主义文化建设摘编》，中央文献出版社2017年版，第28页。
④ ［美］尼葛洛庞帝：《数字化生存》，胡泳、范海燕译，海南出版社1996年版，第269页。

能力和现实交往方式的形成,造成个体情感冷漠化,生活方式平面化、数字化,在某种意义上也妨碍了个体思想道德素质的提高,不利于个体的自由全面发展。

第一,网络空间的虚拟性容易造成"信息异化"的对象,必须强化思想政治教育发展的主体意识。广大社会成员尤其是青少年,既是开放社会环境和网络化的直接受益者,又是在开放环境中最容易被信息异化的人群。上网次数越多、追逐信息越热烈的群体,越容易成为"信息异化"的对象。由于许多人对网络信息的分辨性极差,往往不能正确分辨和选择纷繁复杂的信息尤其是网络信息,甚至上网"成瘾",出现了个体的生活被信息牵引或主导的现象,"当他们在网络中缺乏或丧失主体性之时,往往就是他们信息同化与抽象化之际。"① 毫无疑问,在互联网所形成的虚拟社会环境中,个体的活动范围和获取信息的范围空前扩大,面对海量的信息与经常变换的人和事,不仅使个体的"视野、思维、心理得到扩充与丰富,而且每个人都会按照自己的价值标准和期望进行比较、评判和取舍,显示主体对开放环境的适应与把握。"② 如果个体的主导价值观发生偏斜和替代,则不利于个体的健康生活,甚至会影响社会的和谐进步。

第二,网络空间的虚拟性容易造成平面化、碎片化现象,必须强化思想政治教育发展的主体意识。面对一些人生活的平面化和数字化趋势,网络思想政治教育要大力弘扬伟大的中华民族精神,从理论与实践发展的视角对互联网与现代人的发展作出符合科学性和价值性的解释,引导人们在丰富性与复杂性交织的精神生活中保持社会主义意识形态的主导性,积极为个体的发展提供目标激励和价值选择的空间,从而在弘扬主旋律过程中为人的自由全面发展提供精神动力和智力支持,消除个体发展中存在的平面化、碎片化、数字化现象。网络思想政治教育的发展,必须挖掘中华文明的思想道德教育资源,引导和规范现代人的思维和行为,从而打破狭隘、片面的发展观,实现以科学的思想观念、政治

---

① 郑永廷、张彦:《德育发展研究》,人民出版社2006年版,第98页。
② 郑永廷:《现代思想道德教育理论与方法》,广东高等教育出版社2000年版,第245页。

观点和道德规范对个体思想和行为的引导具有重要意义。网络思想政治教育发展的过程,既是社会意识的传递和继承过程,也是个体在虚拟社会与现实社会交织中把科学、丰富的价值理念用于指导个体实践以实现真正的个体主体化的过程,网络思想政治教育建设与发展得越好,人的思想和行为就越符合社会的发展要求,个体主体化程度也就越高。强化思想政治教育发展的主体意识,教育主体应当引导人们努力追求科学价值观,促使其选择道德化、高尚化的社会生活。

第三,网络空间的虚拟性改变了传统的时空结构,必须强化思想政治教育发展的主体意识。传统时空结构的改变,不仅为人们开辟了一个全新的生存与发展空间,而且对人们现实的学习、工作、生活和思维方式产生了广泛而深刻的影响。这种新的空间和新的影响,成为思想政治教育学科必须面对和研究的新课题。同时,网络领域作为信息传播、交流的"集散地",作为信息选择、整合的"优化场",作为关系调节、时空运筹的"新空间",可以提供丰富的学习资源,扩大人们的知识视野和交往空间,通过比较借鉴优化发展方式和自主培养创新精神与实践能力。网络的这些特性与功能,也为思想政治教育学科发展创设了一个新领域。思想政治教育学科如何根据网络的特点,研究虚拟空间思想政治教育的新理论、新形式、新方法;如何发挥网络思想政治教育的功能;如何把现实性教育与虚拟性教育结合起来等问题,是网络思想政治教育亟待解决和研究的课题。[①]

[①] 参见郑永廷、张国启《论思想政治教育学科建设与发展》,《思想教育研究》2006年第2期。

第五章
新时代思想政治教育发展的功能审视

思想政治教育功能是思想政治教育本质的体现，它必然随着社会形态的更替与人的社会实践的发展而发展。思想政治教育是一项具有思想性、精神性和强烈意识形态性的实践活动，用社会主流价值观武装社会成员是其基本功能之所在。马克思恩格斯在《共产党宣言》中就明确指出："思想的历史除了证明精神生产随着物质生产的改造而改造，还证明了什么呢？任何一个时代的统治思想始终都不过是统治阶级的思想。"[1] 当社会的阶级关系与社会实践发生变化时，思想政治教育作为体现统治阶级意志和维护统治阶级利益的重要途径，必然要反映社会存在，换句话说，不同社会形态下人的社会实践活动的发展变化，必然引起思想政治教育及其功能的发展变化。中国特色社会主义进入新时代，我国社会主要矛盾已经转化为人民日益增长的美好生活需要和不平衡不充分的发展之间的矛盾，这一矛盾的变化是关系全局的历史性变化，对新时代的思想政治教育提出了新的要求，在很大程度上也引起了思想政治教育功能的发展变化与调整。

第一节 思想政治教育功能内涵的时代阐释

研究思想政治教育功能，一个基本的出发点就是从功能的基本涵义研究开始。只有充分理解和把握思想政治教育功能的基本内涵，才能进

---

[1] 《马克思恩格斯选集》（第1卷），人民出版社2012年版，第420页。

一步研究与把握思想政治教育功能的发展。

一 思想政治教育功能的内涵界定

一般地讲，功能是一个系统因其要素与结构而产生的客观性作用，它是不以人的意志为转移的。从严格意义上来讲，功能是对事物自身而言，是一种潜在的作用，较少用于人与人之间特定关系以及社会的行为方式及机构，它的实现是有条件的。关于思想政治教育功能的界定，应当建立在对功能概念的理解把握之上。目前思想政治教育学界在对思想政治教育功能进行研究时，绝大部分学者并没有对思想政治教育功能的概念和内涵进行较为清晰地界定，而是直接论述思想政治教育具有哪些功能。

在目前学术界关于思想政治教育功能的界定中，主要有三种代表性观点，即"作用论""结果论"和"职能论"。从"作用论"出发研究思想政治教育功能的学者认为，思想政治教育功能是指思想政治教育所发挥的效能和它具有的极其重要的社会作用。比较有代表性的观点出自张耀灿、陈万柏主编的《思想政治教育学原理》，该书中指出："思想政治教育的功能是指思想政治教育对教育对象乃至整个社会所发生的积极独特的作用或影响。"[①] 一些学者从"作用论"出发结合德育视角界定其功能，对思想政治教育功能的界定也具有借鉴意义，如曹书庆认为，德育功能就是德育对于受教育者个体和社会所起的作用；谭变娥指出，德育功能是教育者在培养被教育者品德活动中产生的现实或后续作用。从"结果论"出发对思想政治教育功能进行研究的学者们认为，思想政治教育功能是思想政治教育系统内部诸要素之间以及系统与环境之间相互作用时所产生的结果。学者程建平对这种功能论解释予以支持。还有的学者结合德育视角来谈其功能，如学者卢跃青也认为，德育功能是指德育对于个体和社会所产生影响的客观结果。从"职能论"视角出发对思想政治教育功能进行界定的学者们认为，思想政治教育功能是指思想政治教育能够承担的职责和应当具有的职能，简言之，就是思想政治教育能够做什么和不能做什么，也有不少学者支持该观点。目

[①] 张耀灿、陈万柏主编：《思想政治教育学原理》，高等教育出版社2001年版，第69页。

前,从"作用论"的视角对思想政治教育功能进行界定的观点被大多数学者所接受。

　　本研究认为,所谓思想政治教育的功能是指思想政治教育已经产生或者将要产生的结果,尤其是指思想政治教育活动引起的变化、产生的作用。从概念界定视角来看,本研究的界定属于"结果论",它是从系统论出发,强调重视思想政治教育对社会或个人所能产生的影响,其功能的发挥在于其自身活动方式的实现,这是由其自身所具有的属性与结构的多样性决定的。当然,从某种意义上讲,思想政治教育功能的"结果论"界定是建立在"作用论"的基础之上的,因为思想政治教育已经产生或者将要产生的结果,更多的是思想政治教育在客观上发挥作用之后的体现,哪一种功能满足个体与社会的需要,该种功能就有价值,反之,该种功能就没有价值。

　　思想政治教育系统是由思想政治教育的主体、客体、环体和介体等要素构成的复杂系统,思想政治教育功能的发挥及其实现取决于系统内部诸要素的有机结合。思想政治教育系统的复杂性和多层次性,也决定了思想政治教育功能的复杂性。有的学者认为,从思想政治教育的传统功能来看,"导向功能与稳定功能是思想政治教育的基本功能"[1];也有的学者认为,思想政治教育应具有"保证、导向、凝聚、激励、调节、转化"等六大功能[2];也有的学者认为思想政治教育具有"导向、保证、育人、开发"等四项功能[3]。从这些有代表性的观点可以看出,导向功能、保证功能与育人功能是思想政治教育的基本功能。加强思想政治教育功能的发展研究,是坚定文化自信、推动中国特色社会主义文化发展的必然要求,是新时代开展素质教育的客观需要。思想政治教育的基本功能是思想政治教育得以存在的依据,是其教育本质的外在体现,也是思想政治教育得以存在和发展的重要基础。认识和掌握思想政治教

---

[1] 参见郑永廷《现代思想道德教育理论与方法》,广东高等教育出版社2000年版,第92页。

[2] 张耀灿、陈万柏主编:《思想政治教育学原理》,高等教育出版社2001年版,第69页。

[3] 参见张耀灿、郑永廷等《现代思想政治教育学》,人民出版社2006年版,第131—135页。

育的基本功能有利于提高思想政治教育亲和力、针对性、实效性。本章将详细阐述思想政治教育的导向功能、保证功能和育人功能等基本功能的新发展，使思想政治教育的基本功能在中国特色社会主义建设的伟大历史进程中不断得以发展，为社会的和谐发展与人的全面发展服务。

二 马克思恩格斯的思想政治教育功能思想解析

马克思与恩格斯从来没有直接地使用过"思想政治教育功能"一词，也没有明确阐述和揭示思想政治教育的基本功能。但是，马克思与恩格斯作为马克思主义的创始人、社会主义思想政治教育理论的奠基人，他们的思想体系与社会实践，为我们研究思想政治教育功能提供了许多新的理性启示，尤其是马克思和恩格斯运用辩证唯物主义和历史唯物主义的观点和方法分析思想意识和人的存在与发展、社会的进步与发展等观点，对思想政治教育功能问题的研究与发展都具有较为重要的借鉴意义。具体说来，马克思恩格斯提出的、对思想政治教育功能研究具有借鉴意义的理论观点主要包括：

第一，马克思恩格斯关于"社会存在决定社会意识，社会意识反映社会存在"的基本原理，对科学揭示思想政治教育功能提供了社会历史视角和现实可能。马克思恩格斯明确指出："不是意识决定生活，而是生活决定意识"[①]，从这一观点我们得出的启示是，思想政治教育功能是一种客观存在，但决不能陷入"思想政治教育万能论"的误区之中。社会上许多人把一些人在社会生活中不文明、不高尚、不道德的现象归结为思想政治教育的失败，提出所谓的思想政治教育"功能失效论"，殊不知，马克思恩格斯早已经揭示了"生活决定意识"的原理，思想政治教育虽然对人与社会的发展具有巨大作用，但它不是"包治百病"的"万能良方"，它脱离不了其所在社会的政治、经济和文化等因素的制约，这些社会力量既制约着思想政治教育功能的形成与发展，也制约着其功能的释放。所以，答案在于"一切社会变迁和政治变革的终极原因，不应当到人们的头脑中，到人们对永恒的真理和正义的日益增进的认识中去寻找，而应当到生产方式和交换方式的

---

① 《马克思恩格斯选集》（第1卷），人民出版社2012年版，第152页。

变更中去寻找；不应当到有关时代的哲学中去寻找，而应当到有关时代的经济中去寻找。"① 结合马克思主义基本原理我们可以得知，思想政治教育功能的发展，必须从社会现实生活、经济社会的发展中寻找答案，因此，有必要从社会主义市场经济发展的视角研究思想政治教育功能的发展。

第二，马克思和恩格斯关于"共产党一分钟也不忽略教育工人尽可能明确地意识到资产阶级和无产阶级的敌对的对立"②的论述，为我们揭示了重视思想政治教育功能发挥的重要性。在阶级社会中，思想政治教育功能具有鲜明的历史性、民族性和阶级性。如果脱离具体的社会历史条件，孤立地谈论思想政治教育功能，是不可能得以实现的。因此，马克思针对1875年德国社会主义工人党在《哥达纲领》中所写的"禁止童工"问题时批评说："普遍禁止儿童劳动是同大工业的存在不相容的，所以这是空洞的虔诚的愿望"。③ 马克思非常重视思想政治教育对社会发展的功能，他在《临时中央委员会就若干问题给代表的指示》中明确指出，"最先进的工人完全了解，他们阶级的未来，从而也是人类的未来，完全取决于正在成长的工人一代的教育"④。马克思恩格斯重视思想政治教育功能，但不盲目夸大思想政治教育功能。因此，马克思恩格斯在这里也揭示出了马克思主义的基本原理，在整个社会系统中，生产力和生产关系、经济基础和上层建筑的相互关系及其矛盾运动才是决定社会性质和社会变革的关键性因素。思想政治教育虽然对社会变革具有巨大的影响力，但并不是社会变革的决定性力量。期望仅仅通过思想政治教育功能的发挥来改变社会制度的想法是无法实现的。

第三，马克思恩格斯科学地揭示了人的发展与环境、教育的关系。在马克思以前，人们关于教育和环境与人的发展的关系主要有两种观点，一种是唯心主义的，认为人的发展是神所赋予的灵魂的发展，或者认为是人本身天生而赋有的先天力量的显露；另一种是机械唯物主义的，认为人是环境和教育的产物，完全否定人的主观能动性。马克思指

---

① 《马克思恩格斯选集》（第3卷），人民出版社2012年版，第654—655页。
② 《马克思恩格斯选集》（第1卷），人民出版社2012年版，第434页。
③ 《马克思恩格斯选集》（第3卷），人民出版社2012年版，第377页。
④ 《马克思恩格斯全集》（第16卷），人民出版社1964年版，第217页。

出:"环境是由人来改变的,而教育者本人一定是受教育的","环境的改变和人的活动或自我改变的一致,只能被看做是并合理地理解为革命的实践。"① 因此,马克思主义认为,人是具有能动性的社会人,人并不是消极被动、静止地接受外来力量的教育和影响,而是通过自己的实践活动能动地作用于客观对象。要注重在社会生活实践中发挥思想政治教育功能,同时思想政治教育功能的发挥要以促进人与自然、社会、自身的和谐为目标,主体性的增强决不意味着可以为所欲为。在现代社会,思想政治教育功能的发挥尤其要注意引导人与自然的和谐相处,因为"我们不要过分陶醉于我们人类对自然界的胜利。对于每一次这样的胜利,自然界都对我们进行报复。每一次胜利,起初确实取得了我们预期的结果,但是往后和再往后却发生完全不同的、出乎预料的影响,常常把最初的结果又消除了"②。

第四,马克思恩格斯科学地揭示了道德发展与社会发展之间的关系,为思想政治教育功能的发展提供了借鉴维度。思想政治教育传播的基本内容是思想观念、政治观点、道德观念,而"善恶观念从一个民族到另一个民族、从一个时代到另一个时代变更得这样厉害,以致它们常常是互相直接矛盾的"③。因此,思想政治教育必须根据社会实践的发展而发展,毕竟"人们自觉地或不自觉地,归根到底总是从他们阶级地位所依据的实际关系中——从他们进行生产和交换的经济关系中,获得自己的伦理观念"④。毫无疑问,不存在超阶级、超历史的"永恒道德",道德具有明显的历史性、阶级性,这一切都根源于它对经济的依赖,道德是经济关系在人们思想意识中的反应,它必然随着社会经济关系的变化而变化,必须随着社会关系的发展变化而变化。因此,脱离了社会发展而空谈思想政治教育及其功能的发展变化是没有意义的。

三 思想政治教育"功能"与其"价值""作用"的区别

在目前思想政治教育的学术研究成果中,思想政治教育的"功能"

---

① 《马克思恩格斯选集》(第1卷),人民出版社2012年版,第134页。
② 《马克思恩格斯选集》(第3卷),人民出版社2012年版,第998页。
③ 同上书,第469—470页。
④ 同上书,第470页。

往往与"作用""价值"等概念不加区分地混用,甚至一些学者本身也分辨不清楚三者之间的涵义有何差别,本章对该问题进行简单的研究与分析,希望得到各位专家、学者和读者们的批评指正。

1. 思想政治教育的作用

一般地讲,"作用"是对他物、他人而言,是一种表现出来的功能,潜在作用能否实现还受作用对象的状况及环境条件的影响。"作用"一词并不很适合表征所要研究的对象,"作用"相对应的是"反作用",它似乎更适合表述思想政治教育与其他事物之间的相互联系。"作用"一词的提法较多存在于日常用语之中,在学术研究中往往灵活运用、语义模糊,它一般和"地位"一词联合使用,如邱伟光、张耀灿主编的《思想政治教育学原理》(高等教育出版社1999年版)的第六章为"思想政治教育的地位与作用",并提出思想政治教育有导向作用、保证作用、育人作用、协调作用、激励作用等。而张耀灿、陈万柏主编的《思想政治教育学原理》(高等教育出版社2001年版)的第四章为"思想政治教育的战略地位与社会功能",这里所讲的思想政治教育功能有保证功能、导向功能、凝聚功能、激励功能、调节功能、转化功能等,其中有四项功能基本上等同于前述五大作用中的四大作用。由此可见,"作用"一词的涵义的确与"功能"有相通之处,它既可限于平面化的一般分析,也可以将"思想政治教育有什么用处"所涵盖的内容纳入考察范围。

随着英文"function"一词被翻译为"功能",而"功能"与事物的结构相对应,它与事物的构成要素以及整个系统都有密切的联系,不少学者发现"功能"这个词似乎更能说明思想政治教育所要研究的对象。思想政治教育的地位和作用是紧密相连的,要研究思想政治教育的作用,往往会提及地位。在社会主义和谐社会构建的伟大历史进程中,思想政治教育有着十分重要的战略地位,发挥着不可替代的作用,正如江泽民所指出:"党的思想政治工作,是经济工作和其他一切工作的生命线,是团结全党全国各族人民实现党和国家各项任务的中心环节,是我们党和社会主义国家的重要政治优势。思想政治工作的这种重要地位,是由我们党的性质和宗旨决定的,已被党的全部历史和全部经验所证明。"① 思想政治教育是思想政治工作的重要途径和基本内容，它的发展之所以引起学者们的高度关注，是由思想政治教育在社会发展与人的发展过程中的地位决定的。思想政治教育的战略地位决定了思想政治教育的作用可能发挥的程度，它的作用发挥的程度又实现着其相应的社会地位。只有科学地从社会结构与社会活动的大局以及人的自由全面发展的终极价值取向上认识思想政治教育的战略地位和作用，才能始终不渝地重视和加强思想政治教育，才能不断地推进思想政治教育的发展研究，才能真正发挥思想政治教育在促进社会发展进步与促进人的全面发展中的作用。

2. 思想政治教育的价值

价值问题一直是思想政治教育理论和实践的中心问题。马克思指出："'价值'这个普遍的概念是从人们对待满足他们需要的外界物的关系中产生的"②，客体及其属性满足主体的某种需要是价值产生的基本前提。一般地讲，"判断任何价值，必须弄清楚是谁的价值，这一点至关重要，否则就无法确定任何价值。在通常情况下，人们说某物有某种价值，似乎并未涉及任何的主体，但这往往是指在一般情况下对于一般人和社会的价值。"③ 新时代的思想政治教育要持续"满足学生成长发展需求和期待"④，这是由我国社会主义社会的性质决定的，也反映了中国特色社会主义意识形态发展的基本要求，体现了个体发展与社会进步的客观要求。新时代思想政治教育的价值体现在人把自身作为认识和实践的对象所构成的活动系统中，其主体和客体分别是代表广大人民群众利益的群体与个体，这里泛指当代中国人，介体是现代思想政治教育理论、方法、途径等，环体是包括风俗、社会舆论、宗教信仰、政治法律等因素的社会环境。在此基础上我们可以推断出，新时代思想政治教育的价值是指思想政治教育活动在社会关系中呈现出的合乎主体全面发展和人类社会进步目的的积极意义。

根据不同的标准和维度，思想政治教育的价值可以分为不同的类

---

① 《江泽民文选》（第3卷），人民出版社2006年版，第74页。
② 《马克思恩格斯全集》（第19卷），人民出版社1963年版，第406页。
③ 肖前：《马克思主义哲学原理》（下册），中国人民大学出版社1994年版，第662页。
④ 《习近平谈治国理政》（第2卷），外文出版社2017年版，第378页。

型。①按价值主体分,有个体性价值和社会性价值。新时代思想政治教育既有对个体的内在价值,也有因思想政治教育活动作用于社会政治、经济、文化和生态方面而产生的政治、经济、文化和生态价值。②按评价分,有绝对价值和相对价值。思想政治教育的绝对价值是指思想政治教育最终通过实现人的发展和社会进步而呈现出的终极价值;相对价值是指思想政治教育针对社会发展与人的发展的长远价值而言,也有的指它相对于其他思想政治教育活动价值的大小比较而言。[1] 学者们根据各自的研究还提出了一系列的价值分类方法,如从实现的可能性与现实性的维度把思想政治教育价值分为理想价值与现实价值;根据思想政治教育价值的性质将其价值分为正面价值与负面价值(至于负面的叫不叫价值,目前学术界争论比较大,因为一般意义上的价值是指事物对主体所呈现出的积极意义,本书并不赞同正面价值与负面价值的分类);根据思想政治教育价值的显现程度把其价值分为直接价值和间接价值等。

根据上述我们对思想政治教育的"功能""作用"以及"价值"的分析,我们知道,"作用"是一种使用比较灵活、突出"用途"的概念,它并不太适合作为确切的学术用语来使用,而研究思想政治教育的"作用"时一般与思想政治教育的"地位"放在一起,而思想政治教育的作用是由其地位所决定的。在思想政治教育发展研究中,比较难以区分的是思想政治教育的"价值"与"功能",本研究认为,所谓思想政治教育的"价值"与思想政治教育的"功能"可以从以下四个方面进行区分:①从活动方式与目的性上来区分,思想政治教育功能是由思想政治教育的系统结构来决定的,它更多的是通过思想政治教育活动的结果得以体现;而思想政治教育价值体现了思想政治教育主体与客体之间的一种特殊关系,这种特殊关系因为思想政治教育活动过程而对价值主体呈现出主观性意义。②从性质上来区分,思想政治教育功能一般是中性的、相对客观的,它是因系统结构而产生的结果,无所谓好坏,是一种自在性的状态;而思想政治教育价值主要是褒义的、积极的、正向的,在其特征上呈现出主观性特色,它是一

---

[1] 参见张耀灿、郑永廷等《现代思想政治教育学》,人民出版社2006年版,第172页。

种自为性的过程。③思想政治教育功能是因为事物的系统结构而出现的客观结果,所以功能的发挥并不意味着价值的实现,因为功能本身无所谓积极消极、正向负向;思想政治教育价值是对主体呈现出的积极意义,主体不同,价值也会有所区别。④从所属范畴上看,价值属于关系范畴,而功能属于结果范畴。当然,思想政治教育功能与思想政治教育价值之间有密切的联系,一般来说,思想政治教育价值的实现要依赖思想政治教育功能的发挥,而思想政治教育功能在某种意义上也体现着思想政治教育的价值。

四 思想政治教育功能发展的新特点

思想政治教育功能是由思想政治教育的系统结构决定的,思想政治教育系统诸要素的发展变化必然引起思想政治教育功能的发展变化。如果说思想政治教育研究领域的拓展属于外延式发展的话,那么,思想政治教育功能的发展则属于内涵式发展。学术界关于思想政治教育功能的发展研究目前正在深入进行,就思想政治教育功能发展的特点研究而言,有代表性的观点主要有两种:一种是从总体上把握思想政治教育功能发展的特点,概括性地总结和归纳出目前思想政治教育功能发展的总体特点;另一种是从具体功能研究出发,在研究思想政治教育的具体功能时分别介绍某一具体功能的发展特点。认同前者的代表性学术成果主要有张耀灿、郑永廷等著的《现代思想政治教育学》(人民出版社2006年版)、陈秉公著的《思想政治教育学原理》(高等教育出版社2006年版)和郑永廷著的《德育发展研究——面向21世纪中国高校德育探索》(人民出版社2006年版);认同后者的有代表性的学术著作主要有张耀灿、陈万柏主编的《思想政治教育学原理》(高等教育出版社2001年版)和邱伟光、张耀灿主编的《思想政治教育学原理》(高等教育出版社1999年版)。本节关于思想政治教育功能发展的特点是从总体上把握的,即采取第一种观点。综合学术界目前的研究成果,思想政治教育功能发展主要有以下三个特点:

第一,思想政治教育功能由复制向超越的发展。在传统社会中,思想政治教育的基本功能是维护阶级统治,传播与传授代表统治阶级的意志和思想,履行着"传道、授业、解惑"的历史使命。作为具有强烈意识形态性的思想政治教育,把社会长期发展进程中逐渐沉淀、固定和公认的思想道德体系复制给一代又一代的受教育者,形成了一系列僵化、模式化的思想政治教育原则和理论体系,因而,思想政治教育功能的发挥培养出一批又一批具有依附性人格的传统人才。恩格斯指出:"原则不是研究的出发点,而是它的最终结果;这些原则不是被应用于自然界和人类历史,而是从它们中抽象出来的;不是自然界和人类去适应原则,而是原则只有在符合自然界和历史的情况下才是正确的。"[1] 新时代思想政治教育功能的发展,必须紧密围绕"培养什么样的人、如何培养人以及为谁培养人"这个根本问题,重点解决"如何加强和改善党对高校的领导,如何巩固马克思主义在高校意识形态领域的指导地位,如何履行好立德树人的职责,如何更好地把高校师生凝聚在党的周围,如何发挥高校对全社会思想文化建设的促进作用"[2]。贯彻执行党的方针、政策只是手段,目的是培养德智体美劳全面发展的社会主义建设者和接班人。而"要说素质,思想政治素质是最重要的素质。不断增强学生和群众的爱国主义、集体主义、社会主义思想,是素质教育的灵魂。"[3] 因此,要想培养出更多、更好的高素质、创造性人才,思想政治教育功能的发展必须面向社会发展现实、为人的自由全面发展服务,科学回答人的发展与社会发展提出的现实课题,因此,新时代思想政治教育功能发展呈现出了由复制向超越的显著特点。

第二,思想政治教育功能由单一向多样的发展。传统的思想政治教育功能主要是为政治服务,因此,思想政治教育的政治功能是其存在和发展的基本功能。然而,随着我国改革开放的深入进行和社会主义市场经济的逐步确立,我国以经济建设为中心的发展思路逐渐清晰,思想政治教育作为党的思想政治工作的基本内容和主要途径,必须为党的中心任务服务。习近平指出:"我国是中国共产党领导的社会主义国家,这就决定了我们的教育必须把培养社会主义建设者和接班人作为根本任务,培养一代又一代拥护中国共产党领导和我国社会主义制度、立志为

---

[1] 《马克思恩格斯选集》(第3卷),人民出版社2012年版,第410页。
[2] 中共中央文献研究室编:《习近平关于社会主义文化建设论述摘编》,中央文献出版社2017年版,第54—55页。
[3] 《江泽民文选》(第2卷),人民出版社2006年版,第332页。

中国特色社会主义奋斗终身的有用人才。"[1] 市场经济与科学技术的发展，全球化进程和信息化社会的逐步推进，对思想政治教育提出了许多新的时代课题，思想政治教育及其功能发展的基本思路，就是要科学回答和应对这些时代课题。在重视思想政治教育政治功能的同时，突出思想政治教育的经济功能、文化功能、社会功能乃至生态功能成为思想政治教育功能发展的必然选择，甚至在一定程度上出现了思想政治教育政治功能淡化的趋势。从思想政治教育的基本功能来看，政治功能依然是思想政治教育的首要功能，突出思想政治教育的多样功能并不是"去意识形态化"，而是为了使思想政治教育的功能协调发展。新时代思想政治教育功能的发展，必须"同我国发展的现实目标和未来方向紧密联系在一起，为人民服务，为中国共产党治国理政服务，为巩固和发展中国特色社会主义制度服务，为改革开放和社会主义现代化建设服务。"[2] 因此，思想政治教育在回答时代课题的过程中，既要强化其政治功能，又要充分发挥其他功能，共同服务于社会进步与人的全面发展，逐步实现思想政治教育功能由单一向多样发展的特点。

第三，思想政治教育功能由传承向创新的发展。思想政治教育作为传播主流意识形态的重要途径，在传承民族文化和革命优良传统、传播思想理论知识、传递思想道德理念的功能和价值不可替代。然而，社会主义市场经济体制的确立，人们在享受等价交换的价值法则所带来的丰裕生活的同时，也时刻承受着市场规则优胜劣汰的压力，竞争机制的广泛运用使人们总是把目光投向更长远的发展领域，不创新就没有出路，创新是我们这个时代的最强音。习近平深刻地指出："创新是一个民族进步的灵魂，是一个国家兴旺发达的不竭动力，也是中华民族最深沉的民族禀赋。在激烈的国际竞争中，惟创新者进，惟创新者强，惟创新者胜。"[3] 开发人的潜能、促进人的发展是时代要求与社会的呼唤，思想政治教育在发挥其传承功能的同时，逐渐履行着解放人的思想、更新人的观念、引导人的行为的新功能。思想政治教育的主题格调由灌输转向

---

[1] 《习近平在全国教育大会上强调：坚持中国特色社会主义教育发展道路 培养德智体美劳全面发展的社会主义建设者和接班人》，《光明日报》2018年9月11日第1版。
[2] 《习近平谈治国理政》（第2卷），外文出版社2017年版，第376—377页。
[3] 《习近平谈治国理政》，外文出版社2014年版，第59页。

开发、由传承转向创新，人类的社会实践没有止境，思想政治教育创新功能的发展也没有止境，但它的创新功能主要是通过引导人们"从我国改革发展的实践中挖掘新材料、发现新问题、提出新观点、构建新理论，加强对改革开放和社会主义现代化建设实践经验的系统总结，加强对发展社会主义市场经济、民主政治、先进文化、和谐社会、生态文明以及党的执政能力建设等领域的分析研究，加强对党中央治国理政新理念新思想新战略的研究阐释，提炼出有学理性的新理论，概括出有规律性的新实践"①，以便更好地解放人、发展人、培养人。

第二节 思想政治教育导向功能的发展

导向功能是学者们研究和阐述思想政治教育功能的重点内容。因为思想政治教育的导向功能是"思想政治教育目的性、意识形态性的体现，是思想政治教育的基本功能，是其他任何教育都无法替代的功能。"② 研究思想政治教育功能的发展，必须建立在对思想政治教育基本功能充分研究与分析的基础之上，关于思想政治教育导向功能的发展研究，也是建立在对思想政治教育导向功能的传统内涵分析之上。一般来说，思想政治教育导向功能的传统内涵主要指运用启发、动员、教育、监督、批评等方式，把人们的思想和行为引导到符合社会发展要求的正确方向上来。在推进中国特色社会主义现代化建设的伟大历史进程中，"要强化思想理论教育和价值引领"③，要高度重视思想政治教育的导向功能的发展和研究，尤其是要重视其价值导向、目标导向与实践导向功能的发展研究。

一 思想政治教育的价值导向

价值导向是人们追求价值活动的内在依据，它集中体现了人们的世界观、人生观和价值观。思想政治教育的价值导向是涉及人的理想信

---

① 《习近平谈治国理政》（第2卷），外文出版社2017年版，第344页。
② 张耀灿、郑永廷等：《现代思想政治教育学》，人民出版社2006年版，第131页。
③ 《中共中央 国务院印发〈关于加强和改进新形势下高校思想政治工作的意见〉》，《光明日报》2017年2月28日第1版。

念、价值选择的重要课题,反映了人们关于生活意义和生命价值的追求与看法。当然,它与人们对美好生活的需要、利益密切相关,主要侧重于对人的精神生活需要的满足。需要强调指出的是,这里所说的价值,不是指思想政治教育自身的价值,而是指思想政治教育所传播和发散的教育内容的作用与意义。价值导向的主要依据是社会主流意识形态,在当代中国就是利用马克思主义中国化的最新成果——习近平新时代中国特色社会主义思想来武装人的头脑,引导人的价值追求与精神生活。恩格斯指出:"每一个时代的理论思维,包括我们这个时代的理论思维,都是一种历史的产物,它在不同的时代具有完全不同的形式,同时具有完全不同的内容。"[①] 马克思主义本身是发展的科学,因此,思想政治教育的价值导向也必然会随着时代和实践的发展,产生与之相适应的新理念、新内容、新标准和新形式,价值导向的新发展也通过导向的理念、内容、标准和方式得以体现。

第一,在中华民族迎来从站起来到富起来、强起来的历史进程中,思想政治教育价值导向的理念经历了由政治导向、经济导向到人本导向的发展。这里所提的"政治导向""经济导向"和"人本导向"的理念,主要是指在不同的社会历史阶段,思想政治教育的导向功能更加侧重的理念,而不意味着彻底放弃其他理念。思想政治教育作为带有强烈意识形态性的实践活动,政治导向理念贯穿整个思想政治教育发展的始终,只不过在改革开放的历史进程中由于一些人过于重视物质化、功利化的目标,在一定程度上导致思想政治教育及其功能发展也受到"经济利益"的功利化目标影响,在实践活动中出现了一些打上经济利益烙印的发展目标和价值导向的现象。中国特色社会主义进入新时代,满足人民日益增长的美好生活需要、满足青年学生成长发展需求和期待必须成为思想政治教育及其功能发展的基本理念,以人为本的思想政治教育价值导向理念必然成为新时代思想政治教育发展的核心理念,当然,它也必然反映和体现着党的性质和政治意图,因为"中国共产党人的初心和使命,就是为中国人民谋幸福,为中华民族谋复兴。"[②] 因此,新时代

---

① 《马克思恩格斯选集》(第3卷),人民出版社2012年版,第873页。
② 《党的十九大报告辅导读本》编写组:《党的十九大报告辅导读本》,人民出版社2017年版,第1—2页。

思想政治教育的价值导向必须以习近平新时代中国特色社会主义思想为指导，坚持以人民为中心的价值理念，强化以人为本的价值导向，在思想政治教育活动中真正体现"传播知识、传播思想、传播真理，塑造灵魂、塑造生命、塑造新人"①的教育理念。把广大人民群众尤其是青年学生发展的热切盼望予以正确引导，鼓励和引导他们逐步形成"对马克思主义的信仰，对中国特色社会主义的信念，对实现中华民族伟大复兴中国梦的信心。"② 新时代思想政治教育价值导向的理念必须自始至终充满着价值引领意识、人文关怀意识，在以人为本的价值理念发展中引导人的思想和行为，使人们易于理解、认同和接受思想政治教育的价值导向。

第二，思想政治教育价值导向的内容在改革开放和社会主义现代化进程中也得到丰富与发展。它既包括对个体发展的理想信念导向，也包括反映社会主流意识形态的思想观念与政治观点导向。理想信念导向就是"通过思想政治教育帮助人们形成正确的理想信念，并通过理想信念来凝聚社会，激发动力，指导行为。理想信念具有指向性、确信性、稳定性的特点。人们总是根据自己的理想信念所遵循的价值观准则，分析问题、评价事物，选择态度和行为。理想信念对人们的认识活动和实践活动具有明确的指向性或导向性。同时，理想信念作为人们确信不疑的思想，比一般思考对人们的行为的驱动更坚定、持久、有力，理想越远大，所产生的精神动力越是强烈而持久。"③ 主流意识形态是价值导向的基本内容，"意识形态决定文化前进方向和发展道路。必须推进马克思主义中国化时代化大众化，建设具有强大凝聚力和引领力的社会主义意识形态，使全体人民在理想信念、价值理念、道德观念上紧紧团结在一起。要加强理论武装，推动新时代中国特色社会主义思想深入人心。"④ 思想政治教育传播主流意识形态，一个重要的功能就是要吸引

---

① 《习近平在全国教育大会上强调：坚持中国特色社会主义教育发展道路 培养德智体美劳全面发展的社会主义建设者和接班人》，《光明日报》2018年9月11日第1版。

② 习近平：《在庆祝改革开放40周年大会上的讲话》，《光明日报》2018年12月19日第2版。

③ 张耀灿、郑永廷等：《现代思想政治教育学》，人民出版社2006年版，第131页。

④ 《党的十九大报告辅导读本》编写组：《党的十九大报告辅导读本》，人民出版社2017年版，第41页。

更多的先进分子信仰马克思主义，把马克思主义作为指导社会发展和自身发展的强大思想武器。针对此问题，邓小平曾经说过："我坚信，世界上赞成马克思主义的人会多起来的，因为马克思主义是科学。它运用历史唯物主义揭示了人类社会发展的规律。"① 中国特色社会主义进入新时代，思想政治教育一定要积极传播习近平新时代中国特色社会主义思想的精神实质和丰富内涵，并在各项工作中全面准确贯彻落实，引领人们培育和践行社会主义核心价值观，"要提高人民思想觉悟、道德水准、文明素养，提高全社会文明程度。广泛开展理想信念教育，深化中国特色社会主义和中国梦宣传教育，弘扬民族精神和时代精神，加强爱国主义、集体主义、社会主义教育，引导人们树立正确的历史观、民族观、国家观、文化观。"② 党的十九大在战略层面较为全面地阐述了思想政治教育导向内容的发展，反映了中国特色社会主义的发展要求，对提升思想政治教育的亲和力、针对性、实效性具有积极意义。

第三，思想政治教育价值导向的标准在新时期也发生了变化。传统思想政治教育的价值导向，是比较单一的政治内容的导向，其标准也主要是政治标准。毛泽东在《关于正确处理人民内部矛盾的问题》中提出了六条判断标准："（一）有利于团结全国各族人民，而不是分裂人民；（二）有利于社会主义改造和社会主义建设，而不是不利于社会主义改造和社会主义建设；（三）有利于巩固人民民主专政，而不是破坏或者削弱这个专政；（四）有利于巩固民主集中制，而不是破坏或者削弱这个制度；（五）有利于巩固共产党的领导，而不是摆脱或者削弱这种领导；（六）有利于社会主义的国际团结和全世界爱好和平人民的国际团结；而不是有损于这些团结。这六条标准中，最重要的是社会主义道路和党的领导两条。"③ 邓小平根据时代的要求与社会发展的客观需要，提出了新的三条标准："判断的标准，应该主要看是否有利于发展社会主义社会的生产力，是否有利于增强社会主义国家的综合国力，是

---

① 《邓小平文选》（第3卷），人民出版社1993年版，第382页。
② 《党的十九大报告辅导读本》编写组：《党的十九大报告辅导读本》，人民出版社2017年版，第42页。
③ 《毛泽东著作选读》（下册），人民出版社1986年版，第789页。

否有利于提高人民的生活水平。"① 与毛泽东提出的标准相比较，邓小平提出的标准增加了经济标准和社会发展的全面性标准。在此基础上，江泽民提出："我们建设有中国特色社会主义的各项事业，我们进行的一切工作，既要着眼于人民现实的物质文化生活需要，同时又要着眼于促进人民素质的提高，也就是要努力促进人的全面发展。这是马克思主义关于建设社会主义新社会的本质要求。"② 在这里，江泽民事实上指出了思想政治教育价值导向的两条标准，即"人民现实的物质文化生活需要"和"人民素质的提高"，把价值导向引向"现实的、具体的人"的生活世界。胡锦涛在党的十七大报告中进一步指出："党的一切奋斗和工作都是为了造福人民。要始终把实现好、维护好、发展好最广大人民的根本利益作为党和国家一切工作的出发点和落脚点。" 在这里，思想政治教育价值导向的标准就有一条，那就是"造福人民"。习近平指出，要"要坚持以人民为中心，把为人民谋幸福作为检验改革成效的标准，让改革开放成果更好惠及广大人民群众。"③ 这一论述表明，"为人民谋幸福"、满足人民"美好生活的向往"构成了新时代思想政治教育价值导向的标准。思想政治教育价值导向的标准变化趋势表明，思想政治教育功能的发展经历了由注重政治转向重视生活、由抽象概念转向具体实践、由宏观领域转向微观领域的过程。

第四，思想政治教育价值导向的方式在新时代也发生了变化。改革开放以来，国际形势发生了新的变化，党和国家及时调整了发展战略，对时代主题作出了新的判断，认为新的世界大战在短时期打不起来，现在世界已经进入了以和平与发展为时代主题的发展阶段，因此，疾风暴雨式的思想政治教育方法及政治动员为主要内容的思想政治教育方式已经不能适应改革开放新时期我国社会发展的需要。思想政治教育必须"以科学的理论武装人，以正确的舆论引导人，以高尚的精神塑造人，以优秀的作品鼓舞人，不断提高全民族的思想道德素质和科学文化素质，努力培养造就有理想、有道德、有文化、有纪律的社

---

① 《邓小平文选》（第3卷），人民出版社1993年版，第372页。
② 《江泽民文选》（第3卷），人民出版社2006年版，第294页。
③ 《习近平在广东考察时强调：高举新时代改革开放旗帜　把改革开放不断推向深入》，《光明日报》2018年10月26日第1版。

会主义公民；发展新型的人际关系，创造良好的社会风尚，充分发挥人民群众的积极性、主动性、创造性，保证党的路线方针政策和国家的法律法规的贯彻执行，保证改革开放和现代化建设的顺利进行。"① 中国特色社会主义进入新时代以来，"做好高校思想政治工作，要因事而化、因时而进、因势而新。要遵循思想政治工作规律，遵循教书育人规律，遵循学生成长规律，不断提高工作能力和水平。要用好课堂教学这个主渠道，思想政治理论课要坚持在改进中加强，提升思想政治教育亲和力和针对性，满足学生成长发展需求和期待，其他各门课都要守好一段渠、种好责任田，使各类课程与思想政治理论课同向同行，形成协同效应……要运用新媒体新技术使工作活起来，推动思想政治工作传统优势同信息技术高度融合，增强时代感和吸引力。"② 新时代思想政治教育的导向方式，除了重视发挥传统导向方式的优势之外，既要突出全面性，又要注重渗透性，注重运用新媒体新技术、"协同效应"以及"亲和力""时代感""吸引力"，这为新时代思想政治教育导向方式的发展指明了方向。

二 思想政治教育的目标导向

目标导向是思想政治教育导向功能的重要体现和具体内容。"思想政治教育的目标导向，主要是运用社会发展目标和人的发展目标进行导向。"③ 在家国一体、血缘关系至上的小农经济时代，社会发展目标毫无疑问成为思想政治教育导向功能形成依据的唯一内容，片面地强调人是社会的人、国家的人、家族的人、整体中的人，忽视或泯灭了个体的合理需求，使人的个性发展逐渐消融在整体主义之中。社会主义社会的建立为思想政治教育确立了集体主义原则，社会发展目标和人的发展目标是有机统一的整体，为思想政治教育确立合理的目标导向奠定了基础。思想政治教育的目标导向与价值导向有着密切的关系，合目的性本身就意味着思想政治教育的价值性，因此，科学的思想政治教育目标一

---

① 《江泽民文选》（第3卷），人民出版社2006年版，第85—86页。
② 《习近平谈治国理政》（第2卷），外文出版社2017年版，第378页。
③ 张耀灿、郑永廷等：《现代思想政治教育学》，人民出版社2006年版，第131页。

定是有价值的，许多目标本身就是价值导向的内容，如理想信念本身既体现对人的目标导向，同时它也是一种价值导向，因为理想信念有科学与非科学之分，科学的理想信念是合目的性与合规律性的统一，而非科学的"理想信念"对人与社会的发展会造成负面影响，甚至会使人陷入唯心主义的泥潭之中。因此，新时代思想政治教育的目标导向，既要突出目标的科学性，又要注重全面性，即在科学的目标体系中形成结构合理、层次分明的内容，并且目标体系的确立与我国政治、经济、文化、社会发展的目标相协调，与人的发展需要相一致。

当代中国社会的发展目标是一个层次清晰的有机整体。众所周知，社会主义是共产主义的初级阶段，我国又处在社会主义初级阶段，而全面建成小康社会的阶段又属于社会主义初级阶段的初级阶段，因此，我国社会的发展目标既要不断向实现共产主义的远大目标迈进，又要有具体的全面建成小康社会的发展目标，但这一切都不能脱离社会主义初级阶段的基本国情。党的十九大制定了从2020年到21世纪中叶的阶段性目标："第一个阶段，从二〇二〇年到二〇三五年，在全面建成小康社会的基础上，再奋斗十五年，基本实现社会主义现代化。……第二个阶段，从二〇三五年到本世纪中叶，在基本实现现代化的基础上，再奋斗十五年，把我国建成富强民主文明和谐美丽的社会主义现代化强国。到那时，我国物质文明、政治文明、精神文明、社会文明、生态文明将全面提升，实现国家治理体系和治理能力现代化，成为综合国力和国际影响力领先的国家，全体人民共同富裕基本实现，我国人民将享有更加幸福安康的生活，中华民族将以更加昂扬的姿态屹立于世界民族之林。"[①]中国特色社会主义事业的总体布局是"五位一体"、战略布局是"四个全面"，强调坚定道路自信、理论自信、制度自信、文化自信，以坚持和发展中国特色社会主义。从社会发展的维度来看，思想政治教育的目标导向要紧密围绕社会发展目标和人的发展目标，引导人们立足于社会主义初级阶段，展望共产主义社会前景，着眼于全面建成小康社会，理解、认同并接受社会发展的目标导向，为社会发展与人的全面发展目标

[①] 《党的十九大报告辅导读本》编写组：《党的十九大报告辅导读本》，人民出版社2017年版，第28—29页。

服务。

　　努力促进人的全面发展，是马克思主义关于建设社会主义新社会的本质要求。思想政治教育的目标导向为促进人的全面发展服务，在新时代，思想政治教育必须高举中国特色社会主义伟大旗帜，全面贯彻党的十八大和十八届三中、四中、五中、六中全会精神，以马克思列宁主义、毛泽东思想、邓小平理论、"三个代表"重要思想、科学发展观和习近平新时代中国特色社会主义思想为指导，"全面贯彻党的教育方针，坚持社会主义办学方向，扎根中国大地办大学，以立德树人为根本，以理想信念教育为核心，以社会主义核心价值观为引领，切实抓好各方面基础性建设和基础性工作，切实加强和改善党的领导，全面提升思想政治工作水平，紧密团结在以习近平同志为核心的党中央周围，牢固树立政治意识、大局意识、核心意识、看齐意识，坚定不移维护党中央权威和党中央集中统一领导，为实现'两个一百年'奋斗目标、实现中华民族伟大复兴的中国梦，培养又红又专、德才兼备、全面发展的中国特色社会主义合格建设者和可靠接班人。"[①] 当代中国社会的发展目标与教育方针为新时代思想政治教育提供了目标导向，即思想政治教育的目标包括两部分：建设者和接班人。前者是一般性、大众化目标，只是培养能够进行社会主义建设的一般公民，人们只要在社会生活中能够接受和遵守一般公民的目标、形成与时代发展相一致的精神状态和生活方式即可，这一层次的导向目标要求人把自身的发展放在社会发展的宏观背景中，人的生活世界和外在行为受道德准则的约束，在发挥个体主体性的前提下，确立适应社会发展需要的存在方式就基本达到了思想政治教育的目标要求。后者是高层次、精英式目标，要培养社会主义事业的接班人，它要求思想政治教育的目标导向必须与人的全面发展的需要相适应、相一致。从动态角度理解，就是要引导人们逐步摆脱自发状态而进入自觉发展状态的过程；从静态角度理解，它要引导人们形成与未来社会发展相适应的道德品质和精神状态，在不同的历史背景和社会条件下，其涵盖的内容和形式需要作与时俱进的解读。人的全面发展是思想

----

　　① 《中共中央 国务院印发〈关于加强和改进新形势下高校思想政治工作的意见〉》，《光明日报》2017年2月28日第1版。

政治教育导向的根本目的，要在中国特色社会主义建设中充分发展和发挥人的本质力量，必须客观分析现实生活中导致人的活动片面化、依附性的根源，培养人的高尚道德和引领时代发展的才能，增强人的主体性，在解放人、发展人、塑造人的过程中促进人的全面发展。

思想政治教育目标导向的基本任务，就是把社会的发展目标有机地转化为人的发展要求。具体来说，"一是思想政治教育要紧紧围绕党的中心任务，积极宣传和解释党和国家在某一历史时期或某一社会发展阶段的路线、方针、政策，以促使人们共同理解与认同社会下一步发展所应达到的成果与目的。……二是思想政治教育依据党和国家的奋斗目标和教育对象的思想实际，明确自己的工作要求。"[①] 前者强调要把社会发展目标转化为教育对象认同并愿意为此目标而行动；后者则强调社会发展目标只有在符合人民群众的思想实际、生活实际的时候，才容易被接受和付诸实施。总之，思想政治教育的目标导向要有利于引导人民强化社会主义意识，坚持正确的政治方向，激发人们内心价值的认同和强烈的社会主义意识，使人民能够切实认识并感受到只有把个人发展目标与社会发展目标统一起来，才能更好地实现自己的人生价值，从而形成强大的向心力和凝聚力，朝着社会发展的目标前进。因此，思想政治教育目标导向的发展，基本思路就是要引导广大人民确立正确的目标导向，使人们的奋斗方向与社会发展的目标相一致，并实现社会发展合力的最大化。

三 思想政治教育的实践导向

"在马克思主义哲学中，实践是指人能动地改造物质世界的对象性活动。"[②] 它一般包含两层含义：①实践是人类特有的对象性活动。它是以人为主体以客观事物为对象的现实活动，把人的目的、理想、知识、能力等本质力量对象化为客观实在，创造出一个属人的对象世界。②实践具有物质的、感性的性质和形式。它主要包括人的物质生产活动、处理社会关系的活动以及科学活动。根据我们对实践涵义的基本

---

① 邱伟光、张耀灿：《思想政治教育学原理》，高等教育出版社1999年版，第128页。
② 陈先达：《马克思主义哲学原理》，中国人民大学出版社2006年版，第88页。

理解，思想政治教育的实践导向就要在物质生产活动领域、处理社会关系的活动领域以及科学活动领域得以体现。在这里，思想政治教育的实践导向是指在社会实践中引导人们贯彻社会主义主流意识形态，确保党和政府的科学决策得以落实，进而对人的生活方式予以引导的过程。传统的思想政治教育实践导向，往往注重党和国家的一系列治国方针政策与政府各项规章制度和决策措施的落实，努力保证党的宏伟目标的顺利实现，基本出发点是以中国特色社会主义的伟大实践和所取得的伟大成就，宣传群众，使群众信服，从而使思想政治教育在社会生活中产生有效的说服力、强烈的感染力和战斗力。思想政治教育导向功能的发展，既要求我们重视实践导向的传统功能，同时又要把实践导向的重点指向日常生活世界，通过潜移默化的方式实现对人的生活方式的引导。

第一，思想政治教育实践导向的发展在社会物质生产领域得到新的体现。传统观念认为，物质生产实践是客观的、非意识形态化的领域，思想政治教育活动很少或者不应当涉及该领域。实际上，物质生产领域的实践导向非常重要，新时代思想政治教育的实践导向在该领域主要通过两种方式得以实现：①通过对生产者的精神生活予以引导以实现生产效率的提高。②通过对生产过程及生产产品的思想文化内涵熔铸以达到思想政治教育实践导向的目的。前者强调在物质生产过程中注重对人的因素进行关注，后者通过利用建构企业文化使物的因素发挥思想政治教育价值。对于人的因素的实践导向，许多专家学者都作过论述，主要是通过思想政治教育提升人们的生产积极性，这里不再作过多论述。提升物的因素的思想政治教育价值，是近年来思想政治教育导向功能发展的一个新特点。现代社会中许多价值理念的传播是通过物质化的方式进行的，"麦当劳餐厅对消费者的吸引力决不仅仅是它的汉堡包，而且还有它那美国式文化氛围和独特的社会空间，普通消费者在那里能享用美国式快餐，同时也享受一种美国式文化。"① 不重视物质生产领域的实践导向，就会导致马尔库赛所说的状况："随着这些有益产品对更多社会

---

① 王忠桥、张国启：《新时期大学生思想政治教育发展的理路选择》，《湖北社会科学》2006 年第 4 期。

阶层的个人变为可得之物，他们所携带的训诫就不再是宣传而是变成了一种生活方式。它是一种美好的生活方式——比从前的要美好得多，而且，作为一种美好的生活方式，它抗拒质变。一种单面思想与单面行为模式就这样诞生了"。[①] 一般来说，从事物质生产的人创新意识与社会实践能力比较强，价值意识与思想政治要求相对比较弱，因此，在日益开放的现代社会中，思想政治教育导向功能在物质生产领域的发展越来越引起人们的关注。

第二，思想政治教育实践导向的发展在社会关系领域得到新的体现。在传统观念中，处理社会关系的活动主要指阶级斗争实践，包括革命斗争与社会改良实践，显然，在这样的实践领域中思想政治教育的实践导向非常重要，它起着唤醒民众、灌输理念、政治动员的作用，在我国新民主主义革命中，无产阶级的思想政治教育实践发挥了重要的作用，因此，有了"政治工作是经济工作和其他一切工作的生命线"的结论，社会关系领域思想政治教育的实践导向既是我国的政治优势与优良传统，又是一个亟待发展和变革的领域。随着社会历史条件的发展变化，处理社会关系的活动由阶级斗争转向处理人民内部矛盾，社会生活中展现出来的大量的矛盾都体现为广大人民群众根本利益一致基础上的矛盾，这种矛盾的解决只能用民主的方法、说服教育的方法、团结批评团结的方法。因此，思想政治教育的实践导向转化为对人们日常生活的调节和引导，最主要的是引导人们形成正确的生活方式。所谓生活方式是"由社会历史总体条件决定的人的现实社会行为模式"[②]，是"在一定社会客观条件的制约下，社会中的个人、群体或全体成员为一定的价值观念所指导的、满足自身生存发展需要的全部生活活动的稳定形式和行为特征。"[③] 关于生活方式的导向，主要有两个方面，一是道德规范导向，二是法纪规范导向。道德规范导向主要是通过道德原则、道德规范的教育，道德习惯的养成，以社会舆论、自教自律的内在方式所进行的社会成员实践导向；法纪规范导向主要是通过法律制度及各项政策、

---

① [美] 马尔库赛：《单面人》，左晓斯等译，湖南人民出版社1988年版，第9—10页。
② 张尚仁：《社会历史哲学引论》，人民出版社1992年版，第229页。
③ 王雅林：《生活方式概论》，黑龙江人民出版社1989年版，第2页。

规章、纪律、条例等外在的引导社会成员的实践导向。前者是一种经常性、广泛性的导向；后者重在预防和抑制违法违纪行为，增强人的法纪观念。在当代中国，无论是道德规范导向，还是法纪规范导向，其基本任务都是引导人们确立良好有序的生活方式。

第三，思想政治教育实践导向的发展在科学活动领域得到新的体现。人的生命存在既是自然性、物质性存在，也是精神性、意义性存在，生命存在本身是一个不断改造客观世界和主观世界、努力建构幸福生活的过程。客观世界的改造为人的生存和发展创造良好的物质生活条件，并促进人自身的主观世界改造，主观世界改造为客观世界改造提供精神动力和智力支持，二者的协调发展推动着人类幸福生活的实现。近代以来，科学技术作为展示人的本质力量的重要手段，在给人类带来发达物质文明的同时，也带来了"器本化"倾向、"科技崇拜"及"双刃剑效应"。高科技需要高情感与高人文与之相适应，思想政治教育是提升人的思想道德素质、建构精神家园的重要途径，必然要面对科学技术的发展所带来的存在方式变革问题，尤其是要面对科学技术与人文精神的协调发展问题。因此，科学技术和思想政治教育是新时代人的生活方式建构的两大动力，但科学技术的强势发展与人文精神的相对失落容易制约人的发展，必须重视思想政治教育在科学活动领域的导向价值，引导人们正确认识、理解和把握科学技术发展所带来的社会生活变化，在生活世界确立与高科技发展相适应的思维方式和生活方式。当然，这里无意否认其他生产要素和实践活动对现代人生活方式建构的重要价值，只是希望新时代思想政治教育实践导向的发展能够帮助人们探索人文精神与科学技术的协调发展。

综上所述，思想政治教育导向功能的发展，是通过价值导向、目标导向、实践导向的相互交融与发展，共同作用于思想政治教育实践。它所产生的综合效应，是将党和国家的实践目标与人民群众的实际利益结合在一起，与人的物质生活追求和精神生活追求结合在一起，个人价值与共同价值结合在一起，以形成思想政治教育的说服力、感召力和凝聚力。思想政治教育导向功能的实现有多种途径，目前主要的途径和方式主要有："①理论研究，即通过哲学、社会科学的各种研究机构、党校、团校、各种理论刊物、著作，总结社会主义现代化建设的成功经验，发展马克思主义理论,并将这些新思想、新理论灌输到群众的意识中去。②政治宣传,即通过各种宣传机构、出版机构、大众媒体向群众传播政治知识和政治思想,阐明党和国家的各项方针政策。③教育机构,即通过各类学校,特别是高等院校,对受教育者施加价值观念影响,培养其正确的价值观。④思想政治工作,即通过渗透于各单位的思想政治工作部门组织各种活动进行动员说服。"① 思想政治教育导向功能的新发展,对巩固社会主义意识形态的主导地位和促进人的全面发展具有重要意义。

第三节 思想政治教育保证功能的发展

保证功能是思想政治教育最基本的功能之一,是思想政治教育服从和服务于社会发展的集中体现。马克思恩格斯明确指出:"过去一切阶级在争得统治之后,总是使整个社会服从于它们发财致富的条件,企图以此来巩固它们已经获得的生活地位。"② 思想政治教育的保证功能,是由思想政治教育的意识形态性和阶级属性决定的,任何社会的统治阶级必然把本阶级的思想观念在社会上广泛传播,以引导人们的思想和行为,希望形成统治阶级需要的社会秩序和发展状态,进而维护统治阶级的阶级统治。一般而言,政治共识性、思想一致性和行动统一性是思想政治教育的保证功能得以实现的关键。"政治共识就是要结合社会发展和人们发展的目标取向和根本利益,通过教育、讨论,在政治方向、政治原则上认同,达成共识,消除政治上的分歧与偏向……思想一致性是联系思想实际和工作实际,在思想动机、思想方法上取得一致,克服思想认识上的片面性和偏执性……行动统一性就是在政治共识、思想统一的前提下,明确行为规范,防止行为越轨和行为异常。政治共识性、思想一致性、行动统一性,就是从政治思想上、行动上,坚持正确方向,维护政治秩序,为社会发展、人的发展创设良好的政治思想条件。"③ 新时代思想政治教育的保证功能主要是通过社会主义意识形态的科学性和阶级性

---

① 参见邱伟光、张耀灿《思想政治教育学原理》,高等教育出版社1999年版,第127页。
② 《马克思恩格斯选集》(第1卷),人民出版社2012年版,第411页。
③ 参见张耀灿、郑永廷等《现代思想政治教育学》,人民出版社2006年版,第133页。

来引导人们形成政治共识性、思想一致性和行动统一性,进而为推动中国特色社会主义的伟大历史进程服务。

一 思想政治教育保证功能的内涵阐释

思想政治教育保证功能一般是通过间接方式实现的。"这种思想政治教育功能不是由思想政治教育本身直接显示的,而是通过一定的组织网络、规章制度体现的,更重要的是,它必须通过教育对象素质的提高,通过教育对象的言行及其结果来体现。也就是说,通过思想政治教育,帮助受教育者确立正确的世界观和方法论,确立正确的思想观念和价值观指导,引导人们遵守和执行合理的规章与制度,从而产生良好的行为。"[1] 思想政治教育保证功能的传统内涵,一般要从历史与现实相结合的维度进行考察。

第一,社会历史进程中思想政治教育保证功能的发挥,主要是通过维系阶级统治的精神支柱来实现的。马克思恩格斯曾经指出:"统治阶级的思想在每一时代都是占统治地位的思想。这就是说,一个阶级是社会上占统治地位的物质力量,同时也是社会上占统治地位的精神力量。支配着物质生产资料的阶级,同时也支配着精神生产资料,因此,那些没有精神生产资料的人的思想,一般地是隶属于这个阶级的。占统治地位的思想不过是占统治地位的物质关系在观念上的表现,不过是以思想的形式表现出来的占统治地位的物质关系;因而,这就是那些使某一个阶级成为统治阶级的关系在观念上的表现,因而这也就是这个阶级的统治的思想。"[2] 这段经典话语的论述,道破了思想政治教育保证功能的理论内涵。向社会各阶级灌输统治阶级的思想观念,有利于维护统治阶级的阶级统治。社会主义思想政治教育是社会主义生产关系的反映,代表了无产阶级和广大人民群众的根本利益,它在客观上要求社会主义意识形态为社会主义现代化建设提供精神动力和智力支持,保证现代化建设的社会主义方向,在社会主义物质文明、政治文明、精神文明、社会文明和生态文明的发展中发挥其重要功能,维系社会主义现代化建设的

---

[1] 邱伟光、张耀灿:《思想政治教育学原理》,高等教育出版社1999年版,第131页。
[2] 《马克思恩格斯选集》(第1卷),人民出版社2012年版,第178页。

精神支柱。当前,思想政治教育保证功能发挥的一个重要内容是,引导和帮助人们正确认识党的基本理论、基本路线、基本方略,引导人们增强"四个意识"、坚定"四个自信",并在思想上、组织上、行动上自觉地排除各种困难的干扰和妨碍,努力保证中国特色社会主义战略目标的顺利实现。

第二,社会历史进程中思想政治教育保证功能的发挥,也通过推动改造社会舆论力量得以体现。社会舆论对人的思想引导的作用不言而喻,思想政治教育作为一种精神性实践活动,在推动社会舆论改造与发展进程中的作用至关重要。在历史上,没落阶级的思想政治教育能够起到延缓与阻碍社会进步的作用,而先进阶级的思想政治教育则是推动社会改造的重要精神力量。马克思非常重视社会舆论的重要作用,他在《共产党宣言》中明确指出:"共产主义革命就是同传统的所有制关系实行最彻底的决裂;毫不奇怪,它在自己的发展进程中要同传统的观念实行最彻底的决裂。"[1] 在马克思看来,共产主义革命的胜利必须建立在同传统所有制关系和传统观念决裂的基础之上,而对革命者的培养与传统观念的决裂,都离不开思想政治教育对社会舆论的改造与发展。中国共产党在革命战争年代形成的"政治工作是经济工作和其他一切工作的生命线"的著名论断,是对思想政治教育保证功能尤其是对其在社会舆论改造方面作用的充分肯定。进入 21 世纪以来,世界局势正在发生广泛而深刻的变化,当代中国正在发生广泛而深刻的变革,社会思潮的多元化和价值选择的多样化使现代人精神生活极大丰富的同时,也陷入了选择性困难之中,尤其是社会阅历浅、思想单纯且易于被塑造的年轻人,容易被社会舆论所左右。习近平指出:"历史和现实都告诉我们,舆论的力量绝对不能小觑。舆论导向正确是党和人民之福,舆论导向错误是党和人民之祸。好的舆论可以成为发展的'推进器'、民意的'晴雨表'、社会的'黏合剂'、道德的'风向标',不好的舆论可以成为民众的'迷魂汤'、社会的'分离器'、杀人的'软刀子'、动乱的'催化剂'。"[2] 社会主义

---

[1] 《马克思恩格斯选集》(第 1 卷),人民出版社 2012 年版,第 421 页。
[2] 中共中央文献研究室编:《习近平关于社会主义文化建设摘编》,中央文献出版社 2017 年版,第 38 页。

的思想政治教育如何营造良好的社会舆论氛围，正确引导青年人的价值选择和理想信念的确立至关重要。为此，必须用习近平新时代中国特色社会主义思想引领多元化社会思潮、改造多元化社会思潮，引导人们培育和践行社会主义核心价值观，在引导好社会舆论的环境中引导好人民的思想，为实现"两个一百年"的奋斗目标、实现中华民族伟大复兴的中国梦服务。

第三，社会历史进程中思想政治教育保证功能的发挥，要通过精神动力作用的增长趋势来体现。"所谓精神动力，就是思想、理论、理想、信念、道德、情感、意志等因素对人从事的一切活动及社会发展产生的精神推动力量。"[1] 它本质上是"在一定的社会物质生活条件和社会实践基础上产生和发展起来的精神的能动作用的集中体现。"[2] 古往今来，精神动力作为推动个人成长和促进社会发展的不竭动力与力量源泉，一直备受关注。思想政治教育实质上是做人的工作、做人的精神世界的工作，提高人们的思想政治素质，调动人的积极性、主动性、创造性，为人们的社会实践活动提供强大的精神动力，是思想政治教育保证功能的体现。江泽民指出："党的思想政治工作，从根本上说就是做人的工作，做群众的工作，涉及人们的思想、观念、意识等领域，也就是人的精神生活。"[3] 精神动力的增长趋势对中国特色社会主义建设的伟大历史进程具有至关重要的意义，如果精神动力的增长趋势与社会发展需要相适应、相一致，就有利于人们在社会生活中形成科学的世界观、人生观和价值观，有利于形成积极的竞争和激励机制。我国历来重视思想政治教育这种注重精神动力的实践形式，通过思想政治教育，不断提高人民群众的思想政治素质和道德水平，必将为社会主义现代化建设提供强大的精神动力。这里需要强调指出的是，精神动力作用的增长虽然是思想政治教育保证功能体现的重要途径，但绝不可以片面地夸大精神动力作用，它必须与社会发展及人的发展相一致。否则，片面追求脱离社会发展实际的"精神万能论"，会给社会发展及人的发展造成极大危害，这

---

[1] 骆郁廷：《精神动力论》，武汉大学出版社2003年版，第16—17页。
[2] 同上书，第20页。
[3] 《江泽民文选》（第3卷），人民出版社2006年版，第76页。

既会严重损害思想政治教育的威信,又容易削弱精神激励的作用、挫伤人们的积极性。因此,思想政治教育保证功能的发展,必须重视精神动力发展的规律研究。

保证功能在传统思想政治教育中,通过维系阶级统治的精神支柱、推动社会改造的舆论力量、保持精神动力作用的增长趋势得以体现,但总的来看,思想政治教育的保证功能主要是出于人与社会秩序发展的要求。保证政治制度、政治秩序的有序发展,这就要求在新时代重视思想政治教育的稳定功能研究;保证政治、思想上的共识性,这就要求发展思想政治教育的协调功能;保证工作、生活的良好秩序,这就需要发展思想政治教育的沟通功能。因此,在新的社会历史条件下,思想政治教育保证功能的发展,主要通过稳定功能、协调功能与沟通功能得以体现。换句话说,稳定功能、协调功能和沟通功能是思想政治教育保证功能在政治生活秩序、社会生活秩序与人的心灵秩序方面的体现,本质上都是出于秩序的要求,目标是建立适应广大人民日益增长的美好生活需要的社会政治秩序、良性生活秩序与和谐心灵秩序。

二 思想政治教育的稳定功能

第一,思想政治教育的稳定功能体现为社会发展中稳定的制度环境意识的形成。稳定的制度环境意识,是社会生产力发展的重要动力,也是人们确立安定有序的社会生活的重要条件。作为社会主义意识形态存在的思想政治教育,属于社会主义上层建筑的一部分。它在对社会主义经济基础产生能动作用时,能够将精神力量转化为物质力量,从而推动社会主义社会生产力的发展。而社会生产力的发展,一般需要稳定有序的社会制度环境作保障。邓小平曾经指出:"中国的问题,压倒一切的是需要稳定。没有稳定的环境,什么都搞不成,已经取得的成果也会失掉。"[1] 稳定的制度环境意识既是一种良好的政治心态,也是一种政治民主化过程,思想政治教育通过引导人们形成对社会制度环境建设重要性的认识,使人们在社会生活中形成政治稳定意识,把社会制度环境的稳定视为健康生活和社会发展的基础,能够起到安抚民心、稳定心态和

---

[1] 《邓小平文选》(第3卷),人民出版社1993年版,第284页。

促进制度建设稳步有序发展的作用。稳定的制度环境意识，能够增强人们对改革开放与社会主义现代化建设的信心，增强人们对党和政府的信任。完善和发展中国特色社会主义制度、推进国家治理体系和治理能力现代化必须在安定有序的社会环境中展开，而"安定有序"是思想政治教育稳定功能发挥用武之地的领域，也体现了思想政治教育引导人们确立稳定的制度环境意识的重要性。通过加强和改进思想政治教育，可以强化人们的秩序和稳定意识，激发人民群众创造美好生活的积极性、创造性，教育和引导广大人民群众正确认识和反映自身的利益，使群众的奋斗方向与社会的既定目标相一致，在努力提高生活质量和促进生产力不断向前发展的基础上，推进中国特色社会主义建设的伟大历史进程。

第二，思想政治教育的稳定功能体现为良好和谐的政治关系的建立。良好和谐的政治关系是社会政治稳定的前提，是思想政治教育稳定功能的重要体现。随着改革开放的深入发展与全球化进程的不断加快，人们之间传统的谦让美德受到社会竞争不断加剧的严峻挑战，传统的思想道德体系被打破，新的思想道德标准正在确立的过程之中，人们在社会政治生活中逐渐形成的新的政治关系与原有政治关系之间存在着巨大的张力，人们在新旧体制的冲突中寻求新的政治关系定位，在新旧矛盾的冲突中品评着社会贫富差距所带来的"心灵鸿沟"。思想政治教育是平衡社会政治关系的重要"软"性方式，将思想政治教育广泛渗透于社会政治关系的各个领域，充分发挥思想政治教育的稳定功能，合理引导人们的利益追求，使社会矛盾与冲突的发展不超过人们可以承受的限度，不断地把这些矛盾与冲突引向新的发展方向使之化解，否则，社会就会出现发展失衡而导致动乱，而社会动乱就会严重阻碍、破坏社会发展。因此，在社会发展的历史进程中，良好和谐的政治关系有助于建立人们之间的互信，能够充分发挥思想政治教育在强势群体与弱势群体、各个阶层人群之间关系的平衡与稳定功能，引导人们在习近平新时代中国特色社会主义思想指导下，培育自尊自信、理性平和、积极向上的社会心态，在有效的社会治理、良好的社会秩序生成过程中，持续增强人民的获得感、幸福感、安全感。在中国特色社会主义建设的伟大历史进程中，思想政治教育稳定功能面临的一个重要课题是，教育和引导群众正确把握物质鼓励和精神鼓励的关系，正确处理奉献与索取的关系，正确处理国家、集体和个人之间的利益关系，增强主人翁责任感，在生产劳动中发挥主动性、积极性和创造性，提高劳动生产率，促进社会政治关系与其他社会关系的和谐发展。

第三，思想政治教育的稳定功能体现为人们之间政治共识性的形成。政治共识性是政治稳定建立的重要条件，没有政治共识性，政治稳定很难建立。"政治共识的形成要靠思想道德教育通过正确政治理论的吸引、凝聚，对错误政治观点的排斥、批判，与不同思想倾向人的协商、对话的综合方式来实现。"① 只有把人的认识统一起来，才能促使人们形成一致的行为方式，马克思早在青年时代对此问题就有清醒的认识，他在《〈黑格尔法哲学批判〉导言》中对此问题作出了精辟的阐述："批判的武器当然不能代替武器的批判，物质力量只能用物质力量来摧毁；但是理论一经掌握群众，也会变成物质力量。理论只要说服人[ad hominem]，就能掌握群众；而理论只要彻底，就能说服人[ad hominem]。所谓彻底，就是抓住事物的根本。而人的根本就是人本身。"② 政治共识性的形成必须建立在科学的理论及其对人的吸引力、凝聚力和战斗力的基础之上，思想政治教育是凝聚人心、激发人的精神动力和提升人的思想政治素质的活动，它对人们政治共识性形成的作用是不言而喻的。通过思想政治教育，引导和帮助人民群众确立共产主义坚定信念，树立中国特色社会主义共同理想，进而使之转化为发展社会生产力与建设中国特色社会主义的强大动力。中国特色社会主义的共同理想集中体现了我国工人、农民、知识分子和其他劳动者、爱国者的根本利益和愿望，是保证全体人民团结奋斗、克服困难、争取胜利的强大精神武器，也是全体国民政治共识性的重要内容，思想政治教育的稳定功能在中国特色社会主义共同理想对人的行为引导中得以体现。

本研究认为，思想政治教育稳定功能是思想政治教育保证功能的新发展，是思想政治教育保证功能在政治生活秩序方面的具体体现。思想

---

① 郑永廷：《现代思想道德教育理论与方法》，广东高等教育出版社2000年版，第95页。

② 《马克思恩格斯选集》（第1卷），人民出版社2012年版，第9—10页。

政治教育要推动经济、政治、文化、社会、生态的协调发展，就需要引导人们正确认识良好的政治生活秩序与人的全面发展的关系，树立只有社会稳定才能促进科学发展的观念。

三　思想政治教育的协调功能

所谓协调，"主要有两层意思，第一是指通过调整、劝解、说服，使不同主体（可以是团体或个体）之间有争执的事情得以和平而合理地解决。第二，通过调整、斡旋，使参与某项社会活动的各种因素、各种力量、各种手段得到最佳的相互配合，提高活动效率。"[①] 从本质上来讲，协调发展"注重的是解决发展不平衡问题"[②]，避免"木桶效应"。思想政治教育的协调功能是思想政治教育保证功能在现代社会的新发展，它主要指思想政治教育可以通过运用相关学科知识，帮助人们分析和解决社会生活中出现的自身心理和人际关系上的各种问题，以建立平衡和谐的社会生活秩序。具体来说，思想政治教育的协调功能，主要解决三个方面的问题：协调利益矛盾、协调人际关系、协调心理状态。这三个方面的问题虽然涉及面较广而且很复杂，但通过思想政治教育协调功能的发挥，可以达到正确处理人民内部矛盾、建立良好人际关系与调适心理状态的目的。总的来看，思想政治教育的协调功能也是出于秩序的需要，当然，这里的秩序是指社会生活秩序，因此，在本研究中把思想政治教育的协调功能作为思想政治教育保证功能的新发展。

第一，思想政治教育协调功能的发展主要体现为利益矛盾的协调。社会主义社会也客观存在着各式各样的矛盾和利益冲突，正如毛泽东指出："国家的统一，人民的团结，国内各民族的团结，这是我们的事业必定要胜利的基本保证。但是，这并不是说在我们的社会里已经没有任何矛盾了。没有矛盾的想法是不符合客观实际的天真的想法。"[③] 因此，协调与解决矛盾冲突的方法途径就成为社会主义发展过程中的重要问

[①] 邱伟光、张耀灿：《思想政治教育学原理》，高等教育出版社1999年版，第139页。
[②] 《习近平谈治国理政》（第2卷），外文出版社2017年版，第198页。
[③] 《毛泽东著作选读》（下册），人民出版社1986年版，第757页。

题，与传统社会中激烈的阶级对抗所产生的敌我矛盾相比较，社会主义社会的大量矛盾表现为人民群众根本利益一致基础上的人民内部矛盾，解决这些矛盾只能用民主的方法、说服教育的方法、团结批评团结的方法，而不能用强制的方法、专政的方法，这就需要发挥思想政治教育的协调功能。具体来说，思想政治教育的协调功能，要引导人们正确认识个体的利益要求与群体利益、社会利益之间的关系，使不同的利益主体都能够合理表达和阐明自身的利益关切，彼此增添信任和了解，把自身的利益需求放置于集体发展与社会发展的历史背景之中，克服个体利益问题认识中存在的偏差和谬误，在利益关系的分配格局中不断调整角色，从而较为科学合理地解决改革开放与社会主义现代化建设中存在的利益冲突问题。马克思曾经指出："人们奋斗所争取的一切，都同他们的利益有关"①，要从根本上解决人们之间的利益冲突问题，必须依赖社会生产力水平的提高，思想政治教育只是在现有的生产力水平与利益格局分配中，用"软性尺度"来协调矛盾和利益冲突，它的功能发挥主要是为了把矛盾冲突控制在社会发展与人的发展所需要的社会秩序之下，靠提高人的思想政治素质来缓解与协调利益分配，而不能从根本上解决利益冲突问题。

  第二，思想政治教育协调功能的发展主要体现为人际关系的协调。人际关系的协调，从思想政治教育功能的发挥来看，主要是要引导人们科学认识现代人际交往。人际交往，是人与人通过一定方式相互传递信息、沟通思想、交流情感，并在其心理上和行为上产生相互影响的过程。在现代社会条件下，信息传播便捷与交通发达，为人们创造了广泛交往的条件。同时，关系的增多，特别是网络虚拟关系的发展，使人们的交往也与社会一样，复杂多变。因此，如何正确认识、把握社会交往，合理选择交往，避免交往风险，就成为人们，特别是青年学生必须正视和解决的现实问题。思想政治教育学科研究这个问题，就是要探索现代社会人际交往的理论与方法，把自发、经验交往转变到自觉、合理的轨道，在有效交往中发展自己。马克思恩格斯在《德意志意识形态》中指出："普遍交往，……使每一民族都依赖于其他民族的变革；最后，

---

① 《马克思恩格斯全集》（第 1 卷），人民出版社 1956 年版，第 82 页。

地域性的个人为世界历史性的、经验上普遍的个人所代替……交往的任何扩大都会消灭地域性的共产主义。"① 这事实上肯定了人际交往的社会意义,人作为一种社会存在物,必须科学处理人际关系。思想政治教育协调功能的发挥,就是要引导人们建立平等、互助、协作、友爱、和谐的社会主义新型人际关系。党的十九大报告明确指出:"加强预防和化解社会矛盾机制建设,正确处理人民内部矛盾。"② 由此可见,党中央高度重视新时代思想政治教育的协调功能,尤其是思想政治教育对人际关系协调的客观作用。

第三,思想政治教育协调功能的发展还体现为对人的心理状态的调适。心理活动与心理状态是客观社会在人的精神世界的主观反映。现代社会的复杂性、多重性与多变性,不可避免地会使一些人,特别是青年学生,产生心理矛盾、困惑、失衡、障碍甚至心理疾病。思想政治教育协调功能的发展,必须为解决人们的思想、情感、观念、信念问题服务,必须综合运用各种知识与方法,包括心理学知识与方法。心理健康与思想健康、心理问题与思想问题,虽有区别,但也有联系,它们中间许多问题的解决都可以依赖思想政治教育协调功能的发挥。因此,研究思想政治教育协调功能对人的心理状态的调适,应当重点研究现代人思想、政治、道德方面的心理现象与发展变化规律,引导人们保持思想健康,能够做到由思想自发转化到思想自觉,由个人经验上升到科学理论的高度。同时,思想政治教育协调功能的发展,要不断消除现代人的心理障碍,提高社会适应能力、心理承受能力、处理人际关系的能力。现代社会纷繁复杂,人的生活中充斥着婚恋道德、社会规范、事业理想、职业发展等多种选择,在市场竞争和科技快速发展的条件下,人们对过去相对稳定的婚恋道德、社会规范、事业理想、职业发展产生了诸多疑虑,面临越来越多的社会压力,思想困惑和实际问题明显增多、矛盾日益突出。这些都需要思想政治教育发挥其协调功能,及时地进行有效的疏导和调节,通过意识调节、情境调节、转移注意调节、道德调节等各

---

① 《马克思恩格斯选集》(第1卷),人民出版社2012年版,第166页。
② 《党的十九大报告辅导读本》编写组:《党的十九大报告辅导读本》,人民出版社2017年版,第48页。

种调节方法的交互作用，从不同的角度疏导、理顺现代人的情绪，缓解各方面的压力。同时，思想政治教育协调功能的发挥必须与解决实际问题结合起来，帮助人们尤其是困难群体妥善解决学习、生活、就业等方面的困难，消除现代人心理问题产生的客观根源，人的心态自然就会得到合理的调整。

四 思想政治教育的沟通功能

"沟通，通常指人与人传达思想、观念或交换情况、信息，使双方能通连的过程。沟通原理运用于思想政治教育过程中，主要指教育者与教育对象双方信息情感互动、双向交流的实践活动。双方通过思想、政治、品德等信息内容的共同感受和理解，融洽感情，避免或消除认识、情感等障碍，促进团结统一，凝聚人心，从而达到思想政治教育的目的。"[1] 本研究认为，所谓思想政治教育的沟通功能，主要指在现代社会中思想政治教育为了促进人与人之间的相互理解、相互尊重、相互关心而担负的职责和作用。它的基本出发点是以人为本，强调尊重人、关心人、理解人，避免人与人之间产生隔阂，开启和疏通人与人之间交流的渠道，连接与构建社会成员之间的心灵桥梁。随着社会竞争的加剧和人们生存压力的不断增大，思想政治教育沟通功能的研究被提上日程。在目前学术界出版的关于思想政治教育功能探讨的研究成果中，关于沟通功能的研究还比较少，较有代表性的探讨出现在郑永廷教授所著的《现代思想道德教育理论与方法》（广东高等教育出版社 2000 年版）一书中。该书关于思想政治教育保证功能发展的论述中，明确把沟通功能与稳定功能、协调功能一起看作是思想政治教育保证功能的新发展[2]，本研究对这一观点深表赞同，并且认为，思想政治教育的沟通功能实际上是保证功能在构建和谐心灵秩序方面的体现，同样是出于秩序的需要。

第一，思想政治教育沟通功能以打造共建共治共享的社会治理格局

---

[1] 陈秉公：《思想政治教育学原理》，高等教育出版社 2006 年版，第 178 页。
[2] 参见郑永廷《现代思想道德教育理论与方法》，广东高等教育出版社 2000 年版，第 95—97 页。

为基本目标。打造共建共治共享的社会治理格局,必须坚持以习近平新时代中国特色社会主义思想统领经济社会发展全局,按照"五位一体"的总体布局和"四个全面"的战略布局来开展。思想政治教育沟通功能的发挥,有利于人们之间形成"诚信友爱、充满活力"的人际关系。如果缺乏沟通,交流不畅,就可能造成人际关系的紧张,更谈不上打造共建共治共享的社会治理格局。加强思想政治教育沟通功能的研究,有利于构建人与人之间沟通、交流的重要桥梁,通过开展思想政治教育,引导人们参与社会实践,在轻松愉悦的社会氛围中与他人进行思想交流与情感沟通,营造和谐的社会氛围与充满活力的人际关系,为形成有效的社会治理、良好的社会秩序、持续增强人民获得感、幸福感、安全感的发展目标服务。在社会主义市场经济体制运转过程中,必然会有许多经济关系、利益关系需要调整,经济矛盾需要化解,而思想政治教育的沟通功能,一方面可以通过教育引导、宣传说服等方式,帮助人们树立正确的物质利益观,正确地处理个人与集体的关系;另一方面既有利于人们充分表达自己正当的利益要求,又有利于人们相互理解,化解利益矛盾,从而提高人的思想觉悟,建立起新型的人际关系,推动共建共治共享的社会治理格局逐渐形成。化解各种社会矛盾,就必须从疏通思想、理顺情绪、化解利益矛盾和协调人际关系等方面多下功夫,因而,研究新时期思想政治教育的沟通功能尤为重要。

第二,思想政治教育沟通功能以引导人们消除心理障碍为主要手段。我国社会转型和全面改革开放给人们的心理带来了巨大冲击,一些人由于对社会的适应能力较弱而出现了心理失落、失衡、心理焦虑等,郑永廷教授把这种状态称之为心躁,"即急躁、浮躁、烦躁、焦躁以及精神郁闷、苦闷甚至精神疾病。这些精神困境是由社会竞争、快速发展、复杂多变的客观环境所引发,是人的主观不适应客观的情绪与思想反映,是一种遭遇发展风险而又难以消除的表现。"[①] 思想政治教育作为一种精神性实践活动,在对人们进行价值导向的同时,要保证人的精神生活与心灵秩序的良性发展,因此,要重视研究思想政治教育的沟通功能,显示其对人精神生活与心灵和谐发展的意义。具体来说,思想政

---

① 郑永廷:《人的现代化理论与实践》,人民出版社2006年版,第367页。

治教育一方面要加强形势政策教育，努力做好党的方针政策以及社会热点、难点问题的宣传解释工作，引导人们从新的视角认识和理解现代社会出现的各种现象；另一方面要关注人们的心理变化，提高其心理适应和自我调适能力，以科学的理论、科学的价值观念和道德规范引导人们逐步消除心理落差与心理障碍。很显然，市场经济体制改革波及到社会发展领域的各个角落，触及到了每个人的切身利益，一些人的利益在改革开放的深入推进中被重新调整，因利益格局的变化和心态的不适而产生了不满、失落、嫉妒等心理。为此，思想政治教育的沟通功能就是要积极对人进行耐心的说服教育，让人们辩证看待改革中的利益调整，在肯定和尊重个人利益的前提下，引导其树立正确的物质利益观，同时鼓励人们树立艰苦创业的精神。加强情感沟通、协调人际关系，在全社会大力倡导共同的价值观念，让团结、平等、尊重、协作和友爱深入人心，同时，要教育人们树立科学的发展目标。目标不明确、不科学，群体或组织内部就会成为一盘散沙。思想政治教育对人的心理障碍的消除过程是一个由外及内的过程，通过外在的引导使人们产生心理共鸣，进而促使人们逐渐认识、理解、认同和接受社会的发展趋势，并开始自觉地培养自身与社会发展相适应的意识和能力。当消除心理障碍的外在调适与沟通变成内在的自我建构时，思想政治教育的沟通功能就完成了其历史使命，新的沟通过程又开始了。

第三，思想政治教育沟通功能的发挥依赖于畅通的沟通机制。所谓思想政治教育的沟通机制，是指在思想政治教育过程中，教育主体与教育客体之间融洽感情、消除认识与情感障碍的社会系统和渠道。思想政治教育的沟通机制有正式机制与非正式机制之分，正式机制强调沟通系统与渠道的常规化、模式化和规范化，如信访制度、心理咨询机构的设立，非正式机制意味着沟通系统与渠道的随机性、灵活性和生活化。正式的沟通机制在传递的信息内容和沟通的方式上坚持坚定正确的政治方向，用马克思主义思想体系去引导沟通对象，体现了党性要求，这不仅是社会主义思想政治教育的目标所需要，也是意识形态斗争的客观规律所决定的。非正式的沟通机制主要运用生活化、情感式的语言来达到增进理解、深化认识、塑造品质和保健心理的目的，多采用谈心沟通法、讨论沟通法、演讲沟通法，这种沟通机制具有灵活多样、沟通及时、坦诚相告、为沟通对象保密等优势，在良好的生活氛围下容易感染沟通对象，取得较为明显的沟通效果。沟通的过程即是思想政治教育内容的传播过程，也是人们的认识与观念进行情感交流的过程，良好的思想政治教育沟通机制容易使人在认识上产生认同、情感上发生共鸣、观念上发生飞跃。思想政治教育的实践证明，沟通功能发挥得好，沟通对象就易于见多识广、善于交际、能够建立较为和谐的人际关系，比较容易适应现代社会的发展；反之、思想政治教育的沟通功能没有受到重视，就容易出现"坐井观天"、孤陋寡闻的现象，人们之间容易发生情感冷漠、相互猜忌甚至出现生活"去意义化"的倾向。因此，新时代的思想政治教育，必须重视沟通功能对人的生存与发展的重要意义，同时，只有坚持灵活性与原则性相结合、正式沟通机制与非正式沟通机制相结合，才能发挥出沟通功能的最大效用，才能促进现代人和谐的心灵秩序的建立。

第四节　思想政治教育育人功能的发展

思想政治教育虽然是一门具有强烈意识形态的学科，但作为学校教育的重要组成部分，它的育人功能是不言而喻的。习近平指出："古今中外，每个国家都是按照自己的政治要求来培养人的，世界一流大学都是在服务自己国家发展中成长起来的。我国社会主义教育就是要培养社会主义建设者和接班人。"[1] 不同社会形态下的思想政治教育，因阶级属性不同而具有不同的育人目的，在前社会主义时代，培养出忠于统治阶级需要的忠实奴仆是其育人功能目的之所在。社会主义思想政治教育的育人功能的根本目的在于用社会主义意识形态教育人和培养人。习近平也在全国高校思想政治工作会议上强调："高校思想政治工作关系高校培养什么样的人、如何培养人以及为谁培养人这个根本问题。要坚持把立德树人作为中心环节。"[2] 可见，提高人的思想政治素质，为国家的发展和社会的进步提供思想政治保证，为社会主义现代化建设培养出

---

[1]　习近平：《在北京大学师生座谈会上的讲话》，《光明日报》2018年5月3日第2版。
[2]　《习近平谈治国理政》（第2卷），外文出版社2017年版，第376页。

更多的德智体美劳全面发展的社会主义建设者和接班人是思想政治教育育人功能之所在。

一 思想政治教育育人功能的内涵阐释

思想政治教育的育人功能是通过培养、提高人的思想政治素质、完善人格来实现的。思想政治教育是专门做人的工作的，对于塑造现代人的健全人格与提升素质，促进人的自由全面发展起着重要的作用。加强和改进思想政治教育，必须牢固树立"育人为本，德育为先"的育人理念。育人功能是思想政治教育的基本功能，对确立人才成长的正确政治方向、培育人才的新思想观念、促进人才的职能开发具有重要的作用，在坚持教书育人、管理育人的同时，要特别注重环境育人和实践育人。习近平指出："新时代新形势，改革开放和社会主义现代化建设、促进人的全面发展和社会全面进步对教育和学习提出了新的更高的要求。我们要抓住机遇、超前布局，以更高远的历史站位、更宽广的国际视野、更深邃的战略眼光，对加快推进教育现代化、建设教育强国作出总体部署和战略设计，坚持把优先发展教育事业作为推动党和国家各项事业发展的重要先手棋，不断使教育同党和国家事业发展要求相适应、同人民群众期待相契合、同我国综合国力和国际地位相匹配。"[①] 这既表明新时期党的教育方针必须坚持以人民为中心的理念，同时也进一步指出了思想政治教育育人功能发展的重要性。当然，与其他学科的育人功能相比较，思想政治教育的育人功能，主要是通过思想政治教育的意识形态属性对人的发展予以引导，江泽民指出："思想政治教育，在各级各类学校都要摆在重要地位，任何时候都不能放松和削弱。要说素质，思想政治素质是最重要的素质。不断增强学生和群众的爱国主义、集体主义、社会主义思想，是素质教育的灵魂。"[②] 育人功能是思想政治教育的基本功能之一，它对于帮助人们坚定正确的政治方向，正确认识和分析复杂的社会现象，提高思想道德修养和精神境界具有十分重要

---

① 《习近平在全国教育大会上强调：坚持中国特色社会主义教育发展道路 培养德智体美劳全面发展的社会主义建设者和接班人》，《光明日报》2018年9月11日第1版。
② 《江泽民文选》（第2卷），人民出版社2006年版，第332页。

的作用。

第一,"育人为本,德育为先"的理念强调促进人的全面发展是思想政治教育的重要功能。"育人为本,德育为先"的理念,一是强调育人过程中把人当作主体,把人理解为根本,把人作为目的;二是强调人是本体论意义上的世界之本,认识价值意义上之本,人是终极追求意义上之本,强调育人的过程中必须把德育放在优先位置。在德智体美劳全面发展的教育目标体系中,要把思想政治教育放在重要战略地位,坚持和贯彻落实"育人为本,德育为先"的理念,要在"坚定理想信念、厚植爱国主义情怀、加强品德修养、增长知识见识、培养奋斗精神、增强综合素质"等方面下功夫,"把思想价值引领贯穿教育教学全过程和各环节,形成教书育人、科研育人、实践育人、管理育人、服务育人、文化育人、组织育人长效机制"[1],促进人的全面发展。站在战略和全局的高度,充分认识育人功能在思想政治教育中的重要地位,对培养中国特色社会主义事业的合格建设者和可靠接班人具有积极的作用。邓小平深刻地指出:"中国的事情能不能办好,社会主义和改革开放能不能坚持,经济能不能快一点发展起来,国家能不能长治久安,从一定意义上说,关键在人。"[2] 当代青年大学生思想政治状况总体上看是积极、健康、向上的。但是,由于受各方面因素的影响,一些大学生不同程度地存在政治信仰迷茫、理想信念模糊、价值取向扭曲、诚信意识淡薄、社会责任感缺乏、艰苦奋斗精神淡化、团结协作观念较差、心理素质欠佳等问题。面对政治多极化、经济全球化、文化多元化和生活信息化给思想政治教育带来的复杂形势与崭新课题,加强思想政治教育育人功能的研究显得尤为紧迫,努力拓展思想政治教育育人功能发挥的新途径、新方法,注重对思想政治教育育人功能发展新形态的研究,这既是培养政治立场坚定、社会理想远大、价值取向健康、精神状态昂扬的社会主义建设者和接班人的需要,也是社会的要求、时代的呼唤。本研究认为,审美功能、开发功能是思想政治教育育人功能发展的新形态,因

---

[1] 《中共中央 国务院印发〈关于加强和改进新形势下高校思想政治工作的意见〉》,《光明日报》2017年2月28日第1版。

[2] 《邓小平文选》(第3卷),人民出版社1993年版,第380页。

此，在后面的论述中将重点从这两个方面阐述思想政治教育育人功能的新发展。

第二，环境育人是思想政治教育育人功能研究中值得关注的一个重要问题。传统的思想政治教育一般重视教书育人与管理育人，但不乏环境育人的理念，"孟母三迁""近朱者赤，近墨者黑"的话语体系，表明古代中国已经有环境育人的理念。马克思主义创始人也非常重视环境育人的发展之间关系的探讨，马克思在《关于费尔巴哈的提纲》中指出："有一种唯物主义学说，认为人是环境和教育的产物，因而认为改变了的人是另一种环境和改变了的教育的产物，——这种学说忘记了：环境正是由人来改变的，而教育者本人一定是受教育的。"①这里马克思批判了"环境决定论"的思想，阐述了人与环境相互影响、共同促进人的发展的唯物主义思想，即"环境的改变和人的活动的一致，只能被看做是并合理地理解为变革的实践"。②但是，真正重视环境育人和开展思想政治教育环境育人功能研究的学术成果大量涌现，是在改革开放之后，尤其是进入21世纪，一大批中青年学者对思想政治教育环境的育人功能展开研究，如李辉教授的《现代思想政治教育环境研究》等。思想政治教育环境是指人类在自然环境基础上所创造和积累的一切物质文化、精神文化和社会关系的总和。它是广大受教育者身心发展的基础，也是造成人与人之间产生价值差异和发展取向不同的重要因素之一。人的知识、习惯、品德、人生观、价值观、世界观等高级人格心理的形成，在很大程度上均与环境有关。中共中央、国务院《关于加强和改进大学生思想政治教育的意见》中明确指出："各级党委和政府要为高等学校创建良好的育人环境。"思想政治教育本身是一个社会系统工程，需要全社会形成共识，齐抓共管，它依赖于家庭、社会、学校相结合的综合教育体系，而不是仅仅依靠思想政治教育教师的课堂教学，必须形成社会诸要素之间和谐发展、目标统一、方向一致的思想政治教育合力，才能真正做到环境育人。当然，现代社会环境中也蕴含着丰富的思想政治教育资源，它们对人的发展

---

① 《马克思恩格斯选集》（第1卷），人民出版社2012年版，第138页。
② 同上。

具有综合性的激励、引导、感染、熏陶作用，新时代必须重视思想政治教育环境的育人功能研究。

第三，实践育人是思想政治教育育人功能研究中值得关注的另一个重要问题。毛泽东指出："实践的观点是辩证唯物论的认识论之第一的和基本的观点"①，实践育人就是基于马克思主义实践观基础上形成的育人理念。在日常的教育活动中，我们都明白"身教重于言教""桃李不言，下自成蹊"的道理，也秉承"学高为师，身正为范"的育人理念，西方学校也有"Action is louder than speech for ever（行动永远比语言更有说服力）"的教育理念。新时代思想政治教育高度重视实践育人的理念，明确提出"要强化社会实践育人，提高实践教学比重，组织师生参加社会实践活动，完善科教融合、校企联合等协同育人模式，加强实践教学基地建设，建立健全国家机关、企事业单位、社会团体接收大学生实习实训制度，开设创新创业教育专门课程，增强军事训练实效，建立健全学雷锋志愿服务制度。"② 这段论述进一步明确了实践育人在思想政治教育活动中的重要作用。思想政治教育的育人功能就是要通过马克思主义理论的传播，使受教育者在理解、认同、接受并信仰马克思主义的基础上，实现"知与信"的统一、"知与行"的统一。思想政治教育活动要坚持"尊重人，理解人，关心人"的基本原则，既要教育人、引导人，又要关心人、帮助人，尊重受教育者的意见和要求，理解受教育者的兴趣爱好，从现实的具体的人出发，关心他们的实际困难，关注他们的思想波动，诚心诚意地帮他们解决困难。思想政治教育育人功能的实现，不能只归因到理论，必须落实到实践，在知行转化中实现实践育人的目的。人们在思想政治教育过程中接受社会主义意识形态，并把它反作用于社会实践，在实践中检验所接受意识形态的科学性与价值性，在解决思想问题与实际问题的过程中实现对人的教育、培养与训练，思想政治教育的育人功能在服务社会发展与促进人的发展过程中得以发挥和实现。

---

① 《毛泽东选集》（第1卷），人民出版社1991年版，第284页。
② 《中共中央 国务院印发〈关于加强和改进新形势下高校思想政治工作的意见〉》，《光明日报》2017年2月28日第1版。

二 思想政治教育的审美功能

所谓思想政治教育的审美功能,是指思想政治教育在培养人认识美、爱好美和创造美的活动中所发挥的作用。习近平指出:"要全面加强和改进学校美育,坚持以美育人、以文化人,提高学生审美和人文素养。"[1] 思想政治教育的审美功能和美育的研究内容总体上是一致的,都涉及如何培养人的审美意识和审美情趣,"美学和思想政治教育学都要通过自然美、社会生活美和艺术美,塑造人们的心灵美,培养人们的感知美、鉴赏美、创造美的能力。"[2] 社会主义的思想政治教育必然要为培养全面发展的社会主义建设者和接班人服务,而全面发展的人自然也是具有正确审美观念的人。思想政治教育的审美功能是不言而喻的,引导人们开展正确的审美活动是思想政治教育的基本内容,也是培育和践行社会主义核心价值观的客观需要,本研究认为,思想政治教育的审美功能是对思想政治教育育人功能的新发展。从本质上讲,思想政治教育的审美功能发挥是引导人们确立科学的世界观、人生观、价值观和道德观的重要途径,科学地发挥思想政治教育的审美功能,能够促使人的心脑产生无穷的智慧和能力以及对美好生活的向往。思想政治教育的主要对象是身心发展到一定阶段的大学生,他们是审美意识非常强烈的一个群体,在马克思主义美育观指导下引导大学生群体对各种美的事物的探寻和欣赏,激发高校大学生形成积极高尚的审美情感,持续满足他们对于美好生活的需要,必须高度重视思想政治教育审美功能的发挥。当然,思想政治教育审美功能的发挥不仅仅在于审美知识的传授,而主要是通过思想政治教育活动中所蕴含的价值理念和思想体系的真理性内容对人的审美观念予以引导,使人们树立正确的历史观、民族观、国家观、文化观,形成热爱美、追求美、创造美的良好生活方式。

第一,思想政治教育审美功能是以潜移默化、润物无声的形式予以发挥的。思想政治教育对个体发展的价值性、科学性、规范性要求,在

---

[1] 《习近平在全国教育大会上强调:坚持中国特色社会主义教育发展道路 培养德智体美劳全面发展的社会主义建设者和接班人》,《光明日报》2018年9月11日第1版。

[2] 郑永廷:《思想政治教育方法论》,高等教育出版社1999年版,第11页。

晓之以理、动之以情、授之以知、导之以行的思想政治教育中得以贯彻，在合乎人性发展的思想政治教育情境中激发受教育者对美的追求，引导人们对美的追求由感性到理性、由情感冲动的方式到逐渐形成内在自觉。列宁曾经指出："没有人的'感情'，就从来没有也不可能有人对真理的追求"①，因此，激发和促使受教育者在感情上认同、接受教育者所宣传的思想政治教育理念，就成为发挥思想政治教育审美功能的一个重要环节。在思想政治教育活动中，受教育者主要是靠理性实现对教育内容的领会和掌握，而情感则是使教育内容逐步转化为受教育者内在意识和外在行动的先决条件。思想政治教育审美功能的情感性特点，有助于激发受教育者同教育者之间的情感认同，最终达到增强思想政治教育效果的目的。让大家在审美欣赏的体悟中，自然而然地接受这些事物、人物所体现的政治思想、道德精神，在教育者与被教育者之间建立一种和谐的关系，思想政治教育的育人功能在科学审美意识的培养与确立中逐步得以实现。

第二，思想政治教育审美功能发展，既是社会发展的客观需要，也是人自身生命活动的内在要求。中国特色社会主义建设依赖于一代代具有科学审美观与全面发展的人，同时也必将培养出具有科学审美观与全面发展的人。马克思在谈到人的生活活动与动物的生命活动时指出："动物只是按照它所属的那个种的尺度和需要来构造，而人却懂得按照任何一个种的尺度来进行生产，并且懂得处处都把固有的尺度运用于对象；因此，人也按照美的规律来构造。"② 在这里，马克思对动物的生命活动与人的生活活动作了区别，动物的生命活动只有一个尺度，即所属的那个种的尺度，按照所属种的尺度一代一代复制自己，没有自己的"历史"和"发展"，更谈不上生活。而人的"生活活动"则有两种尺度："任何一个种的尺度"和人的"固有的尺度"，人类的生活活动则是在不停地发展自己，谱写新的历史篇章，创造着自己的生活世界。而且，"按照美的规律来构造"，不断地实现人的自我发展，是人的"生活活动"及其所创造的"生活世界"的意义所在，也是新时代思想政

---

① 《列宁全集》（第20卷），人民出版社1958年版，第255页。
② 《马克思恩格斯选集》（第1卷），人民出版社2012年版，第57页。

治教育功能发展的理论基础以及个体确立科学审美观的基本依据。思想政治教育的审美功能以陶冶情感、滋养情操、价值引领为目的，以生动形象的手段，通过潜移默化、润物无声的方式来提高人的思想政治素质，进而促进人的全面发展。

第三，思想政治教育审美功能发展，必须注重社会发展对人的精神家园建构的影响。一般而言，人们在接受思想政治教育所传播的思想观念、政治观点和道德规范的同时，也在自觉不自觉地形成新的审美观。思想政治教育通过对现代社会生活中影响人的精神生活的各种现象分析，引导人们形成现代审美观，进而实现人对美的规律的把握和对美的世界的创造。马克思曾经指出："忧心忡忡的、贫穷的人对最美丽的景色都没有什么感觉；经营矿物的商人只看到矿物的商业价值，而看不到矿物的美和独特性；他没有矿物学的感觉。"[1] 在马克思看来，不是意识决定生活，而是生活决定意识，审美是建立在现实生活的基础之上的。社会市场化、经济全球化、文化多元化、生活信息化给人的发展带来诸多时代课题，进而影响人的精神生活，人们对现代社会发展的适应性存在着差异，思想政治教育审美功能的研究与发挥必须考虑到"从事实际活动的人"，它应当有利于人们形成健康、科学的思维方式与生活方式。新时代思想政治教育应当是一种寓教于乐的活动，受教育者在生活化的思想政治教育中快乐接受思想理论教育和价值引领，思想政治教育的审美功能才能真正得以发挥。

三 思想政治教育的开发功能

思想政治教育的开发功能研究是目前学术界研究的热点问题之一。"所谓开发功能，是指通过思想政治教育，最大限度地发挥人的主观能动性和发掘人的内在潜能。"[2] 前社会主义时代的思想政治教育，一般被视为规范、约束、压抑人的主体性和创造性的活动，思想政治教育一度成为泯灭人的自由个性、维护阶级统治的代名词。社会主义思想政治

---

[1] 《马克思恩格斯文集》（第1卷），人民出版社2009年版，第192页。
[2] 张耀灿、郑永廷等：《现代思想政治教育学》，人民出版社2006年版，第134—135页。

教育的核心问题是"培养什么样的人、如何培养人以及为谁培养人"，在传播社会主义意识形态的同时，社会主义思想政治教育必须以高度的政治责任感和历史使命感，为努力造就数以亿计的高素质的劳动者、数以千万计的专门人才和一大批拔尖创新人才服务。从实施国家人才强国战略的层面来看，思想政治教育开发功能研究，必须着眼于建设规模宏大、结构合理、素质较高的人才队伍，立足于充分发挥各类人才的积极性、主动性和创造性，为努力开创人才辈出、人尽其才的新局面服务。从社会层面来看，社会的改革发展归根到底是为了人的自由全面发展，而人的发展必然要实现对自身原有状态的不断超越，对人的潜能不断的开发。如何充分发挥人的潜能？人能否自觉地充分发挥自己的潜能？这些问题成为思想政治教育学科建设与功能发展研究必须面对和予以解决的重要课题。思想政治教育的开发功能研究是时代发展的客观要求，它有利于提升国家核心竞争力和综合国力，为实现"两个一百年"奋斗目标、实现中华民族伟大复兴提供重要保证。在目前学术界关于思想政治教育开发功能的研究中，学者们一般都认为开发功能是育人功能的延伸，也是新形势下思想政治教育功能的新发展。

第一，思想政治教育开发功能的发挥过程，是一个通过日常生活来涵养和开发人的主体性的过程。人是自由的有意识的存在物，是自身活动的主体，人的行为都内含着特定的目的性，新时代思想政治教育对人的潜能开发，一个重要的内涵就是要不断增强人们生活的获得感、幸福感、安全感，使人们心情舒畅地去生活。在思想政治教育活动中，社会成员思维方式、审美方式和生活方式的形塑与改造，逐步使个体自身素质的培养表现出蓬勃向上的生机与活力，并在日常生活中不断转化为个体对高尚价值追求的自觉性，成为涵养和开发人的内在潜能的不竭动力。获得感、幸福感、安全感的不断增强，奋斗目标的实现，人际关系的和谐与愉悦性人格的形成，不断促使人们追求新的更高层次的发展。新时代思想政治教育本质上应当是在社会发展中涵养和开发人的内在潜能的过程，它鼓励人们创新，培养人的创造性。这样的思想政治教育给人的价值引导所带来的不是必然性的规定，而是应然性的选择与追求，不是压抑人的主体性，而是积极促使受教育者个性的自我张扬，它更多地包含了人的价值追求，包含了个体发展的可能性目标。

第二，思想政治教育开发功能的发挥过程，是一个通过激发人们爱的潜能来涵养与开发人的主体性的过程。"传统思想政治教育也强调发挥人的主观能动性，但这种主观能动性主要表现在政治方面，即政治积极性。这种政治积极性在以政治运动为中心，政治与业务相脱离的情况下，对人的智力、知识所产生的作用是不大的。"① 其根本原因就在于，这种思想政治教育是出于政治需要而不是立足于对个体发展的关注，它对个体主体性主要是一种约束和压抑，是出于维护阶级统治的需要。新时代思想政治教育开发功能的发展，首先要解除人们的思想禁锢，促使人们用心灵和道德解读当下的社会生活，在情感的滋润和道德的涵养下去开发人的潜能。在新时代思想政治教育活动中，人们有积极的努力方向，有表现并被社会认可的机会，有清晰而必要的事情去做，内心中的压抑感自然而然就会减少，自我张扬的积极性就会越来越高，道德行为所带来的新的社会评价对其生活态度与生活方式会带来积极的影响。鼓励社会成员继续努力发挥自己的潜能，个体潜能的开发程度既是衡量社会道德环境的重要标志，也是人的主体性涵养与开发的重要内容。当然，涵养和开发人的主体性，新时代思想政治教育还必须科学引导人们对待现实的关切，因为"'思想'一旦离开'利益'，就一定会使自己出丑"。② 合理追求正当的物质利益是现代人发展的客观需要，新时代思想政治教育对人的主体性的涵养与开发，也必须建立在现实的物质生活基础之上。

第三，思想政治教育开发功能的发挥过程，是一个"按照美的规律来构造"精神生活的过程。"人们所具有的根源于实践的'创造'能力，首先就要体现在精神的创造作用上：人类开创的属人的新世界，也首先表现为思想为自己开拓的可能性空间之中。"③ 人是自在性和自为性的双重存在，新时代思想政治教育对人的内在潜能及其主体性的开发，也相应地体现出两重性：能够帮助人营造自由和谐的潜能开发氛

---

① 郑永廷：《现代思想道德理论教育与方法》，广东高等教育出版社2000年版，第97—98页。
② 《马克思恩格斯全集》（第2卷），人民出版社1957年版，第103页。
③ 高清海：《找回失去的"哲学自我"：哲学创新的生命本性》，北京师范大学出版社2004年版，第44页。

围，也可能使部分人失去进取心而影响创造性发挥。新时代思想政治教育引导受教育者在开创主体精神生活的浪漫与富足时，还必须不断培养人们对新事物、新问题的兴趣，不断为提高人的生活质量和生命意义服务，僵化和固化了的精神生活是新时代思想政治教育开发功能的大敌。僵化停滞是没有出路的，人们正在逐步克服陈腐观念，人的主体性已经苏醒和正在发挥，一系列适合主体性发挥的相关机制正在形成，但一些人的活动也明显地呈现出功利化特点，"我欲故我在"的利己主义思想正在对人的发展发起挑战，并且顽强地表现自己，人们的生活世界无形之中出现了新的断裂和失衡，物欲和精神从两个极端向现代人的生活世界角力，人们的生活世界不时地"向左转，向右转"。因此，思想政治教育在努力涵养和开发人的主体性的同时，决不能盲目地拓展和增强人的"征服欲"和"占有欲"，而要促使人们在习近平新时代中国特色社会主义思想引领下不断增强自身的本质力量，新时代思想政治教育开发功能的发挥，应当通过开创美好生活中最大限度地开发人的主体性而得以体现。

第四，思想政治教育开发功能的发挥过程，是一个努力引导人们趋向自由全面发展的过程。传统思想政治教育忽视人的主体性、创造性，过分强调个人服从整体、泯灭人的个性需求，忽视人的兴趣、爱好与特长，使人不能尽其才，在某种意义上造成了人力资源的浪费，严重阻碍了人的内在潜能开发。新时代思想政治教育开发功能的发挥，以塑造灵魂、塑造生命、塑造新人为基本目标，寻求人力资源开发过程与人的科学世界观、人生观、价值观的树立过程相一致，努力引导人们在社会生活实践中完善自己、在竞争中提高自己、在奋斗中充实自己。思想政治教育对人的潜能开发，既体现为一种个体行为，但也深深地打上了社会的烙印，不可避免对人的思维方式和生活方式产生规范性。个体的发展，总是离不开特定社会关系中的人生价值、公平正义和道德理想等内容，而思想政治教育对人的开发过程，总是对具有特定社会性质的真理标准、价值尺度、审美原则和时代精神等规范人们的理论化、系统化的观念的肯定与否定、认同或拒斥，其结果总是通过个体社会化的形式自觉显示出来。新时代思想政治教育开发功能的独特之处在于，它尊重受教育者的兴趣爱好，重视调动受教育者的积极性、主动性和创造性，体现了个体对生命意义的自觉寻求和理论表征。思想政治教育的过程由人们被动地接受知识体系、价值灌输逐渐转变为对人的自由全面发展的引导，人们在思想政治教育中逐步理解、认同、接收和践行价值理念和思想道德的过程，既是个体培育和践行社会主义核心价值观的过程，也是个体自觉进行价值选择的结果。思想政治教育开发功能的发挥，不断满足社会发展需要与个体发展需要，努力引导人们趋向自由全面发展的状态和境界。

当然，"思想政治教育之所以具有并可以发展开发功能，是因为人在认识和改造世界的过程中，具有能动性。人的能动性，是有层次和深度的，它不可能由人们自发地完全释放出来，而需要对其进行深度挖掘。"[1] 因此，思想政治教育开发功能研究，必须建立在对"现实的、具体的人"的研究基础之上，毕竟"在思辨终止的地方，在现实生活面前，正是描述人们实践活动和实际发展过程的真正的实证科学开始的地方。"[2]

---

[1] 张耀灿、郑永廷等：《现代思想政治教育学》，人民出版社2006年版，第135页。
[2] 《马克思恩格斯选集》（第1卷），人民出版社2012年版，第153页。

第六章

新时代思想政治教育发展的方法维度

思想政治教育方法是思想政治教育介体的重要内容，思想政治教育方法理论是人们进行思想政治教育活动的中介理论。它是思想政治教育价值得以实现与功能得以发挥的手段、方式和途径，必然要随着人类社会实践的发展而发展。有学者指出："当代社会发展呈现出综合化、多样化、复杂化特点，人的发展出现了自主性、个性化、特色化发展的趋势，这些都极大地改变了思想政治教育的客观环境和对象特点。思想政治教育如果不能做到与时俱进，还简单地沿用过去老一套的做法，就不能适应时代的发展要求。思想政治教育只有主动适应新情况，不断探索新方式、新手段、新机制，才会有说服力、感召力、渗透力、凝聚力。"① 思想政治教育作为提高人的思想政治素质的社会实践活动，其方法发展必须与社会发展相协调，必须与人的精神生活要求相适应。针对传统思想政治教育方法在一定程度上难以适应时代发展要求的客观现实，新时代思想政治教育方法的发展研究就被提上日程。

第一节 思想政治教育方法发展的时代阐释

思想政治教育方法是发挥思想政治教育作用的重要手段，也是思想政治教育基本原理在实践中的具体运用，对思想政治教育实践活动的创

---

① 万美容：《思想政治教育方法发展研究》，中国社会科学出版社2007年版，第7页。

新发展更加具有直接的指导作用。思想政治教育方法发展研究,对思想政治教育理论建设与实践发展有着双重价值。它一方面丰富与发展思想政治教育的理论体系,对思想政治教育学科建设具有积极推动作用;另一方面也有助于回应和解答思想政治教育实践中面临的现实课题,促进思想政治教育功能的发挥和价值的实现。思想政治教育方法研究一直是思想政治教育学科建设和学术研究的重要领域,它扎根于思想政治教育实践的社会土壤,与思想政治教育基础理论研究、思想政治教育发展史研究一起构成了现代思想政治教育学发展的三大理论支点。系统、科学的思想政治教育方法研究在20世纪80年代中期以后迅速兴起,并伴随着思想政治教育科学化、学科化的发展不断取得新的突破,形成了一些有较大影响的学术成果,为思想政治教育服务于社会发展与人的发展提供了基本的依据和现实路径。

一 思想政治教育方法发展的内涵界定

"方法"一词来源于希腊文的"方向"或"道路",从词义上看,就是沿着某一方向或道路行进的意思。中国传统文化中,有"中吾矩者,谓之方,不中吾矩者,谓之不方。是以方与不方,皆可得而知之。此其何故?则方法明也"[1]的记载,这里的"方法"主要指度量方形之法,后来被演化为做任何事情的手段或途径。在现代汉语中,"方法"主要指关于解决问题的门路、程序等[2]。它是人们为了认识世界和改造世界,达到一定目的所采取的活动方式、程序和手段的总和。列宁在《哲学笔记》中摘录过黑格尔《逻辑学》里一段话:"在真理的认识中,方法也就是工具,是在主体方面的某个手段,主体方面通过这个手段与客体相联系。"[3]从这段论述可以看出,方法不是实体因素,而是知识工具,它是在人类实践活动中存在的动态因素,是连接主体与客体的中介因素,并随着实践活动的终止而消失。根据此理解,方法形式上是主观的,面临同一个问题,不同的人会有不同的解决方法,

---

[1] 《墨子·天志》。

[2] 中国社会科学院语言研究所词典编辑室:《现代汉语小词典》,商务印书馆1985年版,第142页。

[3] 《列宁全集》(第55卷),人民出版社1990年版,第189页。

但就方法的内容来说，它只能来源于客观现实尤其是对象自身的运动规律，即一定的方法必须与一定的对象相适应，因此，方法具有显著的客观性特征。就其本质而言，科学的方法是对客观规律的科学把握与自觉运用。

所谓思想政治教育方法，"就是教育者对受教育者在思想政治教育过程中所采取的思想方法和工作方法，或者说，是教育者为了达到一定的目的对受教育者采取的手段和方式。"[①] 它既包括思想政治教育认识活动（如认识对象、认识环境等）的方法，也包括具体实施思想政治教育活动、促进受教育者思想政治品德形成发展的方法。在目前学术界关于思想政治教育方法的研究中，一般把思想政治教育的方法分为四个层次：①原则方法，它是思想政治教育的根本理念和指导原则的体现，如理论联系实际、精神激励与物质鼓励相结合、科学性与方向性相结合等。思想政治教育的原则方法对思想政治教育整个过程都具有指导作用。②具体方法，它是思想政治教育的原则方法在思想政治教育过程中的具体运用，郑永廷教授在《思想政治教育方法论》中把这些方法分为认识方法、实施方法、调节评估方法、研究提高方法。思想政治教育的具体方法在思想政治教育的各个环节上起主导作用。③操作方式，它是思想政治教育的具体方法在思想政治教育实践中的具体运用，是具体方法适用于不同范围、不同条件时的特殊方法形态，也是人们在长期运用思想政治教育具体方法过程中对这些具体方法的程序化总结。在思想政治教育的方法体系中，操作方式是数量最多、应用最广泛、操作性最强、最便于思想政治教育主体掌握和直接使用的方法，在思想政治教育实践中选择和运用的思想政治教育方法，一般是指思想政治教育的操作方式。④运用技巧，它是思想政治教育实践过程中艺术性和技巧性的体现，必须建立在思想政治教育主体对思想政治教育的科学认识和熟练把握的基础之上。思想政治教育的运用技巧是思想政治教育主体能力的体现，带有鲜明的个性特征与个人风格。在思想政治教育方法体系中，思想政治教育的运用技巧具有高度的灵活性、具体性、生动性、创造性，是思想政治教育方法在微观领

---

① 郑永廷：《思想政治教育方法论》，高等教育出版社1999年版，第3页。

域的体现，也是思想政治教育主体为取得良好的思想政治教育实效而应该多下功夫提高的部分。①

思想政治教育方法是在思想政治教育实践中逐步形成和发展起来的。它是为思想政治教育的目的和任务服务的，并且由人们思想品德形成发展的规律和思想政治教育的规律决定的。思想政治教育方法发展首先是思想政治教育活动中的中介因素的发展，是思想政治教育主体根据教育客体的特征和思想政治教育的目标和任务等要素，在继承原有思想政治教育方法的基础上，在思想政治教育实践中不断总结经验，选择和创造更适合思想政治教育实践的新方法。其次，思想政治教育方法发展是与其理论发展紧密联系在一起的。思想政治教育方法发展也要"因事而化、因时而进、因势而新"，依据理论传播要求和社会实践需要进行方法创新发展，因为"无论是实践经验上升为理论，还是理论指导、运用于实践，都要靠一定的方法来完成。"② 最后，方法是人类思维活动的产物，思想政治教育方法发展必须适应新时代思想政治教育和社会发展、人的发展需要，以提高思想政治教育的有效性。本质上，思想政治教育方法发展就是思想政治教育方法的现代化。如前所述，思想政治教育的方法体系一般由原则方法和具体方法组成，原则方法体现思想政治教育的根本理念和指导思想，主要从宏观方面体现对思想政治教育的方法论意义，具体方法主要指思想政治教育活动中实际运用的各种程序化、规范化的方法体系，它主要体现为思想政治教育的操作方式，同时也包括思想政治教育的运用技巧，因此，本章关于思想政治教育方法的发展研究，主要是从这个意义上展开的。

二　思想政治教育方法发展的必要性

马克思指出："一切划时代的体系的真正的内容都是由于产生这些体系的那个时期的需要而形成起来的。"③ 思想政治教育的方法发展，也是时代发展与社会发展的需要，具体说来，思想政治教育方法发展的

---

① 参见张耀灿、郑永廷等《现代思想政治教育学》，人民出版社2006年版，第364页。
② 万美容：《思想政治教育方法发展研究》，中国社会科学出版社2007年版，第11—12页。
③ 《马克思恩格斯全集》（第3卷），人民出版社1960年版，第544页。

必要性主要体现为以下几个方面：

第一，思想政治教育方法发展是适应国际国内形势深刻变化的客观需要。从国际环境来看，全球化进程的加速、信息技术的发展和多元化社会思潮的激荡，使大量腐朽、没落的西方文化思潮和价值观在世界范围内得到广泛传播，它们试图叩开意志薄弱者的心扉，冲击与腐化人的精神家园，对现代人生活方式的影响和渗透不可低估，马克思主义与一系列非马克思主义甚至反马克思主义思潮在意识形态领域的斗争复杂而激烈。习近平指出："我们在集中精力进行经济建设的同时，一刻也不能放松和削弱意识形态工作。在这方面，我们有过深刻教训。一个政权的瓦解往往是从思想领域开始的，政治动荡、政权更迭可能是在一夜之间发生，但思想演化是个长期过程。思想防线被攻破了，其他防线就很难守住。我们必须把意识形态工作的领导权、管理权、话语权牢牢掌握在手中，任何时候都不能旁落，否则就要犯无可挽回的历史性错误。"[①]如何才能把意识形态工作的领导权、管理权、话语权牢牢掌握在手中，持续增强社会主义意识形态的凝聚力，成为摆在党和政府以及广大思想政治工作者面前的严峻课题。从国内环境来看，当代中国正在发生广泛而深刻的变革，机遇前所未有，挑战也前所未有。特别是"我们的工作还存在许多不足，也面临不少困难和挑战。主要是：发展不平衡不充分的一些突出问题尚未解决，……社会文明水平尚需提高；社会矛盾和问题交织叠加，全面依法治国任务依然繁重，国家治理体系和治理能力有待加强；意识形态领域斗争依然复杂，国家安全面临新情况。"[②]复杂的国际国内形势使思想政治教育的实效性受到严峻挑战，这要求思想政治教育主体必须审时度势地发展和创新行之有效的思想政治教育方法，使思想政治教育充分发挥鼓舞人、教育人、引导人的作用，为社会进步和人的全面发展服务。

第二，思想政治教育方法发展是适应新时代人们思想特点变化的迫切需要。随着对外开放的不断扩大和社会主义市场经济的深入发展，思

---

① 中共中央文献研究室编：《习近平关于社会主义文化建设摘编》，中央文献出版社2017年版，第21页。
② 《党的十九大报告辅导读本》编写组：《党的十九大报告辅导读本》，人民出版社2017年版，第9页。

想政治教育传统方法所依存的社会环境发生了重大变化。我国社会的经济成分、组织形式、就业方式、利益关系和分配方式日益多样化，这对人们的思想观念、政治观点、道德规范都产生了深刻影响，人们的思想活动呈现出独立性、选择性、多变性和差异性等特点，具体体现为：首先，市场经济体制确立过程中人们的自主、独立、竞争的意识不断增强，一些人在崇尚自我、强调自我价值实现的过程中形成强烈的个人中心主义观，缺乏集体主义精神，团结协作意识较差；其次，科学技术的迅猛发展加速推进了社会生活的信息化、多样化，人们的思想活动中出现了选择性困难；最后，复杂多变的社会形势影响了一些人科学世界观、人生观、价值观的确立，他们中的不少人存在诸多思想上、道德上的矛盾和困惑，意识形态安全意识不强。人的思想意识是社会存在的反映，其形成受主观和客观因素的双重影响，并在多种因素的交互作用中产生、发展、变化。在实践过程中，由于主客观因素的不同，人的思想必然会产生差异，移动互联网的广泛应用和多元文化思潮的冲击使这种差异不断拉大，为了科学引导人的思维方式和行为方式，提升人们的思想政治素质，开展思想政治教育方法发展与创新研究势在必行。

第三，思想政治教育方法发展是科学把握与运用思想政治教育规律的内在要求。思想政治教育规律即研究人的思想政治品德形成和发展以及对人们进行思想政治教育的规律。思想政治教育是以马克思主义为指导的社会实践活动，马克思主义是发展的科学，是我们认识世界、改造世界的科学方法论。它不是一成不变的教义，而是"随时随地都要以当时的历史条件为转移。"[1] 马克思主义中国化最新理论成果，对思想政治教育实践发展提出了新的要求，思想政治教育必须以马克思主义的最新理论成果武装群众、教育人民，而不是教条式地固守传统的思想政治教育内容与方法，正如恩格斯在《致威·桑巴特》的信中所说："马克思的整个世界观不是教义，而是方法。它提供的不是现成的教条，而是进一步研究的出发点和供这种研究使用的方法。"[2] 马克思主义具有与时俱进的理论品质，因此，以马克思主义为指导思想和基本内容的思想

---

[1] 《马克思恩格斯选集》（第1卷），人民出版社2012年版，第386页。
[2] 《马克思恩格斯选集》（第4卷），人民出版社2012年版，第664页。

政治教育也必须随着社会实践和马克思主义理论的发展而发展，思想政治教育方法的发展既是思想政治教育理论体系变化的必然结果，也是思想政治教育理论得以顺利贯彻执行的基本途径。具体来说，"它是一个由社会所要求的思想、教育者、受教育者、社会环境等诸多要素及其相互关系构成的复杂系统，其中最重要的是思想政治教育的工作与党的中心任务、基本路线的关系以及思想政治教育者与受教育者之间的关系……党的中心任务一变，思想政治教育的方法也应在继承的基础上得到创新和发展。"①

第四，思想政治教育方法发展是继承和发扬党的优良传统的需要。重视思想政治教育，是中国共产党的优良传统和政治优势。在长期的革命斗争和建设实践中，中国共产党高度重视思想政治教育的方法问题，经过不断的继承、发展与创新，形成了一系列卓有成效的思想政治教育方法，这些方法在今天仍具有重要意义。毛泽东曾经指出："我们不但要提出任务，而且要解决完成任务的方法问题。我们的任务是过河，但是没有桥或没有船就不能过。不解决桥或船的问题，过河就是一句空话。不解决方法问题，任务也只是瞎说一顿。"② 这句话中，毛泽东生动、形象地把方法比喻作"桥"或"船"，并强调了方法的运用对于实现目的和任务的重要性。能否自觉选择和科学运用思想政治教育方法，是能否实现思想政治教育目的、完成思想政治教育任务的关键。改革开放以来，为适应中国特色社会主义发展的需要，党的历届中央领导集体对思想政治教育理论与方法的发展都非常关注，并进行了一系列的理论探讨与方法创新活动，这在客观上极大地促进了思想政治教育的学科化、科学化发展，为思想政治教育方法的科学发展作出了表率、指明了方向。同时，改革开放以来中国共产党的思想政治教育理论与实践，也进一步证明了思想政治教育方法只有与时俱进地发展与创新，才能使思想政治教育的功能得到最大发挥，才能真正增强思想政治教育的亲和力、针对性、实效性，因此，从继承和发扬党的优良传统需要维度来看，也必须重视思想政治教育方法的发展研究。

---

① 罗琼：《论思想政治教育方法的创新》，《涪陵师范学院学报》2003年第5期。
② 《毛泽东选集》（第1卷），人民出版社1991年版，第139页。

三 马克思主义经典作家关于思想政治教育方法的新贡献

这里所研究的马克思主义经典作家对思想政治教育的新贡献，主要指我国改革开放以来，邓小平、江泽民、胡锦涛、习近平等马克思主义经典作家对思想政治教育方法发展所作的贡献。他们善于运用马克思主义的思想方法与工作方法，并结合现代社会的发展实际，吸收自然科学、社会科学与思维科学发展的最新成果，分别形成了独具特色的思想政治教育方法体系。

1. 邓小平的思想政治教育方法体系

目前，学术界关于邓小平思想政治教育方法体系的研究已经取得了较为丰硕的成果，比较有代表性的观点主要集中在郑永廷教授所著的《思想政治教育方法论》一书中。该书较为全面地介绍了邓小平思想政治教育方法体系的基本特征及邓小平在思想政治教育方法发展上的主要贡献，其主要观点如下[①]。

邓小平思想政治教育方法体系的基本特征：

第一，在继承和发展马克思主义经典作家思想政治教育理论的基础上，注重辩证唯物主义实践性特征在思想政治教育领域的应用。他指出："我们开会，作报告，作决议，以及做任何工作，都为的是解决问题。我们说的做的究竟能不能解决问题，问题解决得是不是正确，关键在于我们是否能够理论联系实际，是否善于总结经验，针对客观现实，采取实事求是的态度，一切从实际出发。"[②] 毫无疑问，理论与实际相结合的方法是邓小平思想政治教育理论的根本方法。同时，邓小平强调："学马列要精，要管用的"[③]，在他看来，马克思主义只有不断解决广大人民群众的现实关切，不断科学回答和解决社会发展中的时代课题，马克思主义及其指导下的思想政治教育才更有说服力、吸引力和战斗力。邓小平的思想政治教育方法具有明显的实践性和时代性特征。

第二，邓小平善于将思想政治教育的方法研究放置于国际国内的大

[①] 参见郑永廷《思想政治教育方法论》，高等教育出版社1999年版，第48—51页。
[②] 《邓小平文选》（第2卷），人民出版社1994年版，第113—114页。
[③] 《邓小平文选》（第3卷），人民出版社1993年版，第382页。

环境下进行，总是紧密结合现代化建设与人的发展实际探讨思想政治教育方法的发展。他在强调"教育要面向世界、面向未来、面向现代化"的同时，提出物质文明建设与精神文明建设"两手抓"的方针，并强调警惕右、但主要是防"左"的方针，在教育上既要坚持说服教育，又要强调纪律的约束等，从整体上看，邓小平思想政治教育方法具有明显的辩证性和系统性特点。

第三，邓小平的思想政治教育方法体系，还具有多样性和综合性的特征。他反对脱离实际的思想政治教育形式主义倾向，指出："毫无疑问，学校应该永远把坚定正确的政治方向放在第一位。但这并不是说要把大量的课时用于思想政治教育。"① 在他看来，思想政治教育必须与学生的学习实际相结合，与其他教育方式形成教育合力，共同为青年学生的健康成长与社会的繁荣进步服务。他还强调要针对不同的人、不同的系统开展思想政治教育，要求各部门相互配合，共同解决人们的思想问题和实际问题。他说："我们在鼓励帮助每个人勤奋努力的同时，仍然不能不承认各个人在成长过程中所表现出来的才能和品德的差异，并且按照这种差异给以区别对待，尽可能使每个人按不同的条件向社会主义和共产主义的总目标前进。"② 同时，他还强调："我们一定要把思想政治工作放在非常重要的地位，切实认真做好，不能放松。这项工作，各级党委要做，各级领导干部要做，每个党员都要做。要做得有针对性、细致深入和为群众所乐于接受。"③

邓小平在思想政治教育方法发展上的主要贡献：

第一，强调说服教育与执行制度相结合。邓小平在多种场合强调思想政治教育必须坚持以说服教育为主的方针。对思想认识上不正确的倾向，只能靠说服教育，坚持以理服人，就是反对资产阶级自由化，也是一个长期教育的问题。要坚信马克思主义是科学，同时注重用事实说服人，遇到困难和问题要向群众实事求是地讲解，争取群众的理解和支持。同时，邓小平高度重视说服教育与执行制度相结合的原则："历史

---

① 《邓小平文选》（第 2 卷），人民出版社 1994 年版，第 104 页。
② 同上书，第 106 页。
③ 同上书，第 342 页。

经验证明，用大搞群众运动的办法，而不是用透彻说理、从容讨论的办法，去解决群众性的思想教育问题；而不是用扎扎实实、稳步前进的办法，去解决现行制度的改革和新制度的建立问题，从来都是不成功的。"①

第二，发扬革命精神与重视物质利益相结合。邓小平明确指出："要教育全党同志发扬大公无私、服从大局、艰苦奋斗、廉洁奉公的精神，坚持共产主义思想和共产主义道德。我们要建设社会主义国家，不但要有高度的物质文明，而且要有高度的精神文明。所谓精神文明，不但是指教育、科学、文化（这是完全必要的），而且是指共产主义的思想、理想、信念、道德、纪律、革命的立场和原则，人与人的同志式关系，等等。"② 在强调重视精神文明发展的同时，邓小平坚决摒弃了空洞抽象做思想政治工作的倾向，强调要重视人民群众的物质利益。他说："革命是在物质利益的基础上产生的，如果只讲牺牲精神，不讲物质利益，那就是唯心论。"③ 在邓小平看来，思想政治教育必须与解决人民群众的现实关切相结合，精神文明的发展决不能离开物质文明的基础地位。

第三，坚持依靠群众与以身作则相结合。思想政治教育"只有紧紧地依靠群众，密切地联系群众，随时听取群众的呼声，了解群众的情绪，代表群众的利益，才能形成强大的力量，顺利地完成自己的各项任务。"④ 同时，他强调思想政治工作"要做得有针对性、细致深入和为群众所乐于接受。最重要的条件，就是凡是需要动员群众做的，每个党员，特别是担负领导职务的党员，必须首先从自己做起。"⑤ 邓小平把依靠群众开展思想政治教育和以身作则原则结合起来，即明确了思想政治教育的根本路径，又提供了增强思想政治教育实效的条件，丰富了身教重于言教的时代内涵。

当然，邓小平关于思想政治教育方法发展的贡献是巨大的，这里的

---

① 《邓小平文选》（第2卷），人民出版社1994年版，第336页。
② 同上书，第367页。
③ 同上书，第146页。
④ 同上书，第342页。
⑤ 同上。

论述仅仅是希望对学术界开展此问题研究起到抛砖引玉作用。

2. 江泽民的思想政治教育方法体系

江泽民对思想政治教育方法发展作出了突出的贡献，并形成了丰富而独具特色的思想政治教育方法体系。他深刻意识到思想政治教育方法对做好思想政治工作的重要性，在中央思想政治工作会议的讲话中他指出："加强和改进思想政治工作，过去行之有效的好传统、好办法要坚持，更重要的是要适应新情况不断探索新的方式、方法、手段、机制。不创新、不改进，简单地沿用过去老一套的东西是不行的。"[①] 为了继承和发扬党的思想政治工作的优良传统，江泽民要求新时期的思想政治教育必须"在增强时代感和加强针对性、实效性、主动性上下功夫"[②]，在此基础上，他提出了一些具有思想政治教育方法论意义的内容，主要包括以下几方面内容：

第一，高度重视理论联系实际的原则方法。江泽民指出："理论只有联系实际，正确回答和指导解决实际问题，才能发挥自己的威力和真正掌握群众。"因此，他认为，思想政治教育必须"有力回答现实生活提出的、干部群众关心的重大理论问题"，"善于运用马克思主义观点同各种错误观点进行积极斗争"，思想政治教育从来都不能"把理论研究当作书斋里的学问"，而是要"努力回答实践不断提出的重大理论问题"。思想政治教育的根本任务是用马克思主义中国化的理论成果武装全党、教育人民，但是"如果把马克思主义变成了一成不变和干巴巴的教条，变成了简单的说教，脱离了群众活生生的实践，那就不会有说服力，也就会丧失生命力。"因此，他主张"坚持马克思主义的指导地位，必须坚持唱响主旋律、打好主动仗，科学生动地宣传马克思主义。"[③]

第二，提出了先进性与广泛性相结合的原则方法。江泽民深刻地指出"把先进性要求和广泛性要求有机结合起来。最根本的，就是要坚持进行爱国主义、集体主义、社会主义教育，动员全国各族人民为建设有

---

① 《江泽民文选》（第3卷），人民出版社2006年版，第93页。
② 同上书，第86页。
③ 同上书，第87页。

中国特色社会主义事业,为把我国建设成为富强民主文明的社会主义现代化国家而共同奋斗。"① 在这一原则方法的指导之下,江泽民认为"要积极倡导一切有利于国家统一、民族团结、经济发展、社会进步的思想道德"②,开展思想政治教育"要注意因地制宜,因人制宜,因事制宜,因时制宜。"③ 为了贯彻先进性和广泛性相结合的原则,江泽民对不同的社会地区、不同的社会群体的思想政治教育方针和方法作了详尽的阐述:"对经济发展较快、已经达到小康水平的地区,应该大力在干部群众中开展致富思源、富而思进的教育,激励他们更上一层楼;对经济还不发达、生活条件比较艰苦的地区,就要大力在干部群众中开展自力更生、艰苦奋斗的教育,激励他们通过辛勤劳动尽快脱贫致富。"④ "干部特别是高级干部对社会影响大,大学生、硕士生、博士生是国家各方面人才的后备力量,各个领域的知识分子对社会思想文化能够产生重要影响,对他们的思想政治工作尤其要重点做好。流动人口为数庞大,管理起来也比较困难,城市和农村的各级党组织要加强协调,切实做好对他们的管理和思想政治工作,不能留下盲点。下岗职工和离退休人员,困难企业的职工,农村贫困地区的群众,他们在生活上遇到的实际困难比较大,思想情绪容易波动,对他们尤其要深入细致地做好思想政治工作,以确保社会稳定。"⑤ 在作出具体分析之后,江泽民指出:"具体情况具体分析,具体问题具体解决,这是马克思主义活的灵魂,是唯物辩证法的基本要求。党的思想政治工作也应该坚持运用好这个活的灵魂,坚持贯彻好这个基本要求。"⑥ 显然,江泽民提出的"先进性与广泛性相结合的原则方法",是在社会主义建设新时期对实事求是原则方法的丰富与发展。

第三,阐述了思想政治教育的系统工程方法。江泽民明确提出:"建设社会主义道德体系是一个系统工程"⑦,思想政治教育实效的增强

---

① 《江泽民文选》(第3卷),人民出版社2006年版,第89页。
② 同上书,第90页。
③ 同上。
④ 同上。
⑤ 同上书,第91页。
⑥ 同上。
⑦ 同上书,第92页。

既要依赖全社会的参与，也要有完善的内容和现实的落脚点，思想政治教育的实施要放置于整个社会系统之中，并且要有利于建设与发展与社会主义市场经济相适应的社会主义道德体系。从内容上看，社会主义的思想政治教育必须以马克思主义为指导，"以为人民服务为核心，以集体主义为原则，以爱祖国、爱人民、爱劳动、爱科学、爱社会主义为基本要求，以社会公德、职业道德和家庭美德的建设为落脚点。"从实施过程看，思想政治教育要引导人民"正确认识和处理各种利益关系，把个人利益与集体利益、局部利益与整体利益、当前利益与长远利益正确地统一和结合起来，努力形成把国家和人民的利益放在首位而又充分尊重公民个人合法利益的社会主义义利观。"[①] 从实施途径看，思想政治教育的实施必须科学规划，与法律、制度、政策等管理层面要素有机结合，"同时营造良好的社会舆论氛围，广泛开展群众性精神文明创建活动。"[②]

第四，阐述了思想政治教育的新兴载体方法。江泽民非常重视思想政治教育方法的现代化，尤其是重视信息网络技术在思想政治教育中的应用。他指出："信息技术特别是信息网络技术的发展，为我们开展思想政治工作提供了现代化手段，拓展了思想政治工作的空间和渠道。要重视和充分运用信息网络技术，使思想政治工作提高时效性、扩大覆盖面、增强影响力。"[③] 毫无疑问，互联网络已经成为思想政治教育的一个重要阵地，面对开放的、多元的、良莠不齐的海量网络信息的传播，思想政治教育方法的发展必须考虑思想政治教育环境的新变化、新特点，江泽民关于思想政治教育信息网络技术方法的阐述，有利于科学技术在思想政治教育领域的运用，有利于增强思想政治教育的针对性、实效性。

江泽民在重视以上思想政治教育方法发展的同时，还比较重视思想政治教育艺术和技巧的运用。他指出，思想政治教育"要力求做到生动活泼、群众喜闻乐见，切忌形式主义、教条主义，切忌简单生硬"，

---

① 《江泽民文选》（第3卷），人民出版社2006年版，第92页。
② 同上。
③ 同上书，第94页。

"必须讲求春风化雨,润物无声,耐心细致,潜移默化。"① 他重视身教重于言教,指出:"党的思想政治工作能否做好,很大程度上还取决于我们党的自身建设和各级领导干部的言行表现。群众的眼睛是雪亮的。要求群众做到的,党员、干部首先要做到。"② 此外,江泽民强调思想政治教育要具有资源意识,他指出:"人民群众中蕴藏着丰富而实际的教育资源,要注意引导群众自己教育自己。"③ 江泽民的思想政治教育方法体系博大精深,值得我们在今后的思想政治教育实践中不断地学习和贯彻。

3. 胡锦涛的思想政治教育方法体系④

胡锦涛关于思想政治教育方法发展的思想主要集中体现在中共中央、国务院《关于进一步加强和改进大学生思想政治教育的意见》("16号文件")及党的"十七大"报告之中。具体来说,胡锦涛所阐述的思想政治教育基本原则方法有:①坚持教书与育人相结合。学校教育要坚持育人为本、德育为先,把人才培养作为根本任务,把思想政治教育摆在首要位置。②坚持教育与自我教育相结合。既要充分发挥学校教师、党团组织的教育引导作用,又要充分调动受教育者的积极性和主动性,引导他们自我教育、自我管理、自我服务。③坚持政治理论教育与社会实践相结合。既重视课堂教育,又注重引导受教育者深入社会、了解社会、服务社会。④坚持解决思想问题与解决实际问题相结合。既讲道理又办实事,既以理服人又以情感人,增强思想政治教育的实际效果。⑤坚持教育与管理相结合。把思想政治教育融于学校管理之中,建立长效工作机制,使自律与他律、激励与约束有机地结合起来,有效地引导受教育者的思想和行为。⑥坚持继承优良传统与改进创新相结合。在继承党的思想政治工作优良传统的基础上,积极探索新形势下思想政治教育的新途径、新办法,努力体现时代性,把握规律性,富于创造性,增强实效性。

---

① 《江泽民文选》(第3卷),人民出版社2006年版,第93页。
② 同上书,第98页。
③ 同上书,第93页。
④ 本部分的内容主要参见《中共中央国务院关于进一步加强和改进大学生思想政治教育的意见》。

在阐述思想政治教育原则方法的同时，胡锦涛还积极拓展了新形势下思想政治教育发展的新途径。他提出：①深入开展社会实践。社会实践是思想政治教育的重要环节，对于促进受教育者了解社会、了解国情，增长才干、奉献社会，锻炼毅力、培养品格，增强社会责任感具有不可替代的作用。同时，要积极探索和建立社会实践与专业学习相结合、与服务社会相结合、与勤工助学相结合、与择业就业相结合、与创新创业相结合的管理体制，增强社会实践活动的效果，培养受教育者的劳动观念和职业道德。②大力建设校园文化。校园文化具有重要的育人功能，要建设体现社会主义特点、时代特征和学校特色的校园文化，形成优良的校风、教风和学风，并把思想政治教育与智育、体育、美育有机结合起来，寓思想政治教育于文化活动之中。③主动占领网络思想政治教育新阵地。要全面加强思想政治教育的网络建设，使网络成为弘扬主旋律、开展思想政治教育的重要手段。建设好融思想性、知识性、趣味性、服务性于一体的主题教育网站或网页，积极开展生动活泼的网络思想政治教育活动，形成网上网下思想政治教育的合力。④开展深入细致的思想政治教育和心理健康教育。要结合受教育者实际，广泛深入开展谈心活动，有针对性地帮助他们处理好学习成才、择业交友、健康生活等方面的具体问题，提高思想认识和精神境界。要重视心理健康教育，根据受教育者的身心发展特点和教育规律，注重培养大学生良好的心理品质和自尊、自爱、自律、自强的优良品格，增强大学生克服困难、经受考验、承受挫折的能力。⑤努力解决受教育者的实际问题。思想政治教育既要教育人、引导人、关心人、帮助人，又要通过教书育人、服务育人、管理育人为受教育者成长成才创造条件。

胡锦涛认为，思想政治教育必须尊重差异性、包容多样性。他在党的十七大报告中指出："积极探索用社会主义核心价值体系引领社会思潮的有效途径，主动做好意识形态工作，既尊重差异、包容多样，又有力抵制各种错误和腐朽思想的影响。"同时，他强调："加强和改进思想政治工作，注重人文关怀和心理疏导，用正确方式处理人际关系。动员社会各方面共同做好青少年思想道德教育工作，为青少年健康成长创造良好社会环境。"胡锦涛的思想政治教育方法体系，既是坚持党在长期实践中积累起来的宝贵经验和被实践证明是正确的行之有效的重要原则，又是根据时代发展的要求不断在方法、体制、机制等方面改进创新的结果，它注重在体现时代性、把握规律性、增强实效性等方面狠下功夫，同时也处在不断地变化、发展与丰富之中。

4. 习近平的思想政治教育方法体系①

习近平高度重视思想政治教育方法体系的发展。他指出："思想政治工作是学校各项工作的生命线"②，"做好高校思想政治工作，要因事而化、因时而进、因势而新。要遵循思想政治工作规律，遵循教书育人规律，遵循学生成长规律，不断提高工作能力和水平。要用好课堂教学这个主渠道，……其他各门课都要守好一段渠、种好责任田，使各类课程与思想政治理论课同向同行，形成协同效应。……要更加注重以文化人以文育人，广泛开展文明校园创建，开展形式多样、健康向上、格调高雅的校园文化活动，广泛开展各类社会实践。要运用新媒体新技术使工作活起来，推动思想政治工作传统优势同信息技术高度融合，增强时代感和吸引力。"③ 无论是阐述思想政治工作的与时俱进还是遵循三大规律；无论是论述主渠道还是强调协同效应；无论是强调以文化人、以文育人还是运用新媒体技术，习近平这段论述充分反映了他关于思想政治教育方法论的深邃思考。

习近平关于思想政治教育方法发展的思考，集中体现在《关于加强和改进新形势下高校思想政治工作的意见》（"31号文件"）、《在全国高校思想政治工作会议上的讲话》、《在全国教育大会上的讲话》、《在学校思想政治理论课教师座谈会上的讲话》以及党的十九大报告等重要文献之中。具体来说，习近平所阐述的加强和改进思想政治教育的基本原则有：①坚持党对高校的领导。落实全面从严治党要求，把党的建设贯穿始终，着力解决突出问题，维护党中央权威、保证党的团结统一，牢牢掌握党对高校的领导权。②坚持社会主义办学方向。

---

① 本部分的内容主要参见《中共中央 国务院印发〈关于加强和改进新形势下高校思想政治工作的意见〉》，《光明日报》2017年2月28日第1版。

② 《习近平在全国教育大会上强调：坚持中国特色社会主义教育发展道路 培养德智体美劳全面发展的社会主义建设者和接班人》，《光明日报》2018年9月11日第1版。

③ 《习近平谈治国理政》（第2卷），外文出版社2017年版，第378页。

坚持马克思主义指导地位，坚持以人民为中心的发展思想，更好为改革开放和社会主义现代化建设服务、为人民服务。③坚持全员全程全方位育人。把思想价值引领贯穿教育教学全过程和各环节，形成教书育人、科研育人、实践育人、管理育人、服务育人、文化育人、组织育人长效机制。④坚持遵循教育规律、思想政治工作规律、学生成长规律。把握师生思想特点和发展需求，注重理论教育和实践活动相结合、普遍要求和分类指导相结合，提高工作科学化精细化水平。⑤坚持改革创新。推进理念思路、内容形式、方法手段创新，增强工作时代感和实效性。

在阐述思想政治教育原则的同时，习近平还探索形成了新时代条件下思想政治教育发展的一系列工作遵循：①要强化思想理论教育和价值引领。②要发挥哲学社会科学育人功能。③要加强对课堂教学和各类思想文化阵地的建设管理。④要加强教师队伍和专门力量建设。⑤要推进高校思想政治工作改革创新。⑥要加强和改善党对高校的领导。习近平认为，思想政治教育要不断创新。他指出"发展是第一要务，人才是第一资源，创新是第一动力。"面对新时代、新形势、新任务、新征程，必须创新思想政治教育工作，既要"推动中华优秀传统文化创造性转化、创新性发展"，又"要更加注重以文化人以文育人，广泛开展文明校园创建，开展形式多样、健康向上、格调高雅的校园文化活动，广泛开展各类社会实践。要运用新媒体新技术使工作活起来，推动思想政治工作传统优势同信息技术高度融合，增强时代感和吸引力"①，要"在尊重网络思想政治教育工作普遍规律的基础上，创新工作内容、教育载体和互动机制，真正让高校思想政治工作活起来。"创新是思想政治教育工作的生命，习近平的思想政治教育方法体系，是因事而化、因时而进、因势而新的，是"以凝聚人心、完善人格、开发人力、培育人才、造福人民为工作目标，培养德智体美劳全面发展的社会主义建设者和接班人"②的。

---

① 《习近平谈治国理政》（第2卷），外文出版社2017年版，第378页。
② 《习近平在全国教育大会上强调：坚持中国特色社会主义教育发展道路　培养德智体美劳全面发展的社会主义建设者和接班人》，《光明日报》2018年9月11日第1版。

第二节 思想政治教育原则方法的发展[①]

研究思想政治教育方法的发展,必须弄清楚思想政治教育的方法体系。如前所述,思想政治教育的方法体系主要包括原则方法、具体方法、操作方式和运用技巧四个层次的内容,研究思想政治教育的方法发展,必须把原则方法的发展放在突出位置。这里,我们首先区分一下思想政治教育原则与思想政治教育原则方法的概念,思想政治教育原则,"是在思想政治教育实践中形成的、体现了思想政治教育客观规律的、思想政治教育活动必须遵循的准则。"[②] 它是思想政治教育主体在基本原理和规律的指导下,为实现思想政治教育目的、开展思想政治教育活动所必须遵循的基本准则,最能体现思想政治教育的本质、任务和指导思想。思想政治教育的原则方法是思想政治教育的一般方法,是思想政治教育原则在思想政治教育活动过程中方法论意义的体现,对思想政治教育实施过程起指导作用。一般来说,思想政治教育的基本原则主要包括疏与导相结合、科学性与方向性相结合、理论与实际相结合、解决思想问题与解决实际问题相结合、教育与自我教育相结合等原则,思想政治教育原则方法的发展既是对思想政治教育这些基本原则的丰富与发展,也是对思想政治教育面临时代课题的科学应对,它主要包括以下几个方面。

一 发展面向世界与立足民族相统一的原则,突出主旋律教育

思想政治教育学科建设必须突出主旋律教育,这不仅是社会主义思想政治教育学科建设的基本要求,也是学科发展的价值所在。在以和平与发展为时代主题的开放时代,全球化与民族化既分化又整合的趋势,使以爱国主义、社会主义、集体主义教育为主要内容的主旋律教育,面临着全球化所带来的冲击。全球化发展趋势是不可改变的客观发展趋

[①] 参见郑永廷、张国启《论思想政治教育学科建设与发展》,《思想教育研究》2006年第2期。

[②] 邱伟光、张耀灿:《思想政治教育学原理》,高等教育出版社1999年版,第208页。

势，正如马克思所描述的："过去那种地方的和民族的自给自足和闭关自守状态，被各民族的各方面的互相往来和各方面的互相依赖所代替了。物质的生产是如此，精神的生产也是如此。各民族的精神产品成了公共的财产。民族的片面性和局限性日益成为不可能……"① 在全球化进程中，西方发达国家以强大的科学技术和经济实力，主导着世界的游戏规则，他们打着"人权高于主权"的幌子向广大发展中国家输出其价值观、推行文化霸权、实行"和平演变"、干涉别国内政，造成了所谓的"文明冲突"，对人民群众追求日益增长的美好生活造成很大的负面影响。民族化发展是世界各国尤其是发展中国家，在全球化浪潮中为维护国家的主权独立和独具特色的民族文化，立足本民族发展的过程和状态。全球化和民族化竞相发展的态势，引起了二者在某些领域和层面上的矛盾与冲突，思想政治教育学科发展必须研究面向世界和立足民族发展相统一的原则，立足民族，面向世界，高扬爱国主义、社会主义、集体主义的主旋律，建设具有世界广阔视野和体现中国特色的思想政治教育学科体系，培养具有"更高远的历史站位、更宽广的国际视野、更深邃的战略眼光"的德智体美劳全面发展的社会主义建设者和接班人。

在全球化与民族化发展趋势中强化主旋律教育，这是由中国的基本国情决定的，也反映了我国人民追求日益增长的美好生活的内在要求。"民族化发展，实际上是在经济全球化浪潮中立足本民族发展的过程和状态。"② 全球化与民族化是当代社会发展的两个基本趋势，二者是相互影响、相互促进的。但不能过分强调任何一方面，二者只有在平衡中发展才能实现共同进步，否则就会陷入"西方化"或者"民族中心主义"的危机。中国是发展中的社会主义大国，是西方国家始终关注和企图改变其性质的主要对象，也是其推行"和平演变"政策的重点国家。他们打着所谓"普世价值"的幌子，实际"目的就是要同我们争夺阵地、争夺人心、争夺群众，最终推翻中国共产党领导和中国社会主义制度。"③ 思想政治教育学科的建设与发展，必须直面意识形态安全领域激烈的舆论

---

① 《马克思恩格斯选集》（第1卷），人民出版社2012年版，第404页。
② 张耀灿、郑永廷等：《现代思想政治教育学》，人民出版社2006年版，第373页。
③ 中共中央文献研究室编：《习近平关于社会主义文化建设摘编》，中央文献出版社2017年版，第27页。

斗争，加强主旋律教育以弘扬中国精神，即大力弘扬以爱国主义为核心的民族精神和以改革创新为核心的时代精神，提振全民族的精气神，以朝气蓬勃的精神状态迈向中华民族的光明未来。在弘扬中国精神的同时，思想政治教育学科建设还要引导和鼓励社会成员逐步确立人类命运共同体意识，共担时代责任、共促全球发展，在树立科学的世界观、人生观和价值观的过程中，既能够用宽阔的胸怀和广阔的视野观察世界，也能够形成强烈的民族自信心、自豪感，愿意并且能够为实现中华民族伟大复兴、促进人类的共同发展作出独特的贡献。

中国共产党历来重视主旋律教育。在中华民族迎来从站起来、富起来到强起来的伟大历史进程中，思想政治教育的主旋律教育始终紧密围绕国家富强、民族振兴、人民幸福的伟大中国梦而展开，凝聚中国力量、激发创造动力、推进复兴定力，引导人们将中国精神转化为实际行动，为中华民族屹立于世界民族之林作出了独特贡献。在当代中国，思想政治教育的主旋律教育，在科学引导大学生为了国家富强、民族振兴、人民幸福刻苦学习、早日成才的同时，还要引导大学生"推动构建人类命运共同体。中国人民的梦想同各国人民的梦想息息相通，实现中国梦离不开和平的国际环境和稳定的国际秩序。……始终做世界和平的建设者、全球发展的贡献者、国际秩序的维护者。"① 大学生在全球化与民族化辩证发展的过程中，促进世界发展的条件比先辈们优越，但他们缺乏实际经验和对历史的了解，在注重国家民族发展的同时，也要铸牢人类命运共同体意识。因此，新时代思想政治教育的主旋律教育，既要立足于本民族文化特色和发展实际，又要关注和推动人类社会发展，培养青年学生的国际视野与人类命运共同体意识，坚持面向世界与立足民族发展相统一的原则，体现了理论联系实际原则在思想政治教育实践中的应用，同时也体现了科学性与方向性相统一的原则在思想政治教育方法发展中的具体应用，思想政治教育主旋律教育体现了方向性，而坚持面向世界与立足民族发展相统一的原则本身就是对思想政治教育科学性的最好诠释。

---

① 《党的十九大报告辅导读本》编写组：《党的十九大报告辅导读本》，人民出版社2017年版，第25页。

二 发展主导性与多样性相统一的原则，突出理想信念教育

主导性与多样性是一个古老的哲学命题，是任何事物发展的基本样态。在思想政治教育学科发展中，它也是疏与导相结合原则在新时代的发展。研究主导性与多样性相结合的思想政治教育原则方法，实际上是要研究思想政治教育原则发展的普遍性与特殊性、绝对性与相对性、一致性与差异性之间的辩证关系问题。现代世界是一个多种文明竞相发展、文化多元的世界，我们尊重人类文明的多样性，"只有在多样中相互尊重、彼此借鉴、和谐共存，这个世界才能丰富多彩、欣欣向荣。"① 但是，在信息多样化和文化多元化的环境中，仅主张多样性而不坚持主导性就容易迷失方向。正如马克思、恩格斯所指出："共产党一分钟也不忽略教育工人尽可能明确地意识到资产阶级和无产阶级的敌对的对立。"② 思想政治教育学科具有鲜明的意识形态性，社会主义的主导价值观教育一刻也不能松懈。坚持主导性与多样性相统一的原则，既是思想政治教育原则方法发展的体现，也是社会主义核心价值观培育的基本依据。社会主义制度在我国的确立，决定了我国的意识形态必须以马克思主义为主导，坚持社会主义的性质和方向。在开放的环境中，两种社会制度并存竞争的社会现实，要求思想政治教育理论发展必须加强社会主义核心价值观的研究和培育。生产力水平的多层次性和社会生活方式的多样化并存，要求学科建设必须继承我国的优良传统和借鉴西方文化的科学经验，吸收世界范围内的最新研究成果外壳，并赋予它社会主义中国文化的合理内核，形成社会主义的主导价值观和其他多种价值观并存的多样化状况和发展的多样化局面。

在当前，坚持主导性和多样性相统一的思想政治教育原则，一个重要的问题就是强化理想信念教育。理想是人的价值意识的最高形态，是人们在社会实践中形成的具有现实可能性的对未来价值目标的向往和追求；信念则是人们对某种观念和理想坚信不疑并身体力行的精神状态。理想信念是人们的世界观、人生观、价值观在奋斗目标上的集中体现，

---

① 《习近平谈治国理政》（第2卷），外文出版社2017年版，第524页。
② 《马克思恩格斯选集》（第1卷），人民出版社2012年版，第434页。

是建立在实践基础之上具有神圣性和崇高性的价值追求。强化理想信念教育，就是要"教育引导学生树立共产主义远大理想和中国特色社会主义共同理想，增强学生的中国特色社会主义道路自信、理论自信、制度自信、文化自信，立志肩负起民族复兴的时代重任。"① 社会主义制度在我国的确立，决定了我国的意识形态必须以马克思主义为指导，坚持社会主义的性质与方向。坚定的理想信念，必须建立在对马克思主义的深刻理解上，建立在对历史规律的深刻把握上。强化理想信念教育，就是要引导大学生要坚定"四个意识"，持续增强"四个自信"，自觉做共产主义远大理想和中国特色社会主义共同理想的坚定信仰者、忠实实践者，为崇高的理想信念而矢志奋斗。

强化理想信念教育，必须遵循主导性与多样性相统一的原则。坚持社会主义意识形态的主导性，突出培育社会主义核心价值观，就是发展与强化社会主义的理想信念，这与强调社会主义的方向性在本质上是一致的。毛泽东指出："一定的文化是一定社会的政治和经济在观念形态上的反映。"② 思想政治教育作为社会主义文化的重要组成部分，具有鲜明的意识形态性，坚持社会主义主导的价值观教育一刻也不能放松。多样性是文化发展的必然状态，只有在多样性发展中才能凸显主导价值观的重要意义。思想政治教育原则方法发展既要吸取过去时代学科建设中只讲主导性、排斥多样性的教训，也要防止只讲多样性、忽视主导性的倾向。新时代思想政治教育学科建设要在坚持社会主义一元主导的前提下发展多样性，在发展多样性的基础上坚持主导性。

三 发展自主性与社会化相统一的原则，突出道德法制教育

恩格斯指出："每一个时代的理论思维，包括我们这个时代的理论思维，都是一种历史的产物，它在不同的时代具有完全不同的形式，同时具有完全不同的内容。"③ 思想政治教育原则方法的发展是历史的产物，其内容也是社会现实发展的反应。社会主义市场经济体制的建立，

---

① 《习近平在全国教育大会上强调：坚持中国特色社会主义教育发展道路 培养德智体美劳全面发展的社会主义建设者和接班人》，《光明日报》2018年9月11日第1版。
② 《毛泽东著作选读》（上册），人民出版社1986年版，第384页。
③ 《马克思恩格斯选集》（第3卷），人民出版社2012年版，第873页。

改变了计划经济体制下人的依赖性，增强了人的自主性与竞争性，这是人发展的一个很大的进步。但是，市场经济本身是一种规范性经济、竞争性经济，具有社会化与合作性的一面，它要求人们在商品交换中遵纪守法，讲究道德和诚信。然而，目前市场上客观地存在着违法乱纪、缺乏诚信的现象，严重背离了社会主义市场经济的运行规则。思想政治教育学科建设要注意研究个体自主性和社会主义、集体主义所强调的整体性、全局性之间的张力，引导人们正确认识自主性与社会化、竞争性与合作性、自由性与规范性的关系，不能只注重市场经济的自主性、竞争性、个体性，而忽视社会化、合作性，甚至出现个人中心主义和新的自我封闭现象。要加强研究自主性和社会化相统一的原则，正确进行道德法制教育，通过加强自主性、竞争性教育，增强人们的主体性；通过加强社会化、合作性教育，提高人们的社会化程度。

思想政治教育学科建设突出道德法制教育，在当前主要坚持服务性与为利性的辩证关系。追求物质生活的改善是人的需要，但是，从事经济活动和追求经济利益要"取之有道"。市场经济体制下的为利，改变了小农经济的自给自足状态，是以面向市场和面向社会服务为前提的，没有服务不可能为利。马克思指出："'思想'一旦离开'利益'，就一定会使自己出丑。"[1] 在社会主义市场经济体制下的思想政治教育原则发展，要研究经济、科技与道德之间的内在联系，要帮助人们寻求一种服务与为利的合理张力，把握服务与为利的辩证关系，应当鼓励帮助人们通过正当的方式获取物质价值、经济利益，追求实际效果，这是市场体制的要求，而不能像传统的思想政治教育那样进行空洞说教。

思想政治教育学科建设及其原则方法的发展，要研究现代社会条件下，经济与政治、科技与道德之间新的关系、新的矛盾、新的平衡，研究帮助人们认识不仅有物质利益的追求，还有超越物质利益的价值理想，并在追求价值理想的过程中体验做人的自豪与神圣。因此，人们追求物质利益要遵纪守法、讲究道德，以一种理性的态度和一种共生共在的生活理念指导自己，科学处理个体与他人、社会和自然之间的矛盾，并通过服务社会实现自身价值。思想政治教育学科建设及其原则方法的

---

[1]《马克思恩格斯全集》（第2卷），人民出版社1957年版，第103页。

发展，既要提倡为人民服务的根本宗旨，也要尊重大学生和其他社会成员的合理利益，要科学解答社会成员价值取向面临的服务性与为利性的新矛盾，允许并鼓励正当为利，但要求人们在社会生活的各个领域中讲究服务性，以实现个人发展和社会发展的有机统一。

总之，思想政治教育原则方法的发展，不是为了追求新的潮流，其出发点和目的都是为了体现时代性、加强针对性、增强实效性，更好地加强和改进思想政治教育，为实现中华民族的伟大复兴及促进人的自由全面发展服务。能否有效地达到思想政治教育目的、使受教育者思想道德水平达到社会发展的客观要求，是思想政治教育方法发展是否正确的重要标准。同时，思想政治教育原则方法的发展，必须充分反映中国特色社会主义进入新时代的人的思想道德发展特点，要有利于切实改变和提高受教育者的思想道德素质和法治素养，培养出一批批德智体美劳全面发展的社会主义建设者和接班人。

第三节　思想政治教育具体方法的发展

如前所述，本节所阐述的思想政治教育具体方法，主要是从思想政治教育的实施方法角度来探讨的。这与郑永廷教授在《思想政治教育方法论》中所提的包括认识方法、实施方法、调节评估方法、研究提高方法等在内的思想政治教育具体方法的提法是有区别的。从广义上说，这里的具体方法类似于郑永廷教授所阐述的思想政治教育操作方式；从狭义上讲，就是关于思想政治教育实施方法发展的新探讨。之所以这样分类和阐述思想政治教育方法的发展，不是因为与郑永廷教授关于思想政治教育分类方法上有分歧，而是为了比较清晰直接地探讨思想政治教育的实施方法，使之能够在思想政治教育过程中迅速得以运用，从而直接服务于思想政治教育的目的。一般来讲，思想政治教育的实效性如何，很大程度上取决于思想政治教育实施方法的正确与否，正确地认识并合理地把握思想政治教育实施方法的发展，是学术界关于思想政治教育研究的重要课题。张耀灿教授认为思想政治教育的实施方法主要有：理论教育法、实践锻炼法、榜样教育法、自我教育法、形象教育法、心理咨询法等，本节从社会发展与个体发展的客观需要出发，集中探讨了思想政治教育的咨询方法、动员方法和隐性教育法的发展。

一 咨询方法的发展

"咨询"一词在我国最早出现在《书·舜》一书中,"咨"即"跟别人商量"①之意,"询"即"询问"之意②。"咨询"即"征求意见"③。"咨询"一词在西方源于拉丁语"cinsuitatio",英语中的"counsel",也有"商讨、劝告、质疑"等意思。人们传统上所理解的咨询方法,主要指心理咨询法,它在国内外教育学界被广泛应用,20世纪90年代以来,我国思想政治教育活动中也广泛使用心理咨询方法。心理咨询法是思想政治教育的主要实施方法之一,但是随着社会的发展和人们思想行为的变化,仅靠心理咨询已经不能满足人们发展的需要,哲学咨询和就业咨询逐渐兴起并在思想政治教育中扮演越来越重要的角色。

1. 心理咨询法

所谓心理咨询法,主要指"教育者在思想政治教育中运用心理学专门知识和技术,通过语言、文字等媒介对咨询者的心理、行为施加影响,使其认知、情感和态度发生变化,解决其在学习、工作、生活、疾病和康复方面出现的心理问题,以增强心理素质,维护心理健康的方法。"④ 心理咨询方法是思想政治教育实施方法中的主要方法之一,它以已存在心理困扰、引起心理冲突而要求得到帮助的正常人为对象,通过咨询者与咨询对象间建立良好的信任关系,在和谐轻松的交流气氛中将咨询对象心中郁积的苦闷和痛苦宣泄出来,通过咨询者的引导减轻咨询对象的心理负荷、疏导其情绪、调控其心态,从而使其恢复心灵的和谐宁静和确立正常的生活心态。一般来说,心理咨询方法具有灵活多样的形式,如疏导咨询、交友谈心、自我调控等,既可以通过面对面的门诊咨询、家庭咨询、专栏咨询和现场咨询,也可以通过电话咨询、信函咨询、录音咨询、网络咨询等。

---

① 中国社会科学院语言研究所词典编辑室:《现代汉语小词典》,商务印书馆1985年版,第726页。
② 同上书,第629页。
③ 同上书,第726页。
④ 邱伟光、张耀灿:《思想政治教育学原理》,高等教育出版社1999年版,第224页。

在心理咨询过程中，咨询者和咨询对象之间通过创造接纳、真诚、友爱的人际关系实现咨询活动的双向互动，在循序渐进的咨询活动中给咨询对象友爱和温暖，而且具有保密性的特点，是现代人比较容易接受和采取的思想政治教育方法。心理活动是客观社会的主观反映，现代社会的复杂性、多重性与多变性，不可避免地会使一些人，特别是青年学生产生心理矛盾、困惑、失衡、障碍甚至心理疾病。习近平指出：要"培育理性平和的健康心态，加强人文关怀和心理疏导，把高校建设成为安定团结的模范之地。"[1] 思想政治教育学科发展要有效解决人们的思想、情感、观念、信念问题，必须综合运用各种知识与方法，尤其是要突出心理咨询方法。心理健康与思想健康、心理问题与思想问题，虽有区别，但也有联系。心理咨询方法在思想政治教育中应当得到广泛应用，应当把咨询的重点放在研究个体思想、政治、道德方面的变化所引起的心理现象与发展变化规律，其直接目的就是引导人们保持思想健康，能够做到由思想自发转化到思想自觉，由个人经验上升到科学理论的高度。

思想政治教育的心理咨询法，一般需要四个步骤：①咨询者与咨询对象建立良好的关系，创造和谐轻松的氛围。这是开展心理咨询的前提。②引导咨询对象敞开心扉诉说心中苦闷，帮助其分析障碍形成根源，这是心理咨询的关键。③调动咨询对象的能动性，引导其树立克服心理障碍的信心和决心，这是心理咨询的重要保证。④培养咨询对象的自我认知、自我调控能力，不断巩固咨询效果，这是咨询的主要措施。客观地说，心理咨询有利于缓解快节奏和高竞争的现代生活给人们带来的精神压力和心理紧张状态，有利于消除传统思想政治教育方法给人们精神生活带来的所谓"意识形态压力"，有利于广大社会成员尤其是青少年维护心理健康、消除心理障碍。这里必须强调指出的是，心理咨询对象是具有心理障碍的正常人，他所具有的心理障碍主要体现为情绪的波动、思想上的苦闷与痛苦，用郑永廷教授的理论来讲，主要是"心躁"，即急躁、浮躁、烦躁、焦躁，这个层次的心理障碍应当可以通过心理咨询得以解决，但对于那些严重的心理疾病甚至神经病，已经超越

---

[1] 《习近平谈治国理政》（第2卷），外文出版社2017年版，第377页。

了心理咨询的解决范畴，只能通过医学途径来解决。

2. 哲学咨询法

所谓哲学咨询法，主要指教育者在思想政治教育中运用哲学的专门知识和技术，通过语言、文字、视频、图像等媒介对咨询者的精神生活与行为方式施加影响，使其认知、情感和态度发生变化，解决其在学习、工作与生活中出现的精神困惑问题，以对个体的思维方式和生活方式进行价值引导的方法。哲学是理论化、系统化的世界观和方法论，是关于自然、社会、思维的科学，哲学咨询事实是一种价值取向的引导。马克思曾说过，"任何真正的哲学都是自己时代精神的精华"，"是文明的活的灵魂"。① 而所谓时代精神是"一个国家和民族在新的历史条件下形成和发展的，是体现民族特质并顺应时代潮流的思想观念、价值取向、精神风貌和社会风尚的总和，是一种对社会发展具有积极影响和推动作用的集体意识。时代精神反映社会进步的发展方向，引领时代的进步潮流，是社会的主旋律和时代的最强音。"② 孙正聿教授认为，它是"标志社会不同发展阶段的、具有特定历史内涵的生活世界的'意义'"。而所谓时代精神的精华，"则是时代的'意义'的社会自我意识，即对时代性的生活世界的'意义'的理论把握。"③ 思想政治教育的哲学咨询，主要针对现代社会中文化的多样性和价值取向的多元化给人们带来的选择性精神困惑，运用哲学方法引导人们科学地把握生活世界也就是人类生存的这个现实的世界，追寻生活的意义性。

哲学咨询的一个重要途径就是增强人们的对话意识，在对话中寻求和确立科学的世界观、人生观和价值观。具体说来，思想政治教育的哲学咨询主要包括三个方面内容：第一，增强人们与时代的对话意识，提高民族文化认同感。习近平指出："当代中国的伟大社会变革，不是简单延续我国历史文化的母版，不是简单套用马克思主义经典作家设想的模板，不是其他国家社会主义实践的再版，也不是国外现代化发展的翻版，不可能找到现成的教科书。我国哲学社会科学应该以我们正在做的

---

① 《马克思恩格斯全集》（第1卷），人民出版社1956年版，第121页。
② 《思想道德修养与法律基础》编写组：《思想道德修养与法律基础》，高等教育出版社2018年版，第50—51页。
③ 孙正聿：《崇高的位置》，吉林人民出版社1997年版，第20页。

事情为中心,从我国改革发展的实践中挖掘新材料、发现新问题、提出新观点、构建新理论。"① 我国现阶段处在马克思所说的"以物的依赖性为基础的人的独立性"的阶段,市场经济的发展使这个时代人的精神生活带有很浓厚的商业气息,即"市场经济文化已经成为'平面化'的大众化、'媚俗'的商业化、'控制'的工业化和'宣泄'的世俗化的统一。"② 思想政治教育无法回避和抗拒市场经济所带来的价值变迁,因此,它必须采取积极的对话方式,运用哲学的批判和超越的方式弘扬我国优秀民族文化和主流价值观,提高人们的民族文化认同感。

第二,增强人们与世界文化的对话意识,弘扬民族精神。自"历史走进世界历史"以后,各个民族国家先后被卷入了全球化进程中,西方强势文化与广大发展中国家的民族文化思潮在竞争中互相渗透。世界文明的多样性是一种客观存在,人们的精神生活难免受到西方价值理念的影响,思想政治教育的哲学咨询,一方面引导人们客观认识世界文化多元化的发展现状;另一方面引导人们确立与世界文化的对话意识,取长补短,弘扬民族精神,发展优秀的民族文化以提升人的精神生活质量。民族文化具有很强的地域性和民族性,它是在长期发展进程中形成的代表本民族的生存方式。习近平指出:"坚定中国特色社会主义道路自信、理论自信、制度自信,说到底是要坚定文化自信。文化自信是更基本、更深沉、更持久的力量。历史和现实都表明,一个抛弃了或者背叛了自己历史文化的民族,不仅不可能发展起来,而且很可能上演一场历史悲剧。"③ 文化发展不能照搬或者是全盘接受其他国家的文化模式,要在和世界其他民族文化的对话中,形成自己的文化模式和弘扬民族精神。

第三,增强与各学科的对话意识,形成科学发展的价值理念。工业文明模式下的技术理性和人文精神之间的张力和冲突严重影响和制约现代人的生存方式,一些人被工具理性所支配而陷入了片面发展的陷阱,过于重视物质生活、忽视精神生活,反映在教育理念上就是极为重视自然科学与技术、忽视哲学社会科学,尤其是忽视个体发展的人文关怀。

---

① 《习近平谈治国理政》(第 2 卷),外文出版社 2017 年版,第 344 页。
② 孙正聿:《崇高的位置》,吉林人民出版社 1997 年版,第 160 页。
③ 《习近平谈治国理政》(第 2 卷),外文出版社 2017 年版,第 339 页。

习近平指出："要善于提炼标识性概念，打造易于为国际社会所理解和接受的新概念、新范畴、新表述，引导国际学术界展开研究和讨论。这项工作要从学科建设做起，每个学科都要构建成体系的学科理论和概念。"① 思想政治教育学科建设，必须重视学术话语的提炼以及与其他学科之间的对话意识，思想政治教育的哲学咨询，就是要运用新时代哲学社会科学发展的最新理论成果武装人、引领人、培养人，引导人们科学认识科技理性和人文精神协调、均衡发展的重要性，科学面对学科发展的不平衡、不充分问题，帮助学生"形成正确的世界观、人生观、价值观，提高道德修养和精神境界，养成科学思维习惯，促进身心和人格健康发展。"② 大学生是国家的未来，民族的希望，他们只有真正形成了科学思维习惯以及促进身心和人格健康发展，才能在瞬息万变的社会中培育和践行社会主义核心价值观，成长为德智体美劳全面发展的社会主义建设者和接班人。思想政治教育和各门学科对话，"各门课都要守好一段渠、种好责任田，使各类课程与思想政治理论课同向同行，形成协同效应"③，并将思想政治教育的价值理念贯穿到各门学科的教学过程中，从而使整个教育体系在对话意识的增强中形成协同效应，培养一代又一代拥护中国共产党领导和我国社会主义制度、立志为中国特色社会主义奋斗终身的有用人才，为实现"两个一百年"奋斗目标和中华民族伟大复兴夯实人才基础。

3. 就业咨询法

所谓就业咨询法，主要指教育者在思想政治教育中运用职业发展的专门知识和技术，通过语言、文字等媒介对咨询者的就业观念与就业行为方式施加影响，使其认知、情感和态度发生变化，解决其在就业中出现的精神困惑问题的方法。就业咨询法是咨询方法的新发展，是随着高等教育改革和大学生就业方式的转变而出现的，尤其是全国高校大规模扩招以后，"面向市场、双向选择"成为大学生就业的主要方式，每年数百万的大学毕业生涌向就业市场，但社会在一定时期内新增就业岗位

---

① 《习近平谈治国理政》（第 2 卷），外文出版社 2017 年版，第 346 页。
② 同上书，第 345 页。
③ 同上书，第 378 页。

有限，甚至不能满足大学生充分就业的需要，造成大学生的就业压力空前增加，就业的竞争性超过了人们的想象，一些人由于缺乏应有的思想准备和专门的就业技能，在强烈的就业竞争中不断被淘汰，在某种意义上处于一种"社会排斥"状态。习近平指出："就业是最大的民生。要坚持就业优先战略和积极就业政策，实现更高质量和更充分就业。"[①] 思想政治教育的就业咨询法，主要是通过就业观念的引导和就业能力的培训，引导人们树立正确的择业、就业观，提高应对择业、就业中出现问题的能力，增强人们对现代社会及其就业环境的适应能力。

思想政治教育的就业咨询法，以引导人的择业、就业理念和提升人的就业竞争期待为基本内容。一般而言，事业、职业、专业，是人们尤其是大学毕业生投入精力与时间最多的活动，也是每个人有所作为的标志。在市场竞争和科技快速发展条件下，社会中职业、专业的地位、价值，人们的职业岗位、专业领域，影响职业岗位、专业领域的因素，经常发生变化。人们怎样改变过去相对固定的事业、职业观念，既根据社会需要又结合自身特点与优势，确立事业理想，合理选择职业、专业，也是一个亟待研究的课题。思想政治教育的就业咨询法发挥作用的一个主要方面，就是要把思想政治教育渗透到业务活动中去，在学校，就是渗透到智育、体育、美育和劳动教育中。过去，思想政治教育存在的主要弊病是"两张皮"现象，就是思想政治教育与业务活动脱离。现在要克服这种弊病，就必须进行事业理想、职业选择的学科化研究，同时通过就业咨询对就业期待者尤其是大学毕业生进行专业化指导，转变其"高不成，低不就"的就业观念，引导其树立"先就业，后择业"的就业理念。

思想政治教育的就业咨询法，要引导人们在激烈、复杂的竞争环境中选择负责任的就业方式。现代社会中人们的发展趋于多取向、多层次、多路径，人们的个性也不断增强，就业的心态差异很大，一些人在激烈的竞争中随遇而安，不仅对个人的发展极不负责任，对国家和社会的发展也十分不利。因此，思想政治教育的就业咨询法，应当

---

① 《党的十九大报告辅导读本》编写组：《党的十九大报告辅导读本》，人民出版社2017年版，第45页。

在形成满足个体择业、就业期待理念的同时，引导个体确立负责任的就业方式，这里的负责任既包括对个体自身负责，也包括对就业单位和国家发展负责。负责任的择业、就业方式是同人的本质规定、职责、使命和任务联系在一起的。人生活在社会之中，作为社会的一员总要承担一定的责任和义务。在社会生活中，负责任的择业、就业方式通常表现为个体职业选择时的社会责任感，马克思在《青年在选择职业时的考虑》一文中指出："如果我们选择了最能为人类而工作的职业，那么，重担就不能把我们压倒，因为这是为大家作出的牺牲；那时我们所享受的就不是可怜的、有限的、自私的乐趣，我们的幸福将属于千百万人，我们的事业将悄然无声地存在下去，但是它会永远发挥作用，而面对我们的骨灰，高尚的人们将洒下热泪。"[①] 马克思为我们阐释了新时代思想政治教育的就业咨询法应当倡导的责任选择方式。人们的择业、就业在行为选择上是自由的，但作为人类的一分子，其行为要符合个体自由全面发展与社会进步的要求，负责任的选择职业不仅是必要的甚至是必需的，思想政治教育就业咨询法的一个重要使命，就是要引导人们在进行择业、就业时，思考个体发展与社会进步的标准，以促使个体自觉地进行正确的职业定位。

二　动员方法的发展

提起动员方法，许多人都会想起战争年代的政治动员，其实政治动员只不过是社会动员的方式之一。所谓社会动员，"就是广义的社会影响，也可以称之为社会发动。它是指人们在某些经常、持久的社会因素下，其态度、价值观与期望值变化发展的过程。"[②] 在以战争与革命为时代主题的年代里，社会动员主要是政治动员，政治动员是发动群众投身革命、英勇奋斗的重要形式。它对于凝聚人心、引导人的行为方向具有重要作用。在和平与发展为时代主题的社会发展进程中，许多人认为，社会动员作为一种带有强烈政治鼓动色彩的思想政治工作方式，已

[①] 《马克思恩格斯全集》（第1卷），人民出版社1995年版，第459—460页。
[②] 郑永廷：《现代思想道德教育理论与方法》，广东高等教育出版社2000年版，第199页。

经不适应时代发展的需要，因此社会动员渐渐被思想政治教育方法论研究者所遗忘。其实，这是对社会动员的误解，党的十九大报告四次提到"动员"问题，分别为：在坚决打赢脱贫攻坚战中"要动员全党全国全社会力量"[①]"完善国防动员体系"[②]、基层党组织建设成为"团结动员群众"[③] 的坚强战斗堡垒、"动员广大人民群众坚定不移跟党走"[④]。时代的发展和社会的变化改变了社会动员的内容和方式，但是社会动员在新时代思想政治教育方法体系尤其是实施方法中依然占有重要地位，它不再以政治动员的方式影响人们的思想和行为，而是发展出了竞争动员、参与动员和传媒动员的新方式，在现代人的社会生活中发挥重要作用。

1. 竞争动员

竞争，就其词源来说，"竞，逐也"，就是比赛、争逐的意思，竞争就是互相争胜，尤其是指"为了自己的利益而跟别人争胜"[⑤]。《庄子·齐物论》中说："有竞有争"，郭象把它解释为"并逐曰竞，对辩曰争"。在现代市场经济条件下，竞争已不单单指在商品经济中商品生产者为获得有利的产销条件而进行的角逐，而是"按照一定的规则，相互比较，相互争胜，不甘落后。"[⑥] 它并不仅仅局限在经济领域，而是涉及社会生活各个领域的一个概念，是"效率"的代名词，正如有的学者所说："竞争作为现代社会的一种动员方式，不仅涉及到经济、业务和人们的工作，而且关系到人们的思想道德，即竞争不仅需要一种与之相适应的思想道德要求，而且会带来一些新的思想道德问题，思想道德教育必须研究竞争过程中的思想道德问题，以利于加强思想道德引导。"[⑦] 思想政治教育中的竞争，构成了社会动员的重要方式，它促进

---

① 《党的十九大报告辅导读本》编写组：《党的十九大报告辅导读本》，人民出版社2017年版，第47页。

② 同上书，第54页。

③ 同上书，第64页。

④ 同上书，第68页。

⑤ 中国社会科学院语言研究所词典编辑室：《现代汉语小词典》，商务印书馆1985年版，第282页。

⑥ 郑永廷：《现代思想道德教育理论与方法》，广东高等教育出版社2000年版，第248页。

⑦ 同上书，第208页。

人的自主性发展，使个体在面对全面性竞争的社会环境时，能够正确认识和参与竞争。"竞争作为人类交往的重要方式，源于人自身生存发展的需要和资源有限性的矛盾，是人类的存在方式和人的本质属性的体现"①，它不仅影响人际关系，而且会影响人的心理状态。当然，作为社会动员方法发展的新形态，竞争动员主要是通过竞争来提高效率，进而促进个体的自主性发展，它必须按照社会主义道德规范和法律要求的方式进行，而不是不择手段的无序、放任状态。

竞争动员作为现代社会的一种动员方式，对人的生活方式和心理状态具有重要影响。具体说来，这种影响具有以下特点：①激励性。"竞争的激励性是由比较、评价所造成的不平衡性，并通过人们的上进心理和相互争胜心理而产生。"② 社会主义市场经济体制的确立，打破了计划经济体制下的"平均主义"现象，社会上不再有任何"铁饭碗"，市场经济的竞争机制所带来的优胜劣汰后果使人们不再安于现状，"鼓励一部分人先富、先富带动后富"的政策刺激着一颗颗进取的心灵，竞争动员激发了人的积极性、主动性和创造性，并且把外在的竞争压力逐渐转变为人们的内在进取动力，人的发展方式由自发状态转为自觉状态。②扩展性。"竞争的扩展性是指竞争范围的扩大和竞争标准的提高"③，在现代社会生活中，竞争作为一种社会动员方式，它已经远远超出经济领域而扩展到社会生活的各个领域，同时，衡量竞争获胜的标准已不再局限于经济指标的高低，而是涉及生活质量和人的全面发展的综合标准。人类需求发展的无限性与个体内在潜能的持续开发，构成了竞争动员的基础和动力，不断引导着人的行为方式和价值取向，思想政治教育的竞争动员对人的价值引导应当与社会发展方向相一致，与人的全面发展要求相协调。③风险性。竞争是市场经济的基本特征，它刺激生产者改进技术、改善经营管理，调节生产资料和劳动力在社会各部门之间的分配，实现社会发展的优胜劣汰。社会主义市场经济也不例外，它必然会造成一部分技术水平较为落后、社会适应能力较差的人在社会竞争中

---

① 郑永廷：《人的现代化理论与实践》，人民出版社 2006 年版，第 374 页。
② 郑永廷：《现代思想道德教育理论与方法》，广东高等教育出版社 2000 年版，第 209 页。
③ 同上。

品尝和咀嚼失败的苦涩，在一定程度上造成人的生存与发展风险。在看到竞争动员对人与社会发展所带来的积极意义之外，思想政治教育还要引导人们正确认识竞争动员所引起的种种发展风险，确立积极的竞争心态和发展思路，正确看待和规避风险，在风险中寻找发展机遇，在机遇中思索应对风险。

2. 参与动员

参与动员是指"人们参加、介入现代社会的政治、经济、文化生活过程中所受的影响。"① 这里所说的参与，主要是指人们对公共事务、公共管理的介入，对民主生活、政治生活的关涉，对事关个人发展和利益的选择，它不包括组织参与和职业参与。在计划经济时代，人们常常以"革命的螺丝钉"标准要求自己，服从分配、接受现实成为那一时代人们的自觉追求。随着市场经济的发展和政治民主化进程的加快，人们的个体主体意识迅速觉醒，自由、人权和维护正当权益成为人们生活的重要内容，对社会的积极参与主要不再由党团组织与行政组织安排，也主要不是出于本职工作的需要，而是民主意识深入人心之后带来的积极介入心态。在参与动员中，"酒香不怕巷子深"的等待心态被彻底排除，"我选择，我喜欢"的主体心态逐渐被确立，参与是出于做人的责任感，也是对人类发展终极关怀的体现。参与动员使人们的主人翁意识得到加强，人们从事生产、生活的积极性、主动性、创造性大为提高，社会生活的丰富多彩与协调发展，进一步提升了人们生活的获得感、幸福感和安全感，个体生活意义的价值得以凸显。

思想政治教育方法论视野中的参与动员，主要是指通过积极参与社会事务和公共管理来引导人们确立健康积极的价值取向和生活方式。参与动员对个体发展的影响特点体现为：①自主性。在参与动员中，人们对社会事务、公共管理的积极介入不是出于组织的安排和本职工作的需要，而是个体主体性增强的结果。这种参与是一种自主自觉的参与，它既体现了主体的独立意识，即个体能够意识到自己是独立、自在、自为的社会主体，而且具有不断教育自己、规范自己、发展自己、对自己行

---

① 郑永廷：《现代思想道德教育理论与方法》，广东高等教育出版社2000年版，第211页。

为负责的意识；也体现了主体的自主能力，它包括自我调控、自我教育、自我完善、自我发展的一系列能力。自主性是个体独立意识和自主能力相结合而呈现的综合状态，它构成了主体在市场经济活动中能够自我决策、自负盈亏、自主经营的基本素质，是人的现代化的基本要求和必然结果，也是促进社会主义市场经济良性发展的基本条件。②选择性。在现代社会中，每一个人都是独立的个体，他自主决定自己对社会事务和公共管理参与的程度、范围和方式，因此参与动员对人的价值选择和行为方式的影响因人而异。参与动员是人们不断进行价值选择和行为实践的过程，在静态意义上，它还是人们价值选择的结果。"选择是从多种可能性中作出选择，其前提是多种可能性的存在。"① 现代社会生活的复杂多变性，对个体的选择能力提出新的要求，人们要依据社会发展与个体发展相协调的目标体系，在参与动员过程中不断地对多元价值和文化形态进行筛选、去伪存真，最后形成适合个体发展与社会进步要求的现实选择。③趋利性。现代社会中人们的参与动力主要来自于个体的内在需求，尤其是个体的利益需求和精神需要。马克思指出："人们奋斗所争取的一切，都同他们的利益有关"②，正当的合理利益和精神需求是应该得到鼓励和保护的，但思想政治教育必须正视一些人在参与动员中存在的自发性、功利化的价值取向问题，一些人为了一己私利而置国家、集体利益于不顾，急功近利、丧失崇高的追求和动员的目标，待价而沽、庸俗低下，与中国特色社会主义的发展要求极不相称，甚至妨碍主体性的发展和造成资源流失，这些问题必须引起足够的重视。

3. 传媒动员

传媒动员是指大众传播媒体对人们的影响。大众传播媒体主要包括传统传播媒体和新兴传播媒体两个部分，传统传播媒体主要包括报纸、杂志、书籍、广播、电视、音响等；新兴传播媒体主要是指手机短信和各种网络媒体。大众传播媒体以其传播速度快、影响广泛的特点迅速向社会的各个领域传递信息，构成了现代社会发展的一种特殊环境——媒

---

① 李为善、刘奔：《主体性和哲学基本问题》，中央文献出版社2002年版，第128页。
② 《马克思恩格斯全集》（第1卷），人民出版社1956年版，第82页。

介环境。大众传媒是现代人获取信息的重要途径，也是对人进行价值引导和观念影响的重要渠道。习近平指出："当前，社会上思想活跃、观念碰撞，互联网等新技术新媒体日新月异，我们要审时度势、因势利导，创新内容和载体，改进方式和方法"①，以便使新时代的思想政治教育充满生命活力。思想政治教育中的传媒动员，主要是通过在新媒体中倡导科学的发展理念和发展方式，引导人们逐步确立积极向上的生活态度和发展理念，进而提升人的思想政治素质，使之与人的自由全面发展要求相一致，与社会发展相协调。

随着科学发展与信息技术的进步，人们已经越来越习惯于依赖大众媒体来满足个人获取信息的需求，依托行政组织体系开展思想政治教育的方法已经越来越难以奏效。习近平指出："推动媒体融合发展、建设全媒体成为我们面临的一项紧迫课题。要运用信息革命成果，推动媒体融合向纵深发展，做大做强主流舆论，巩固全党全国人民团结奋斗的共同思想基础，为实现'两个一百年'奋斗目标、实现中华民族伟大复兴的中国梦提供强大精神力量和舆论支持。"② 因此，思想政治教育主体应充分利用大众媒体的优势、突破传统模式、利用大众传媒对人们进行思想政治教育。这种方法的优势在于：

第一，感染性。大众传媒可以将思想政治教育的价值理念和思想观点通过形象、生动的形式表现出来，比如采取纪录片、电影、访谈节目等人们喜闻乐见的形式，引起人们的关注，在寓教于乐中对社会成员进行价值渗透和思想感染，在潜移默化中达到对人的思维方式和行为方式进行引导。习近平指出："全媒体不断发展，出现了全程媒体、全息媒体、全员媒体、全效媒体，信息无处不在、无所不及、无人不用，导致舆论生态、媒体格局、传播方式发生深刻变化，新闻舆论工作面临新的挑战。我们要因势而谋、应势而动、顺势而为，加快推动媒体融合发展，使主流媒体具有强大传播力、引导力、影响力、公信力，形成网上网下同心圆，使全体人民在理想信念、价值理念、道德观念上紧紧团结

---

① 中共中央文献研究室编：《习近平关于社会主义文化建设摘编》，中央文献出版社2017年版，第11页。
② 《习近平在中共中央政治局第十二次集体学习时强调：推动媒体融合向纵深发展 巩固全党全国人民共同思想基础》，《光明日报》2019年1月26日第1版。

在一起，让正能量更强劲、主旋律更高昂。"① 大众传媒的社会动员价值是在无形之中实现的，思想政治教育的实效性容易得到提升。

第二，及时性。科学技术的广泛应用和新媒体的兴起，使大众传媒的信息储存能量和信息传播速度以惊人的方式发展，在极短的时间内可以把海量的信息传播到世界各地和人们生活的各个领域，对人们的社会生活和价值选择产生广泛而深刻的影响。习近平指出："发展网站、微博、微信、电子阅报栏、手机报、网络电视等各类新媒体，积极发展各种互动式、服务式、体验式新闻信息服务，实现新闻传播的全方位覆盖、全天候延伸、多领域拓展，推动党的声音直接进入各类用户终端，努力占领新的舆论场。"② 新媒体的发展打破了时空界限，所发布的信息能够鼓动人们的思想情绪、引导社会倾向，思想政治教育的方法发展必须高度重视大众传媒的动员方式，把暗含于信息内容的价值理念利用大众传媒覆盖面广和传播及时的特点，迅速传向日常生活世界，人们在接受信息的同时无疑会认知信息，在反复的信息传递中逐渐理解、认同和接受暗含的思想政治教育理念，从而形成一定的思维方式和行为方式，达到社会动员的目的。

第三，综合性。大众媒体的发展为思想政治教育活动的开展提供了广阔的宣传空间，国内外大事、党的方针政策、各级领导机关的指示等以及其他思想政治教育内容，都可以利用音像制品、电视、网络等传媒在很短的时间内覆盖祖国大地，深入社会生活的各个领域，这是传统思想政治教育方法无法实现的，利用这种优势对社会成员进行思想政治教育和社会动员是一种优势。习近平指出："要抓紧做好顶层设计，打造新型传播平台，建成新型主流媒体，扩大主流价值影响力版图，让党的声音传得更开、传得更广、传得更深入。要旗帜鲜明坚持正确的政治方向、舆论导向、价值取向，通过理念、内容、形式、方法、手段等创新，使正面宣传质量和水平有一个明显提高。主流媒体要及时提供更多真实客观、观点鲜明的信息内容，掌握舆论场主动权和主导权。要从维

---

① 《习近平在中共中央政治局第十二次集体学习时强调：推动媒体融合向纵深发展　巩固全党全国人民共同思想基础》，《光明日报》2019年1月26日第1版。

② 同上。

护国家政治安全、文化安全、意识形态安全的高度,加强网络内容建设,使全媒体传播在法治轨道上运行。要全面提升技术治网能力和水平,规范数据资源利用,防范大数据等新技术带来的风险。"[1] 在充分发挥传媒动员优势的同时,我们也应当看到,大众传媒的发展及其信息的传播具有一定的自发性、风险性,而且传播的信息和内容良莠不齐,既可能对人的发展产生积极影响,也可能对人的行为趋向产生消极的动员意义,因此,新时代思想政治教育在重视、发展大众传媒的动员方式的同时,要正视它对思想政治教育发展提出的新课题,引导人们进行正确的信息选择和价值选择。

三 隐性教育法的发展

隐性教育法是指教育者充分利用社会环境、教育情境和社会实践中隐含的思想政治教育因素,对受教育者进行感染和熏陶,通过潜移默化的方式提升受教育者的思想政治素质,并对他们的思想和行为进行价值引导的方法。一般来说,思想政治教育的实施方法都以理论灌输法为主,通过正面宣传和说理引导而对受教育者的思想和行为施加影响。传统思想政治教育对理论灌输法进行了较为系统深入地研究,形成了以教育者为主体的理论教育法、疏导教育法、比较教育法、典型教育法等多种形式的方法体系。其中,理论教育法对思想政治教育理论的发展和价值的实现具有不可替代的作用,新时代思想政治教育方法的发展也决不能忽视理论教育法的价值。列宁在《怎么办》一文中谈到"群众的自发性和社会民主党的自觉性"时所指出:"工人本来也不可能有社会民主主义的意识。这种意识只能从外面灌输进去。"[2] 中国特色社会主义进入新时代,广大人民群众的思想政治素质有了很大提高,但从社会发展的视角来看,大部分人的思想政治素质与社会发展的要求还存在一定差距,因此,我们在重视理论教育法的同时,要利用一切有效的思想政治教育方法为社会发展和人的发展服务。隐性教育法是通过渗透式、陶

---

[1] 《习近平在中共中央政治局第十二次集体学习时强调:推动媒体融合向纵深发展 巩固全党全国人民共同思想基础》,《光明日报》2019年1月26日第1版。

[2] 《列宁选集》(第1卷),人民出版社2012年版,第317页。

冶式、实践式等途径提升人的思想政治素质的方法，是目前思想政治教育方法发展中最引起人们关注的方法之一，一般来说，它主要包括渗透教育法、陶冶教育法和实践教育法。

1. 渗透教育法

所谓渗透教育法是指"教育者运用科学的方法将教育的内容渗透到受教育者可能接触到的一切事物和活动中，潜移默化地对人们产生影响的方法。"[1] 它要求隐性教育的内容应当广泛渗透到受教育者可能接触的思想政治教育的主体、客体环体和介体中，具体说来，要求受教育者的家庭环境、学校的各科教师及其课程体系设置、积极进取的校园文化、先进人物的榜样示范以及良好的社会氛围。中共中央国务院《关于进一步加强和改进大学生思想政治教育的意见》中对渗透式教育法提出了具体的构想，即充分重视课堂教学在思想政治教育中的主导作用，努力拓展思想政治教育的新途径，发挥党团组织在思想政治教育中的作用，大力加强思想政治教育工作队伍建设，努力营造思想政治教育工作的良好社会环境，切实加强对思想政治教育工作的领导。该文件总共分九个部分，其中六个部分（从第四部分到第九部分）都在阐述渗透式思想政治教育的理念，强调除了思想政治理论课这一主渠道之外，哲学社会科学以及各门课程都承担着育人功能，学校教育的各个环节都要渗透着育人的基本理念。

渗透教育法强调思想政治教育要遵循人的思想受"综合影响"形成与"渐次发展"的规律。它要求思想政治教育必须渗透到经济工作、业务工作中去，与各项具体工作有机地结合起来，融合各种教育因素及中介，通过潜移默化的形式循序渐进地进行，渐进式地改变人自身的思维方式和行为方式，最终确立与社会发展相适应、与人的发展要求相一致的思想道德素质。渗透教育法一般强调三种意识：

第一，渗透意识。所谓渗透意识，就是"思想政治教育要融合在业务工作一道去做的意识"[2]。习近平指出："以辩证的、全面的、平衡的观点正确处理物质文明和精神文明的关系，把精神文明建设贯穿改革开

---

[1] 张耀灿、郑永廷等：《现代思想政治教育学》，人民出版社2006年版，第383页。
[2] 邱伟光、张耀灿主编：《思想政治教育学原理》，高等教育出版社1999年版，第215页。

放和现代化全过程、渗透社会生活各方面，紧密结合培育和践行社会主义核心价值观，大力倡导共产党人的世界观、人生观、价值观，坚守共产党人的精神家园；大力加强社会公德、职业道德、家庭美德、个人品德建设，营造全社会崇德向善的浓厚氛围；大力弘扬中华民族优秀传统文化，大力加强党风政风、社风家风建设，特别是要让中华民族文化基因在广大青少年心中生根发芽。"① 这段论述本质上强调了思想政治教育和精神文明建设中渗透教育法的重要性，为新时代思想政治教育活动开展指明了方向。人的思想道德和价值取向的形成，主要源于日常的工作、学习和生活的影响，思想政治教育的渗透意识正是强调思想政治教育要回归生活世界，通过在人的日常工作、学习和生活中融入思想政治教育的内容和理念，从而克服"两张皮"现象。

第二，合力意识。合力意识主要是强调思想政治教育各要素要相互协调、形成齐抓共管的教育结构，使各方面的教育力量形成合力。习近平指出，在思想政治教育过程中，"要通过各种途径、各种渠道、各种方式就改革发展稳定重大问题特别是事关人民群众切身利益的问题进行广泛协商，既尊重多数人的意愿，又照顾少数人的合理要求，广纳群言、广集民智、增进共识、增强合力。"② 思想政治教育仅靠少数思想政治工作人员是无法真正实现其价值的，它必须依靠广泛的社会力量，开展全方位的思想政治教育渗透，形成党、政、工、青、妇齐抓共管，专兼职思想政治教育队伍密切配合的思想政治教育社会化网络体系。在高校，"各级党委要把高校思想政治工作摆在重要位置，加强领导和指导，形成党委统一领导、各部门各方面齐抓共管的工作格局。"③ 除了要建立有助于形成思想政治教育合力的体制机制，还要努力使思想政治教育队伍形成协同效应，"抓好教育培训，强化实践锻炼，健全激励机制，整体推进高校党政干部和共青团干部、思想政治理论课教师和哲学社会科学课教师、辅导员班主任和心理咨询教师等队伍建设"④，精心培养和组织一支会做思想政治工作的政工队伍。习近平指出："办好教

---

① 《习近平谈治国理政》（第2卷），外文出版社2017年版，第324页。
② 同上书，第297页。
③ 同上书，第379页。
④ 同上书，第380页。

育事业，家庭、学校、政府、社会都有责任。家庭是人生的第一所学校，家长是孩子的第一任老师，要给孩子讲好'人生第一课'，帮助扣好人生第一粒扣子。教育、妇联等部门要统筹协调社会资源支持服务家庭教育。全社会要担负起青少年成长成才的责任。各级党委和政府要为学校办学安全托底，解决学校后顾之忧，维护老师和学校应有的尊严，保护学生生命安全。"[1] 运用渗透教育法，强化思想政治教育的合力意识，就要把思想政治教育的因素和意图潜移默化地浸润在家庭、学校、政府、社会的日常活动之中。

第三，价值意识。价值意识在某种意义上也是资源意识，它主要指思想政治教育所渗透的生活、工作的全过程、各个环节、各个阶段都蕴含着对人的思想政治素质影响的因素。思想政治教育主体要善于利用各种资源寓思想政治教育于无形之中，"要牢牢把握为实现中华民族伟大复兴中国梦而奋斗的时代主题，紧紧围绕党和国家工作大局，组织动员广大人民群众走在时代前列，在改革、发展、稳定第一线建功立业。要以先进引领后进，以文明进步代替蒙昧落后，以真善美抑制假恶丑，教育引导广大人民群众不断提高思想觉悟和道德水平，坚定走中国特色社会主义道路，自觉践行社会主义核心价值观，真正成为党执政的坚实依靠力量、强大支持力量、深厚社会基础。"[2] 思想政治教育渗透教育法追求一种潜移默化的效果，教育形式、途径、策略更加隐蔽，而教育素材更加广泛，它取决于思想政治教育主体的价值意识。

2. 陶冶教育法

陶冶教育法即"营造一个健康、乐观、向上的文化氛围和教育环境，开展喜闻乐见的文化艺术活动，使人们在耳濡目染中受到思想道德熏陶的方法。简而言之，就是寓教于境、寓教于情、寓教于乐。"[3] 它要求思想政治教育主体充分利用社会环境因素和创设的教育情境，对受教育者进行感染和熏陶，在潜移默化中提升受教育者的思想政治素质。它是一种寓教于境、寓教于情、寓教于乐的思想政治教育方法，具有非

---

[1] 《习近平在全国教育大会上强调：坚持中国特色社会主义教育发展道路 培养德智体美劳全面发展的社会主义建设者和接班人》，《光明日报》2018年9月11日第1版。
[2] 《习近平谈治国理政》（第2卷），外文出版社2017年版，第308页。
[3] 张耀灿、郑永廷等：《现代思想政治教育学》，人民出版社2006年版，第383页。

强制性、愉悦性、隐蔽性和无意识性的特点，容易为人们接受，使人们在潜移默化和熏陶感染中升华思想道德品质。一般来说，思想政治教育的陶冶教育法通过陶冶情操、激发情感、唤起共鸣来引导受教育者的价值取向和行为方式。陶冶教育法主要是通过文化氛围和教育环境的创设来实现思想政治教育的育人价值，这里的教育环境既包括有形的自然景观、文化景点，也包括无形的文化氛围和社区人际关系。《中共中央国务院关于进一步加强和改进大学生思想政治教育的意见》中提出了要"形成教书育人、管理育人、服务育人的良好氛围和工作格局"的思想，就是对陶冶教育法的较好诠释。

陶冶教育法是思想政治教育主体依据思想政治教育的基本规律，利用教育情境和社会环境引导受教育者主动、积极、自觉地进行思想道德教育的方法。与注入式教育相比较，它不是强迫受教育者接受教育者所传播的思想观点，而是以循循善诱的方式，引导受教育者自觉地按照受教育者期待的方式提高思想道德素质。陶冶教育法一般采取的形式主要有：

第一，人格感化。即思想政治教育主体以自身独特的人格魅力、思想作风、言传身教和对受教育者的终极关怀来感染受教育者，使受教育者意识到榜样的作用。《在纪念邓小平同志诞辰110周年座谈会上的讲话》中，习近平指出："共产党人拥有人格力量，才能无愧于自己的称号，才能赢得人民赞誉。我们要学习邓小平同志公而忘私、无私无畏的博大胸怀，加强党性修养，严于律己、宽以待人，正确对待组织，正确对待同志，正确对待自己，正确对待权力，积极践行社会主义核心价值观，为党和人民事业赤诚奉献，以身作则推动营造风清气正的党风、政风和社会风气。"[①] 思想政治教育过程中，教育主体的人格力量对实现思想政治教育的价值意义重大。

第二，环境陶冶。即有目的、有计划的选择、利用和创设教育情境和优化环境，使之能够对受教育者进行情感陶冶和行为感化，从而提升受教育者的思想道德情操。要强化环境陶冶对思想政治教育的支撑作用。坚持把环境陶冶和正面教育相结合，重视发挥环境陶冶的育人作

---

① 《习近平谈治国理政》（第2卷），外文出版社2017年版，第12页。

用，通过提高全社会文明程度，引导社会成员培育和践行社会主义核心价值观，为充分发挥环境陶冶的育人作用创造良好人文环境。要在环境陶冶中体现思想政治教育的育人要求，发挥环境对人才培养的滋养作用，努力使社会环境建设同社会主义思想政治教育相衔接、相协调、相促进。要在环境陶冶中突出思想政治教育的育人导向，注重在环境陶冶中培育人们的法律信仰、道德观念、规则意识，引导人们自觉履行法定义务、社会责任、践行社会主义核心价值观，营造全员、全程、全方位育人的文化氛围与社会环境。

第三，艺术熏陶。即通过文学艺术的多种形式对受教育者进行审美意识的培养和情感的熏陶与升华，使受教育者潜移默化地接受影响。习近平指出："人民不是抽象的符号，而是一个一个具体的人，有血有肉，有情感，有爱恨，有梦想，也有内心的冲突和挣扎。不能以自己的个人感受代替人民的感受，而是要虚心向人民学习、向生活学习，从人民的伟大实践和丰富多彩的生活中汲取营养，不断进行生活和艺术的积累，不断进行美的发现和美的创造。要始终把人民的冷暖、人民的幸福放在心中，把人民的喜怒哀乐倾注在自己的笔端，讴歌奋斗人生，刻画最美人物，坚定人们对美好生活的憧憬和信心。"[①] 文学艺术只有走进生活深处、走进人民群众、体现生活本质、反映生活底蕴，才能对社会成员产生激励、感染、熏陶与升华价值。陶冶教育法的根本思路在于科学处理人与环境之间的辩证关系，为受教育者创设条件和情境，使之能够依靠自己的感悟、体验去获得新知识、解决新问题，进而升华思想道德情操。在对受教育者进行艺术陶冶的过程中，思想政治教育的主体必须不断加强自身的修养，同时要不断优化和创设新的教育情境使之为思想政治教育目的服务。

3. 实践教育法

实践教育法主要是指思想政治教育主体通过有计划、有目的、有组织地引导受教育者参与社会实践活动及精神文明创建活动，训练和培养受教育者的优良品德和行为习惯，丰富其实践体验，提高其思想道德素质的方法。社会实践是受教育者接受思想政治教育的重要途径，它对于

[①] 《习近平谈治国理政》（第2卷），外文出版社2017年版，第317页。

人们了解社会、了解国情，增长才干、奉献社会，锻炼毅力、培养品格、增强社会责任感具有不可替代的作用。在社会实践中，实践教育法要引导人们着眼于积极、健康、高尚的价值观念和文化形态的创设，以立为主，重在建构。在日常生活实践中，良莠不齐的价值观念和意识形态对个体的生活态度和生活方式都会发生不同程度的影响，新时代思想政治教育方法的发展，要以人们形成正向、积极、健康、高尚的道德行为和价值观念为基本目标。实践教育法的基本出发点不是为了规范，而是为了示范，不在于批判落后思想道德观念和不道德、不文明的行为，而是弘扬社会正气和唱响时代主旋律；不是从消极的层面规定哪些是我们不应该或者禁止做的，而是以自己的实际行为告诉身边的人或者尚未进行文明修身的人"这样做是好的""这样的行为是应当的""我应当成为这样的人"。当然，我们明白不破不立的道理，也明白惩恶与扬善的关系，但实践教育法引导人们确立的生活应当是一种示范性的生活，而不是规范性的生活。

实践教育法对于提升现代人的思想政治素质具有重要意义，它的理论基础是马克思主义实践论。众所周知，实践是认识的来源、是认识发展的动力、是检验认识真理性的唯一标准、是认识的目的，实践教育法的实施过程，是受教育者把理论与实践相结合的过程，也是受教育者明辨善恶、美丑、是非的过程，其价值主要体现在：第一，实践教育法能够使受教育者在社会实践中形成高尚的思想情感和崇高的理想信念并不断得到强化。通过社会实践，能把受教育者的理性认识逐步转化为处理问题的立场、观点和方法，促进个体的社会化，增强了受教育者的社会适应能力。

第二，实践教育法能够提高人们的思想觉悟，使其在认识和改造客观世界与主观世界的过程中形成良好的生活方式。正如毛泽东所指出："正确的东西总是在同错误的东西作斗争的过程中发展起来的。真的、善的、美的东西总是同假的、恶的、丑的东西相比较而存在的，相斗争而发展的。"[①] 生活世界中的价值体系是一种自在自发的存在，积极与消极、高尚与落后、健康与腐朽的价值观念和文化形态浑然杂处，需要

---

① 《毛泽东著作选读》（下册），人民出版社1986年版，第785页。

人们自身在实践中作出理性选择。

　　第三，实践教育法能够使受教育者较为客观地认识和解决社会发展中出现的新问题。现代社会是信息技术高度发达的网络社会，网络包含了极其丰富的信息资源，给整个社会带来了前所未有的深刻变化，对人类社会的发展与进步产生着重要影响。实践教育法必须引导人们清醒认识互联网络对思想政治教育发展带来的机遇与挑战，利用网络中的虚拟实践对广大网民进行思想品德与价值理念的引导，促使他们形成合乎社会发展要求与人的全面发展需要的网络道德。

结　语

马克思曾经指出:"主要的困难不是答案,而是问题。……问题是时代的格言,是表现时代自己内心状态的最实际的呼声。"[①] 开展思想政治教育发展研究,首先追问的不是"思想理论教育和价值引领"的现实"答案",而是开展"思想理论教育和价值引领"面临的主要"问题"是什么?在思想政治教育活动中,思想政治教育过程对大学生来说就是供给过程,从供给侧结构性改革维度看,思想政治教育发展面临的一个主要问题,不是研究供给存在与否的问题,也不是研究思想政治教育是否需要改革的问题,而是系统而深入地研究如何推进思想政治教育供给侧结构性改革以提升思想政治教育的实效性。简而言之,思想政治教育发展面临的基本问题是教育的"有效"供给问题。围绕"有效"供给这一中心问题,思想政治教育发展的评价标准,可以从三个方面来解读,即:是否有利于社会主流意识形态的理解、认同和践行,是否有利于提升思想政治教育的实效性,是否有利于大学生的健康成长。

第一,新时代思想政治教育发展,应当有利于社会主流意识形态的理解、认同和践行。思想政治教育是巩固马克思主义在意识形态领域指导地位、坚持社会主义办学方向和培养中国特色社会主义建设者与接班人的主渠道,思想政治教育主体必须清楚地意识到思想政治教育的意识形态性及其独特价值,思想政治教育发展,基本的出发点就是"应该永远把坚定正确的政治方向放在第一位"[②]。从思想政治教育目标维度来看,思想政治教育发展要求教育主体必须充分认识社会主流意识形态尤

[①] 《马克思恩格斯全集》(第1卷),人民出版社1995年版,第203页。
[②] 《邓小平文选》(第2卷),人民出版社1994年版,第104页。

其是社会主义核心价值观的价值独特性，它既构成了思想政治教育的基本内容和基本理论资源，也是思想政治教育的基本目标之所在，理解、认同和践行社会主流意识形态尤其是引领学生培育和践行社会主义核心价值观本身就构成了思想政治教育的基本目标。从教育效果来看，社会主流意识形态的理解、认同和践行主要通过大学生的思想品德形成发展及其外化行为得以体现，而这一过程是思想政治教育供给"有效"与否的具体表现，强化思想政治教育的"有效"供给，本身就意味着高度重视社会主义办学方向和中国特色社会主义建设者和接班人的培养目标更加明确、教育内容更加明晰、教育资源配置更加优化。从思想政治教育供给的状态来看，新时代思想政治教育发展意味着社会主流意识形态的理解、认同和践行主要是在润物无声的状态下实现的，在理论体系的传播和知识信息的传递中实现"有效"的价值选择和"有效"的行为塑造和引领。

第二，新时代思想政治教育发展，应当有利于提升思想政治教育的实效性。思想政治教育发展必然会涉及思想政治教育的主体、客体、环体和介体等要素的优化组合。一段时期以来，由于受社会环境变迁与人的发展方式变化的综合影响，思想政治教育的实效性一度受到人们的质疑，一些人盲目批评思想政治教育供给内容和价值传播模式严重滞后，但没有从社会存在与社会意识的辩证关系对现实问题进行深刻思考，不懂得思想政治教育与社会实践的辩证关系，很难真正为提升思想政治教育的实效性作出有意义的探索。习近平指出："我国哲学社会科学应该以我们正在做的事情为中心，从我国改革发展的实践中挖掘新材料、发现新问题、提出新观点、构建新理论，加强对改革开放和社会主义现代化建设实践经验的系统总结，加强对发展社会主义市场经济、民主政治、先进文化、和谐社会、生态文明以及党的执政能力建设等领域的分析研究，加强对党中央治国理政新理念新思想新战略的研究阐释，提炼出有学理性的新理论，概括出有规律性的新实践。这是构建中国特色哲学社会科学的着力点、着重点。"[①] 思想政治教育发展必须关注中国特色社会主义伟大实践中的新问题、新实践，优化组合各类思想政治教育

---

① 《习近平谈治国理政》（第2卷），外文出版社2017年版，第344页。

资源，为提升思想政治教育的实效性作出新的探索。

　　第三，新时代思想政治教育发展，应当有利于大学生的健康成长。思想政治教育是帮助大学生树立正确世界观人生观价值观的重要途径，其发展的出发点和落脚点都是大学生，从大学生健康成长的需要出发探究思想政治教育变革与发展，就是要进一步实现思想政治教育主体对教育介体（各种教育资源和教育内容）的优化配置，提升思想政治教育的投入产出之比，促使大学生良好思想政治素质的持续生成以及积极健康的思维方式和行为方式不断得以塑造，在持续满足大学生健康成长的需求和期待中实现新时代思想政治教育发展的独特价值。正如习近平所指出的，新时代思想政治教育就是要"在党的坚强领导下，全面贯彻党的教育方针，坚持马克思主义指导地位，坚持中国特色社会主义教育发展道路，坚持社会主义办学方向，立足基本国情，遵循教育规律，坚持改革创新，以凝聚人心、完善人格、开发人力、培育人才、造福人民为工作目标，培养德智体美劳全面发展的社会主义建设者和接班人"[①]。思想政治教育的价值实现和实效提升，最终必须通过大学生的思想品德形成发展得以体现，必须有利于促进大学生的健康成长，通过不断培养德智体美劳全面发展的中国特色社会主义的建设者和接班人而持续彰显思想政治教育供给的"有效性"。

[①]《中共中央 国务院印发〈中国教育现代化2035〉》，《光明日报》2019年2月24日第1版。

参考文献

《马克思恩格斯选集》（1—4卷），人民出版社2012年版。
《马克思恩格斯全集》（第1卷），人民出版社1995年版。
《马克思恩格斯全集》（第2卷），人民出版社1957年版。
《马克思恩格斯全集》（第3卷），人民出版社1960年版。
《马克思恩格斯全集》（第19卷），人民出版社1963年版。
《马克思恩格斯全集》（第40卷），人民出版社1982年版。
《马克思恩格斯全集》（第42卷），人民出版社1979年版。
《马克思恩格斯全集》（第46卷上），人民出版社1979年版。
《马克思恩格斯全集》（第46卷下），人民出版社1980年版。
《马克思恩格斯文集》（第1卷），人民出版社2009年版。
《列宁选集》（1—4卷），人民出版社2012年版。
《列宁全集》（第20卷），人民出版社1958年版。
《列宁全集》（第55卷），人民出版社1990年版。
《毛泽东选集》（1—4卷），人民出版社1991年版。
《毛泽东文集》（第6卷），人民出版社1996年版。
《毛泽东著作选读》（上下册），人民出版社1986年版。
《邓小平文选》（第2卷），人民出版社1994年版。
《邓小平文选》（第3卷），人民出版社1993年版。
《江泽民文选》（1—3卷），人民出版社2006年版。
《刘少奇选集》（上下卷），人民出版社1985年版。
《习近平谈治国理政》，外文出版社2014年版。
《习近平谈治国理政》（第2卷），外文出版社2017年版。
《习近平关于社会主义文化建设摘编》，中央文献出版社2017年版。

《习近平总书记系列重要讲话读本》，学习出版社、人民出版社 2016 年版。

习近平：《知之深　爱之切》，河北人民出版社 2015 年版。

陈秉公：《思想政治教育学原理》，高等教育出版社 2006 年版。

陈先达：《马克思主义哲学原理》，中国人民大学出版社 2006 年版。

陈怡、程钢：《〈老子〉〈论语〉今读》，高等教育出版社 2003 年版。

储培君：《德育论》，福建教育出版社 1997 年版。

《党的十九大报告辅导读本》编写组：《党的十九大报告辅导读本》，人民出版社 2017 年版。

高晨阳：《中国传统思维方式研究》，山东大学出版社 1994 年版。

高德胜：《知性德育及其超越——现代德育困境研究》，教育科学出版社 2003 年版。

高清海：《高清海哲学文存 4：传统哲学到现代哲学》，吉林人民出版社 1997 年版。

高清海：《人的"类生命"与"类哲学"：走向未来的当代哲学精神》，吉林人民出版社 1998 年版。

高清海：《找回失去的"哲学自我"：哲学创新的生命本性》，北京师范大学出版社 2004 年版。

高兆明：《道德生活论》，河海大学出版社 1993 年版。

高兆明：《社会失范论》，江苏人民出版社 2000 年版。

郭湛：《主体性哲学——人的存在及其意义》，云南人民出版社 2002 年版。

韩庆祥：《思想是时代的声音：从哲学到人学》，新世界出版社 2005 年版。

韩庆祥、邹诗鹏：《人学——人的问题的当代阐释》，云南人民出版社 2001 年版。

侯惠勤：《马克思的意识形态批判与当代中国》，中国社会科学出版社 2010 年版。

黄济：《教育哲学导论》，山西教育出版社 2004 年版。

黄蓉生：《当代思想政治教育方法论研究》，西南师范大学出版社 2000 年版。

教育部思想政治工作司组编:《大学生思想政治理论与实践》,高等教育出版社2009年版。
靳诺、郑永廷等:《新时期高校思想政治教育理论与实践》,高等教育出版社2004年版。
李辉:《现代思想政治教育环境研究》,广东人民出版社2005年版。
李辉、许文贤等:《中国化马克思主义教育概论》,人民出版社2005年版。
李萍:《现代道德教育论》,广东人民出版社1999年版。
李萍、钟明华、刘树谦:《思想道德修养》,广东高等教育出版社2003年版。
李为善等:《主体性和哲学基本问题》,中央文献出版社2002年版。
刘新庚:《现代思想政治教育方法论》,人民出版社2006年版。
龙柏林:《个人交往主体性研究》,广东人民出版社2005年版。
鲁洁:《超越与创新》,人民教育出版社2000年版。
鲁洁:《道德教育的当代论域》,人民出版社2005年版。
鲁洁、王逢贤:《德育新论》,上海教育出版社1990年版。
罗国杰:《伦理学》,人民出版社1998年版。
罗荣渠:《现代化新论——世界与中国的现代化进程》,商务印书馆2004年版。
骆郁廷:《精神动力论》,武汉大学出版社2003年版。
邱伟光、张耀灿:《思想政治教育学原理》,高等教育出版社1999年版。
全国普通高校"两课"教育教学调研工作领导小组:《普通高等学校思想政治教育课程文献选编》,人民大学出版社2003年版。
沈德立、阴国恩:《非智力因素与人才培养》,教育科学出版社1997年版。
《十八大以来重要文献选编》(中),中央文献出版社2016年版。
石书臣:《现代思想政治教育主导性研究》,学林出版社2004年版。
《思想道德修养与法律基础》编写组:《思想道德修养与法律基础》,高等教育出版社2018年版。
《思想政治教育学原理》编写组:《思想政治教育学原理》,高等教育出版社2016年版。

孙喜亭：《教育原理》，北京师范大学出版社1993年版。

孙正聿：《崇高的位置》，吉林人民出版社1997年版。

檀传宝：《德育美学观》，山西教育出版社1996年版。

檀传宝：《学校道德教育原理》，教育科学出版社2003年版。

陶行知：《陶行知全集》（第4卷），四川人民出版社1991年版。

童彭庆：《思想政治教育心理学》，高等教育出版社1996年版。

童世骏：《意识形态新论》，上海人民出版社2006年版。

万俊人：《伦理学新论：走向现代伦理》，中国青年出版社1994年版。

万俊人：《现代性的伦理话语》，黑龙江人民出版社2002年版。

万美容：《思想政治教育方法发展研究》，中国社会科学出版社2007年版。

王瑞荪：《比较思想政治教育学》，高等教育出版社2001年版。

王树荫：《中国共产党思想政治教育史》，中国人民大学出版社2016年版。

王秀敏：《个性道德与理性秩序——赫勒道德理论研究》，黑龙江大学出版社2011年版。

王雅林：《生活方式概论》，黑龙江人民出版社1989年版。

项贤明：《泛教育论——广义教育学的初步探索》，山西教育出版社2000年版。

肖前：《马克思主义哲学原理》（下册），中国人民大学出版社1994年版。

衣俊卿：《文化哲学：理论理性与实践理性交汇处的文化批判》，云南人民出版社2001年版。

袁贵仁：《人的哲学》，工人出版社1988年版。

张国启：《秩序理性与自由个性：现代文明修身的话语体系与实践机制研究》，人民出版社2010年版。

张灏：《幽暗意识与民主传统》，新星出版社2006年版。

张尚仁：《社会历史哲学引论》，人民出版社1992年版。

张曙光：《生存哲学——走向本真的存在》，云南人民出版社2001年版。

张耀灿、陈万柏：《思想政治教育学原理》，高等教育出版社2001

年版。

张耀灿等：《思想政治教育学前沿》，人民出版社2006年版。

张耀灿、郑永廷等：《现代思想政治教育学》，人民出版社2006年版。

张耀灿：《中国共产党思想政治工作史论》，高等教育出版社1999年版。

赵祥麟、王承绪：《杜威教育论著选》，华东师范大学出版社1981年版。

郑永廷等：《社会主义意识形态发展研究》，人民出版社2002年版。

郑永廷：《毛泽东思想政治教育的理论与实践》，武汉大学出版社1993年版。

郑永廷：《人的现代化理论与实践》，人民出版社2006年版。

郑永廷：《思想政治教育方法论》，高等教育出版社1999年版。

郑永廷：《现代思想道德教育理论与方法》，广东高等教育出版社2000年版。

郑永廷、张彦：《德育发展研究》，人民出版社2006年版。

《中国大百科全书》（教育卷），中国大百科全书出版社1985年版。

中国社会科学院语言研究所词典编辑室：《现代汉语小词典》，商务印书馆1985年版。

邹诗鹏：《生存论研究》，上海人民出版社2005年版。

祖嘉合：《思想政治教育方法教程》，北京大学出版社2004年版。

［德］恩斯特·卡西尔：《人论》，甘阳译，上海译文出版社1985年版。

［德］尼采：《看哪这人：尼采自述》，张念东、凌素心译，中央编译出版社2000年版。

［德］斯宾格勒：《西方的没落》（下册），齐世荣等译，商务印书馆2001年版。

［德］雅思贝尔斯：《什么是教育》，周琪等译，生活·读书·新知三联书店1991年版。

［美］阿历克斯·英格尔斯：《人的现代化》，殷陆君编译，四川人民出版社1985年版。

［美］罗伯特·L.海尔布隆纳：《马克思主义：赞成与反对》，马林梅译，东方出版社2016年版。

［美］马尔库赛：《单向度的人》，刘继译，上海译文出版社2006年版。

[美] 马斯洛等：《人的潜能和价值》，林方主编，华夏出版社 1987 年版。

[美] 尼葛洛庞帝：《数字化生存》，胡泳、范海燕译，海南出版社 1996 年版。

[美] 塞缪尔·亨廷顿：《文明的冲突与世界秩序的重建》，周琪等译，新华出版社 1998 年版。

[美] 约翰·杜威：《民主主义与教育》，王承绪译，人民教育出版社 1990 年版。

[苏联] 加里宁：《论共产主义教育与教学》，人民教育出版社 1981 年版。

[匈牙利] 阿格妮丝·赫勒：《道德哲学》，王秀敏译，黑龙江大学出版社 2014 年版。

[匈牙利] 阿格妮丝·赫勒：《现代性能够幸存吗?》，王秀敏译，黑龙江大学出版社 2012 年版。

[英] 安东尼·吉登斯：《第三条道路——社会民主主义的复兴》，郑戈等译，北京大学出版社 2000 年版。

[英] 安东尼·吉登斯：《现代性的后果》，田禾译，译林出版社 2000 年版。

[英] 安东尼·吉登斯：《现代性与自我认同》，赵旭东、方文译，生活·读书·新知三联书店 1998 年版。

[英] 汤普森：《意识形态理论研究》，郭世平等译，社会科学文献出版社 2013 年版。

[英] 伊格尔顿：《马克思为什么是对的》，李杨、任文科、郑义译，新星出版社 2012 年版。

后　记

　　书稿完成之际，恰是一年凤凰花开之时。美丽的华南理工大学校园里，又一批莘莘学子即将奔赴祖国各地，开启新的人生之旅。20多年前，我也像他们一样，怀揣青春梦想，从中原腹地奔赴北国冰城，在黑土地上生活了十八个春秋，并在那里娶妻生子，建构了真正属于自己的"日常生活世界"。在哈尔滨学习、工作和生活的十八年，也构成了我人生梦想启航的新航程，正是在这里，我在懵懂之间开启了对思想政治教育学科学习研究的新篇章。岁月不居，时节如流，弹指一挥间，我已过不惑之年，十八年的黑土生涯已成过往，作为华南理工大学的一名新兵，我正在努力融入快节奏的学习、工作和生活之中，希望在改革开放的先行地开启新的学术人生！

　　生活场域的转换，生命年轮的增长，固然是人生常态，但蹉跎了岁月，失去了朝气，实属对生命的辜负。好在我对思想政治教育学科的热爱依然如故，来到广州，只是转换了生活场域，但初心依旧，志向不改。思想政治教育学科是一个日渐成熟、极端重要的新兴学科，在"给学生心灵埋下真善美的种子，引导学生扣好人生第一粒扣子"的过程中发挥着极其重要的作用。郑永廷教授指出："思想政治教育学科，从人的层面讲，就是促进人的全面发展的学科。"在从事思想政治教育学习、研究和工作的过程中，我不仅认真落实铸魂育人、立德树人的根本任务，也尝试着为自己的学习生活勾勒独特的"精神图谱"。虽然离"理想的意图"有较大差距，但我相信，只要拥有"理想的力量"，总能铸就自身发展的人生舞台，打开一片属于自己的天地！

　　生命如此绚烂多彩，热爱生命的人在平凡的人生历程中总能得到岁月的馈赠。平凡的生活中，总有一些人对我关爱、眷顾与提携，哈尔滨

后 记

师范大学的王忠桥教授、中山大学郑永廷教授和中国社会科学院的侯惠勤教授是我生命旅程中令我至为感动、感谢和感恩的主要代表。王忠桥教授是我的硕士研究生导师,也是我进入思想政治教育学科领域的引路人;郑永廷教授是我的博士研究生导师,其敏锐独特的学术视野与真诚和蔼的舐犊情怀诠释了"学高为师,身正为范"的真谛;侯惠勤教授是我的博士后合作导师,总能在我迷茫、困惑的关键时刻,为我拨开"思想迷雾",引领我"直下看山河"。没有恩师们的指导、关怀和帮助,就不会有我今天的学识与成长!先生们的教诲、指导和关爱,我将永远铭记在心,并将其化为奋勇前行的动力,以回馈先生们的厚爱!

感谢我的妻子王秀敏教授,为了支持和照顾我的学习、工作和生活,她放弃了诸多人生梦想和追求!结婚十八年来,她一直对我默默地支持与鼓励,在繁忙的工作之余,独自抚养一双儿女而从不抱怨,所经历的艰难困苦可想而知!对此,我无以回报,只有将心中所有的感恩、感谢和感动,化为"相濡以沫"的生活动力,白首偕老,相伴而行!

最后,要特别感谢中国社会科学出版社的田文老师!从书稿的题目拟定到最后的出版,无不包含着田老师的辛勤付出,没有田老师的无私帮助,本书不可能如此迅捷面世。在此,对田老师及中国社会科学出版社各位老师的辛勤劳动致以崇高的敬意!

这里需要强调指出的是,本书虽然是我对思想政治教育学科二十多年来学习、思考和研究的结果,甚至一些内容已经公开发表过,但书中一些观点和内容也借鉴、参考和引用了一些专家、学者的研究成果,在此表示诚挚感谢!由于本人学术水平有限,书中肯定会存在诸多疏漏和不足之处,有些观点或许不够成熟甚至值得进一步商榷,敬请各位专家、学者和读者批评指正!

张国启

2019 年 6 月 25 日于华南理工大学